笑，我们每一个人都会，并
且我们时不时地都在笑着。

学会“穿朋友的鞋子”，许多事
不必说他就能心领神会。

高情商沟通

如何成为会社交的少数人

连山 ☆ 编著

四川人民出版社

图书在版编目（CIP）数据

高情商沟通：如何成为会社交的少数人 / 连山编著
. -- 成都：四川人民出版社，2020.5
ISBN 978-7-220-11627-8

Ⅰ.①高… Ⅱ.①连… Ⅲ.①人际关系学—社会心理
学—通俗读物 Ⅳ.① C912.11-49

中国版本图书馆 CIP 数据核字 (2019) 第 210447 号

GAO QINGSHANG GOUTONG : RUHE CHENGWEI HUI SHEJIAO DE SHAOSHU REN

高情商沟通：如何成为会社交的少数人

连山　编著

出 版 人	黄立新
策划组稿	张明辉
责任编辑	何佳佳
营销策划	张明辉
插画绘制	金版文化
封面设计	简明波
责任校对	吴　玥
责任印刷	许　茜
出版发行	四川人民出版社（成都槐树街2号）
网　　址	http：//www.scpph.com
E-mail	sarmcbs@sina.com
新浪微博	@四川人民出版社
微信公众号	四川人民出版社
发行部业务电话	（028）86259624　86259453
防盗版举报电话	（028）86259624
印　　刷	深圳市雅佳图印刷有限公司
成品尺寸	135mm × 180mm
印　　张	14
字　　数	300千
版　　次	2020年5月第1版
印　　次	2020年5月第1次印刷
书　　号	ISBN 978-7-220-11627-8
定　　价	48.00元

前言

Preface

任何人都无法孤单地活在世上，在人际关系越来越重要的现代社会更是如此。每一个人生活的幸福、工作的成功都离不开与他人的交往。在人际交往的过程中，我们难免会碰到这样那样的问题，比如：如何塑造良好的第一印象？怎样快速说服别人？怎样让别人跟自己愉快合作？怎样在职场中获得上司的青睐、同事的支持……如果不能很好地解决这些问题，就会影响人际交往的成效，影响人际关系的建立与发展，甚至影响事业的成功。

现实生活中，有的人潇洒从容，谈笑风生间诸多问题就得以迎刃而解；有的人忙忙碌碌，到头来却还是一事无成、落寞失意。当今社会，人心日趋复杂，竞争几近沸腾，仅靠一副好心肠已很难应对现实的挑战。接连不断的困顿和坎坷，都在告诉你一个不争的事实——只靠着一股蛮劲横冲直撞，是抵达成功最远的路途，在社会交往中懂得策略才是做人做事的最大资本。害人之心不可有，但防人之心不可无，我们无意去伤害他人，却不得不学会保护自己。策略是使环境对自己更加有利的计策谋略，是令事业更上一层楼的巧言妙语。在处理各种事情的时候，懂得用策略来做润滑剂，困难的事情往往就会变得简单起来。有策略的人，做什么都易如反掌；相反，如果不懂策略，不知提防别人，不知藏巧于拙，就会处处碰壁，庸碌一生。我们要想在这个高速运转的社会保护自己、发展自己，就一定要懂社交策略。

要掌握社交策略就不能不懂心理学。只有走入他人的内心深处，把握心理脉搏，洞悉人心的奥妙变化，才能运用恰当的策略赢得人心！聪明的人之所以聪明，成功的人之所以成功，就是因为他们懂得将心理学与社交策略结合起来，时刻注意运用心理策略辨人识人，营造和谐的人际关系，知道何为“难得糊涂”，懂得进退有度，因而能在各种人生场景中游刃有余。如果你不懂为人处世的心理策略，不知与上级、同事、下属、朋友、爱人、家人的相处之道，就难免处处碰壁，使人生陷于庸碌无为的困局。懂得心理策略，既能防止别人伤害到自己，同时也可以增强自身的竞争力和适应力，为我们的人生创造更多的可能和精彩。

人际关系的成败，与心理学有着千丝万缕的联系，一旦掌握了相关的心理学知识，工作和生活中的许多难题就能迎刃而解，就能建立起完美的人际关系。《高情商沟通：如何成为会社交的少数人》旨在帮助读者运用心理学的知识和技能，建立完美的人际关系。全书从交友、职场、商场等与人们生活息息相关的各方面讲述人际关系中的心理学知识和技巧，深入挖掘人性背后的心理秘密，巧妙揭示人们内心深处的行为动机，以期帮助读者迅速提高说话办事的能力，掌控人际交往主动权，从而避免挫折和损失，一步一步地落实自己的人生计划，获得事业的成功和生活的幸福。

本书从现实出发，最终又回到现实，相信每一位读者都能从本书中找到自己需要的社交策略。只要真正领会心理学的奥妙，你就能将人生的主动权牢牢握在手中，人生之路就会越走越通畅顺达。

目录
CONTENTS

第一篇 眼明心亮，结交益友的策略

第二篇 相识了解，读懂对方的策略

第五篇

以退为进，
让自己不落被动的策略

第六篇

无声暗示，
用身体语言影响对方

第七篇 步步为营，赢取对方信任的策略

第八篇 震慑人心，提升自身气场的策略

第九篇 把握心理，让事情更加顺利的策略

第十篇 将心比心，让对方与自己合作的策略

第十一篇 给人台阶，保护他人面子的策略

第十二篇 人情世事，礼尚往来稳固自身社会地位

第十三篇 适时变通，棘手事件处理游刃有余

第十四篇 危机化解，打消心结，改善关系

第十五篇 拒人有方，委婉暗示令对方知难而退

第十六篇 宴请宾客，善应酬才能左右逢源

第十七篇 求人办事，活用心理策略获取对方帮助

第十八篇 朋友相处，善用策略让彼此更亲近

第十九篇 职场有道，锦绣前程要靠点滴运筹

第二十篇 商务往来，得人心者得客户

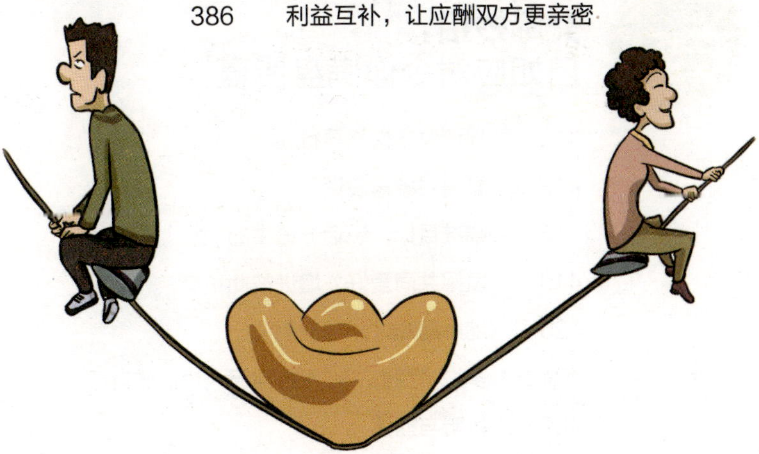

第二十一篇

谈判周旋，以心攻心让对方无力反击

第二十二篇

交际妙招，自如应对令你满盘皆赢

第一篇

眼明心亮，结交益友的策略

巧说第一句话，陌生人也能一见如故

假如在一个严冬的夜晚，与一位现在很陌生、但希望将来能成为朋友的人见面，你想说些什么作为初次见面的开场白呢？

大多数人都认为从谈天气切入最好，如“今晚好冷啊”。可是，单纯地使用它虽然能彼此引出一些话来，但这些话往往对彼此无关紧要，于是，再深一步地交谈也就出现困难了。不过，如果你这样说：“哦，今晚好冷！像我这种在南方长大的人，尽管在这里住了几年，但对这种天气还是难以适应。”相信，对方若也是在南方长大的，就会引起共鸣，接着你的话头说出一些有关的事；对方若是在北方长大的，他也会因为你在寒暄中提到了自己的故乡在南方，而对你的一些情况发生兴趣，有了要进一步了解你的欲望，从而可把你们的交往引向深入。

要知道，人都是独立的个体，都具有思维能力，与陌生人打交道时，你与对方都会存有一定的戒心，这也是初次交往的一种障碍。而初次交往的成败，关键就要看你们如何冲破这道障碍。如果你第一句话就吸引了对方，或是讲对方比较了解的事，那么第一次谈话就不仅仅是形式上的客套了。如果运用得巧妙，双方会因此打成一片，变得容易接近。

在实际交往过程中，有的人采用一种很自然的、叙述型的谈话开头，也能给人一种亲切感，同时还能让人想继续向他询问一些细节。

在一个街道的计划生育办公室，一名记者正在了解此地青年男女早婚早育的情况。那位主管此事的女干部没有像他想象的那样给他列举一堆数字，而是很自然地为他讲了个故事。

“今年的1月26日那天，这个街区某校的一名15岁的高中少女，初次见到本区的一个体户青年，这个青年也不过20岁出头，刚刚到法定的结婚年龄。1月29日，也就是距他们相识不过3天的时间，他们就双双到当地婚姻登记机构要求登记结婚，那少女发誓说她已工作，父母远在边疆，因此无须取得父母的同意。婚姻登记机构当然不相信，一定要她出示户口本以验证她的实际年龄，但他们却不知从哪里找来一治安人员，硬是替他们做了证，领取了结婚证书。就这样新郎为新娘租了一家旅馆，两人在那里住了3个月有余，少女的母亲发现时为时已晚，因为少女已经怀孕，而新郎却在此后突然不知去向，到现在为止，一直再没出现过。”

听完故事后，记者非常喜欢这段自然的开头，因为那名女干部说出具体的时间，令人预感将要有一段回忆或暗示一件有趣的事情要发生，令人产生渴望了解细节的欲望，既为其采访提供了很好的素材，同时也从侧面揭示出早婚早育的后果。

总结来说，说第一句话的原则就是亲热、贴心、消除陌生感。常见方式主要有三种：

1.问候式

“您好”是向对方问候致意的常用语。如能因对象、时间的不同而使用不同的问候语，效果则更好。对德高望重的长者，宜说“您老人家好”，以示敬意；对年龄跟自己相仿者，称“老×（姓），您好”，显得亲切；对方是医生、教师，说“李医生，您好”“王老师，您好”，有尊重之意。节日期间，说“节日好”“新年好”，给人以祝贺之感；早晨说“您早”“早上好”则比“您好”更得体。

2.攀认式

赤壁之战中，鲁肃见诸葛亮的第一句话是：“我，子瑜友也。”子瑜就是诸葛亮的哥哥诸葛瑾，他是鲁肃的挚友。短短的一句话就定下了鲁肃跟诸葛亮之间的交情。其实，任何两个人，只要彼此留意，就不难发现双方有着这样或那样的“亲”“友”关系。

例如，“您是××大学毕业生，我曾在××大学进修过两年。说起来，我们还是校友呢！”“您来自苏州，我出生在无锡，两地近在咫尺，今天能遇同乡，令人欣慰！”

3.敬慕式

对初次见面者表示敬重、仰慕，这是热情有礼的表现。用这种方式必须注意：要掌握分寸，恰到好处，不能胡乱吹捧，不说“久闻大名，如雷贯耳”之类的过头话。表示敬慕的内容也应该因时因地而异。

例如，“您的大作《教你能说会道》我读过多遍，受益匪浅。想不到今天竟能在这里一睹作者风采！”“桂林山水甲天下，我很高兴能在这美丽的地方见到您这位著名的山水画家。”

不过，说好了第一句话，仅仅是良好的开端。要想谈得有味、谈得投机，你还得在谈话的过程中寻找新的共同感兴趣的话题，这样才能吸引对方，使谈话顺利地进行下去。

用细微动作可以**拉近与陌生人的距离**

与陌生人相处时，必须在缩短距离上下功夫，力求在短时间内了解得多些，在感情上融洽起来。孔子说：“道不同，不相为谋。”志同道合，才能谈得拢。

每个人对自己身体周围都会有一种势力范围的感觉，而允许靠近身体的势力范围，通常只能是亲近之人。如果一个人允许别人进入他的身体四周，就会有种已经承认和对方有亲近关系的错觉，这一原理对任何人来说都是相同的。

本来一对陌生的男女，只要能把手放在对方的肩膀上，心理的距离就会一下子缩短，有时瞬间就可能成为情侣的关系。推销员就常用这种方法，他们经常一边谈话，一边很自然地移动位置，跟顾客离得很近。

因此，只要你想及早建立亲密关系，就应制造出自然接近对方身体的机会。

在一场篮球比赛中，一位教练要训斥一名犯了错的球员。

他首先把球员叫到跟前，紧盯着他的眼，要这位年轻小伙子注意一些问题，训完之后，教练轻轻拍了拍球员的肩膀，把他送回到球场上。

教练这番举动，从心理学的观点来看，确实是深谙人心的高招。

第一，将球员叫到跟前。把对方摆在近距离前，两人之间的个人空间缩小，相对增加对方的紧张感与压力。

第二，紧盯着对方的双眼。有研究表明，对孩子讲故事时紧盯着他的眼睛，过后孩子能把故事牢牢记住。教练盯着球员的眼睛，要他注意，用意不外乎是使对方集中精神倾听训斥。否则球员眼神闪烁、心不在焉，很可能会把教练的训斥全当成耳边风，毫不管用。

第三，轻拍球员身体，将其送回球场。实验显示，安排完全不相识的人碰面，见面时握了手和未曾握手，给人的感受大不相同。握手的人给对方留下随和、诚恳、实在、值得信赖等良好印象，而且约有半数表示希望再见到这个人；另一方面，对于只是见面而没有肢体接触的人，则给人冷漠、专横、不诚实的负面评价。

正确接触对方身体的某些部位，是传达自己感情最贴切的沟通方式。如果教练只是责骂犯错的球员，会给对方留下“教练冷酷无情”的不快情绪；但是一经肢体接触之后，情形便可能大大改观，球员也许会变得很能体谅教练的心情：“教练虽然严厉，但终究是出于对我的一番好意！”

此外，与陌生人交谈，应态度谦和，有诚意，力求在缩短距离上下功夫，力求在短时间内了解得多一些。这样，感情就会渐渐融洽起来。我国有许多一见如故的美谈，许多朋友都是由“生”变“故”和由远变近的，愿大家都多结善缘，广交朋友。善交朋友的人，会觉得四海之内皆朋友，面对任何人都没有陌生感。

1.适时切入

看准情势，不放过应当说话的机会，适时插入交谈，适时地“自我表现”，能让对方充分了解自己。

交谈是双边活动，光了解对方，不让对方了解自己，同样难以深谈。陌生人如能从你“切入”式的谈话中获取教益，双方会更亲近。适时切入，能把你的知识主动有效地献给对方，实际上符合“互补”原则，奠定了“情投意合”的基础。

2.借用媒介

寻找自己与陌生人之间的媒介物，以此找出共同语言，缩短双方距离。如看见一位陌生人手里拿着一件什么东西，可问：“这是什么……看来你在这方面一定是个行家，正巧我

有个问题想向你请教。”对别人的一切显出浓厚兴趣，通过媒介物引发他们表露自我的情绪，交谈也能顺利进行。

3.留有余地

留些空缺让对方接口，使对方感到双方的心是相通的、交谈是和谐的，进而缩短距离。因此，和陌生人的交谈，千万不要把话讲完，把自己的观点讲死，而应是虚怀若谷，欢迎探讨。

不同的人会有不同的心情，不同的需要。要想打动陌生人，就得不失时机地针对不同的需要，运用能立即奏效的心理战术。通过对方的眼神、姿势等来推测其当时的心思，再有效地运用，如拍肩、握手、拥抱等非语言沟通方式来传情达意。如果你懂得运用这些技巧，便能很快地拉近与陌生人的心理距离。

认真清点你的人脉，区分“损友”和“益友”

有些时候，我们会因为追求广泛的人脉，一不小心让人脉账户里生出一些“杂草”。这些“杂草”，就是我们在聚集人脉的时候交往到的一些“不良人士”。在我们的一生中，我们结交的朋友和与朋友相处的环境，对我们的一生会产生很大的影响。可以说，有着怎样的朋友，就会有着怎样的命运。总之，人脉圈就像一个大染缸，能把你染红，也能把你染黑，关键在于自己的选择。

《伊索寓言》中有一个故事：

一只虱子常年住在一个富人的床铺上，由于它吸血的动作缓而柔，富人一直没有发现它。一天，朋友跳蚤来拜访虱子。虱子对跳蚤的来访目的、个性性情一概不闻不问，热情招待。它还主动向跳蚤介绍说："这个富人的血是香甜的，床铺是柔软的，今晚你一定要饱餐一顿！"跳蚤梦寐以求，当然满口答应，巴不得天快黑下来。

当富人睡熟时，早已迫不及待的跳蚤立即跳到他身上，狠狠地叮了一口。富人大叫着从梦乡醒来，愤怒地令人搜查。身体伶俐的跳蚤一下蹦走了，不会跳跃的虱子自然成了不速之客的替罪羊，身死人手。它到死都不清楚引起这场灾祸的根源。

正如这个寓言所要传达的意思，在选择朋友时要有自己的准则，要努力与那些乐观进取、品格高尚的人交往，这样可以保证自己有一个良好的学习和生活环境，让自己获得丰富的精神食粮以及朋友的真诚帮助，在好的环境中潜移默化地达到更高的程度。这正是孔子所说的"无友不如己者"的意思。

相反，如果你择友不慎，结交了一些行为恶劣、思想消极、品格低下的人，你会陷人极坏的环境难以自拔，甚至受到"恶友"的连累，成为无辜受难的"虱子"。

假如我们已不慎交上坏朋友，应采取敬而远之的态度。

总体来说，要慎交以下这几种朋友：

1.吹嘘有靠山的人

一些到处吹嘘、宣扬自己有靠山的人总是在别人不问及这种事时，主动把这个“秘密”得意扬扬地说出来。对这种人，绝对要小心。

如果你详加调查，就会发现如下的事实：他说的“交情匪浅的前辈”，根本就不屑与他为伍；他说的“有力人士”，原来是虚构的人物；他说的“大教授”，人家根本就不认识他。

2.因人而变的人

在下属面前，总是摆出领导的臭架子，一副唯我独尊的样子；可是，在上司面前就摇身一变，像伺候国王那样，毕恭毕敬。

这一类型的人，具备“善变”的本领，而且天天琢磨此技，编造口实、假装正经的技巧越来越高明。虽然在当前好像不会让你受害，但你若太大意，有朝一日，定会掉入他的巧妙圈套或陷阱里，使你元气大伤。

3.搬弄是非的人

不要以为把是非告诉你的人便是你的朋

友，他们很可能是希望从中得到更多的谈资，从你的反应中再编造故事。所以，聪明的人不应该与这种人推心置腹。而令他们远离你的办法，是对任何有关你的传闻反应冷淡，不予作答。

4.嘴巴甜的人

这种人开口便是“大哥”“大姐”，叫得又自然又亲热，也不管和你认识多久；除此之外，还善于恭维你，拍你马屁，把你“哄”得麻酥酥的。这种人因为嘴巴伶俐，容易使人毫不设防，如果他对你有不轨之图，你陶醉不就上了他的当？而且，你会因为他的奉承而不去注意他品行上的其他缺点，容易把小人当君子，把坏人当好人。

此外，这种人可以轻易对你如此，对别人当然也可如此。所以，碰到嘴巴甜会奉承的人，年轻人必须升起你的警戒网，和他保持距离，以便好好观察。如果你冷静地不予热烈回应，假使对方有不轨之图，便会自讨没趣，露出原形。不过，为了避免“以言废人”，你不必先入为主地拒他于千里之外，但是得时刻警惕。

择友时一定要在“良”字上下功夫。固然，“金无足赤，人无完人”，我们选择的朋友，尽管也会有这样那样的不足或缺点，但必须大部分是好的，能从他身上学到很多你没有的品质。他能与你坦诚相处，道义上能互相勉励，当你有了成绩能与你分享，有了过错能严肃规劝你。把这样的人编织进你的人脉网，会成为你前进的动力。

平时不考验朋友，以免关键时刻可能**被朋友出卖**

我们都知道，狼没有黑熊那般巨大的身形，没有狮子的爆发力，可是它为什么会成为一种攻击性很强的动物呢？答案是，狼很会隐藏自己，常常趁猎物不备，一口将对方置于死地。

狼这种在背后攻击的品性，在人群中也可以见到。

在某市电视台的新闻部里，小吴与小王是很好的朋友。他们原是中学同学，后来又进了同一所大学，可谓是“患难朋友”了。他们既是同学关系，又是同事关系，所以两人都很珍视这份缘分。后来，局里要在小吴他们科室选拔一位中层领导。消息传开后，科室里的人都闻风而动，托关系，找门子，都希望自己入选。但后来传出内部消息，领导主要在考察小吴与小王。他们俩的能力都很突出，尤其是小吴，能办事，为人也不错，所以大家一致认为非小吴莫属了。因此大家都准备好，等上司一宣布，就要让小吴请客了。

几天后结果下来了，令大家吃惊的是，入选的不是小吴，而是小王。原来，小王四处活动，在上司面前极尽献媚之能事，除大大夸张自己的能力外，还处处给领导一个暗示——小吴有许多缺点，他不适合这份工作。小王与小吴相处多年，找出一些小吴的失误毫无困难，又编造了一些似乎很有“说服力”的证据。小王的这种阴谋活动终于让小吴淘汰出局。

你拿他当朋友，他却在背地里使坏，这其中的伤害可想而知。其实朋友变成同事，这种关系最不好处理。因为你们彼此

都知情知底，很容易就会揭对方的伤疤。所以处于竞争当中的同事，必须时刻小心提防，特别要对知根知底的“朋友”防一手。正如小吴的遭遇一样，他处于一种“防不胜防”的被动而尴尬的境地。其实，他没有明白这一点：只有进攻才是最好的防守，而绝不能一味防守，否则就会成为别人成功的垫脚石。

要想得心应手地周旋于人脉场上，你就要学会对那些“小人”的动作做出冷静客观的判断，并把这些小动作和自己所处的环境结合起来进行思考，然后便可发现其中玄机。我们虽不可为了保护自己而过于谨小慎微，但无论如何，“防人”还是必要的。正是因为有了这种“防护之心”，你才能免于身后那只掩藏的“狼”的偷袭。

中国有句古话：“害人之心不可有，防人之心不可无。”人人在其工作、谋生的圈子里都有可能遇到种种陷阱，虽然我们未必是设陷阱的人，但是如果要做赢家，就必须连别人也考虑进去，避免可能会出现的麻烦。

在管理自己的人脉资源时，我们应该及时发现那些小人，明枪易躲，暗箭难防，一定要及时把他们踢出你的人脉资源。要记住，你的人脉资源并不是只带给你温馨怡人的情谊，它也有着伪情和欺骗的一面，所以，及时清除你人脉网中的小人是十分有必要的。

像打理衣柜一样做好人脉资源的清理工作

在工作与学习的过程中，搜集与组织自己的关系网是有可能的，但试图维持所有关系似乎是不可能的，而想要在现有的人际网络内加进新的人或组织就更加艰难。因此，在组建人际关系网的时候，必须学会筛选放弃。换言之，你必须随时准备重新评估早已变得难以掌握的人际网络，对现有的人际关系网重新整理，放弃已不再对你感兴趣的组织和人，等等。这是生活中我们必须做的。筛选虽然不易，但仍是可以做得到的，有失才有得，才有更好的人生。

国际知名演说家菲立普女士曾经请造型顾问帕朗提帮她做造型设计，帕朗提提出要先清理她的衣柜看看。菲立普女士说："整理出来的衣服总共分成三堆：一堆送给别人；一堆回收；剩下的一小堆才是留给自己的。有许多我最喜欢的衣物都在送给别人的那一堆里，我央求帕朗提让我留下件心爱的毛衣与一条裙子。但她摇摇头说道：'不行，这些也许是你最喜爱的衣物，但它们却不适合你现在的身份与你所选择的形象。'由于她丝毫不肯让步，我也只得眼睁睁地看着自己的大半衣物被逐出家门。我必须学着舍弃那些已不再适合我的东西，而'清衣柜'也渐渐地成为我工作与生活的指导原则。不论是客户也好，朋友也好，衣服也罢，我们必须评估评估再评估，懂得割舍，以便腾出空间给新的人或物。我也常把这个道理与来听演讲的听众分享，这是接受并掌握生命、生涯不断变动的一种方法。"

衣柜满了，需要清理与调整，以便腾出空间给新的衣服。同样的道理，人际关系网也需要经常清理。很多时候，当你要跟某人中断联系时，你根本无须多说什么。人海沉浮，当彼此共同的兴趣或者话题不复存在，便是分道扬镳的时候，中断联系其实是个顺其自然的过程。

清理人际关系网的道理和清理衣柜类似。帕朗提容许菲立普女士留下的衣服，当然是最美丽、最吸引人，也是剪裁最得体的几套。“舍”永远不是件容易的事，虽然有遗憾，但从此拥有的不仅都是最好的，更重要的是也有更多空间可以留给更好的。

如果我们对自己的人际网络做同样的清理工作，在去芜存菁之后，留下来的朋友不就都是我们最乐于往来的吗？我们应该把时间与精力放在自己最乐于相处的人身上。平时需要奔波忙碌于工作、社交与生活之间的我们，筛选人际关系网络是安排生活先后次序的第一步，也是简化我们生活的重要一步。

因此，学会筛选你的人际关系网，这样可以让你更好地掌控你的人脉、生活与事业。

知人知面，**更要知人心**

虽然说你的朋友身后蕴藏着巨大的宝藏，但并不是所有的朋友都是“金子”，难免会混杂着一些“煤块”。明代苏浚将朋友分为四种：“道义相砥，过失相规，畏友也；缓急可共，生死可托，密友也；甘言如饴，游戏征逐，昵友也；利则相攘，患则相倾，贼友也。”因此，交友要选择，多交益友、畏友、密友，不交损友、昵友、贼友。

请检视一下自己周围的朋友，有没有背后告密的人，如有，赶紧躲得远远的，沾上这种人，也就和是非沾上了边。这种长舌人之所以可怕，是因为他长舌的时机是有选择的，他告密的目的就是谋取好处，甚至是从你的被伤害中谋取好处。

还有一种朋友，可能此时对你真诚相待，彼时却突然翻脸不认人。至于何时变，完全根据现实的利益需要。这种人就像变色龙一样，一辈子会以几种面目示人，让你捉摸不透，更无法防范。

有些人惯于当面一套、背后一套，过河拆桥，不择手段。他们很懂得什么时候摇尾巴，什么时候摆架子；何时慈眉善目，何时如同凶神恶煞一般。他们在你春风得意时，即使不久前还是“狗眼看人低”，马上便会趋炎附势，笑容堆面；而当你遭受挫折、风光尽失后，则会避而远之，满脸不屑，甚至会落井下石。

在现实生活中，并不是所有的朋友都是“金”，并不是所

有的朋友都靠得住。这就给我们提出了两个值得重视的问题：一是在选择交友对象时，一定要慎重，要识得庐山真面目，要交真朋友；二是要善知人心，与不值得结交的人保持距离。

激发对方的情绪，让他滔滔不绝

在某些沉闷的环境里，没有人愿意开口跟陌生人说一句话，那是出于一种防备心理，在这种时候，你应该学会如何去激起谈话对象的某种情绪，让他慢慢开始滔滔不绝。

假如你正坐在火车上，你已坐了很久了，而前面还有很长很长的路程。你想与他人讲讲话，这是人类的群体性特征使然，而你要尽力使你的谈话显得有趣和富有刺激性。

坐在你旁边的一位像是一个有趣的家伙，而你颇想知道他的底细，于是你便搭讪道："真是一段又长又讨厌的旅程，你是否也有这种感觉？"

"是的，真讨厌。"他同意着，而且语调中包含着不耐烦的意味。"若看看一路上的稻田，倒会使人高兴起来。在稻谷收获之前的一两个月，那一定更有趣。"

"唔，唔！"他含糊地答应着。

这时你再也没有勇气说下去了。假若一个话题能引起他的兴趣，那么无论他是如何沉默的一个人，他也会发表一些言论的。因此你在谈话停滞之时，思考了一番后，又重新开始了。

"天气真好，爽快极了！"你说，"真是理想的踢球时节。今年秋季有好几个大学的球队都很出色呢！"

那位坐在你身旁的乘客直起身来。

“你看××大学球队怎么样？”他问。

你回答：“××大学队很好，虽然有几个老将已经离队，然而几位新人都很不错。”

“你曾听到过一个叫李×的队员吗？”他急着问。

你的确听说过这个球员。于是你说：“他是一个强壮有力、有技巧，而且品行很好的青年。××大学队如果少了这位球员，恐怕实力将会大减。但是李×快要毕业了，以后这个队如何还很难说。”

这位乘客听了这话便兴高采烈、滔滔不绝地谈了起来。可见，你激发了他说话的情绪，情绪一上来，就很难控制，谈话就会滔滔不绝。

和陌生人谈话的场合是不可避免的，那种紧张压抑的气氛抑制了大家说话的勇气，这时，必须想办法挑起一种快乐的情绪，让所有人都参与到交谈当中来。

一个人爱不爱说话，关键看他的情绪状况是怎样的，有很多沉默寡言的人，就要注意引导，激发他的说话情绪。

第二篇

相识了解，读懂对方的策略

相识了解，读懂对方的策略

看！眼睛告诉你他的心思。

在面对面的交流中，眼睛对双方的行为有着很大的影响。因为眼睛是人与人沟通中最清楚、最明显的信号，它能将众多复杂的信息通过注视传递出去。

利用眼睛来观察人的心理，是人类文明进程的一大发现。因为一个人的想法常常会从眼神中流露出来：天真无邪的孩子，目光清澈明亮；而心怀不轨的人则眼睛混浊不正。所以，世人常将眼睛比作心灵之窗，是交往中被观察的焦点。

西方曾流传这样一个故事，用来说明能通过眼神来看透人的思想。

在赌桌上，赌徒们刚开始赌时，通常都会先用小金额的资金下赌注，并且密切观察坐庄人的反应。当坐庄人的眼睛瞳孔突然扩大的时候，他们立即紧跟加大筹码，这样赢的概率将很大，因为赌徒们根据坐庄人的眼睛变化来肯定自己压中了。这种观察的小技巧尽管无从查证，但的确证明了人眼睛的变化同心理活动有着极为密切的关系。

既然眼睛能映射出人内心的感受，那你是否能在看到对方的眼睛时，敏锐地捕捉到他在传播的情感？

1.从目光观察对方内心变化

在人们交谈的过程中，如果对方不时地把目光移向近处，则表示他对你的谈话内容不感兴趣或另有所想；如果对方的眼神上下左右不停地转动，无法安定下来，可能是因内心害怕而说谎，通常都有难言之隐，也许是为了不失去朋友的信任，而对某些事情的真相有所隐瞒。

另外，和异性视线相遇时故意避开，表示关切对方或对对方有意；眼睛滴溜溜地转个不停的人，体现了意志力不坚，容易遭人引诱而见异思迁。

眼光流露不屑的人，其想表达敌视或拒绝的意思；眼神冷峻逼人，说明他对人并不信任，心理处于戒备状态。

没有表情的眼神，说明这个人心中愤愤不平或内心有所不满；交谈时对方根本不看你，可以视为对方对你不感兴趣或是不愿亲近你。

2.从瞳孔大小观察对方情绪变化

当人情绪不好、态度消极时，瞳孔就会缩小；而当人情绪高涨、态度积极时，瞳孔就会扩大。此外，据相关资料表明，一个人在极度恐惧或兴奋时，他的瞳孔一般会比正常状态下的瞳孔大。几个人在一起打牌，假如其中一人懂得这种信号，一看到对方的瞳孔放大了，就可以肯定他抓了一把好牌，怎么玩心里也就有底了。

3.从眼神推断对方性格品质

眼睛的神采如何，眼光是否坦荡、端正等，都可以反映出对方的德行、心地、人品、情绪。如果对方的眼睛滴溜溜地乱转，很明显，你必须心存戒备了。

躲闪对方目光的人，一向缺乏足够的信心，不仅怀有自卑感，而且性格软弱；遇到陌生人，不会主动地前去打招呼，即使打招呼也是躲闪着别人的眼睛，这样的人一般比较拘谨，在处理问题时缺乏自信，没有什么主见。当然，如果是一对恋人，那样躲闪对方的目光又是另一回事了，那表示紧张或羞涩。

不同的笑容演绎不同的心灵风景

笑，我们每一个人都会，并且我们时不时地都在笑着。心理学家们发现：笑不只是人类幽默感的体现，还是人类与他人交流的最古老的方式之一。但是，你知道吗？笑与人的性格有着一些必然的联系。

每个人不同的笑容，其实都是在演绎不同的心灵风景。

1.开怀大笑的人

开怀大笑、笑声非常爽朗的人，多是坦率、真诚而又热情的。他们是行动派的人，决定要做一件事情，马上就会付诸行动，非常果断和迅速，绝对不会拖拖拉拉。这一类型的人，虽然表面上看起来很坚强，但他们的内心在一定程度上却是非常脆弱的。

2.捧腹大笑的人

捧腹大笑的人多为心胸开阔者。当别人取得成就以后，他们有的只是真心祝愿，而很少产生嫉妒心理。在他人犯了错以后，他们也会给予最大限度的宽容和理解。他们很富有幽默感，总是能够让周围人感受到他们所带来的快乐，同时他们还极富有爱心和同情心，在自己的能力范围内给予他人适当的帮助。他们不势利眼、不嫌贫爱富、不欺软怕硬，比较正直。

3.狂声大笑的人

平时看起来沉默少语，而且显得有些木讷，但笑起来却一发而不可收，或者经常放声狂笑，直到站不稳了，这样的人最适合做朋友。他们虽然在与陌生人的交往中表现得不够热情和亲切，甚至有些让人难以接近，但一旦真正与人交往，他们是十分注重友情的，并且在一定的时候，能够为朋友做出牺牲。基于这一点，有很多人乐于与他们交往，他们自己本身也会营造出比较不错的社会人际关系。

4.时常悄悄微笑的人

经常悄悄微笑的人，除了性格比较内向、害羞以外，还有一种性格特征就是他们的思维非常缜密，而且头脑异常冷静。在什么时候都能让自己跳出所在的圈子，作为一个局外人来冷眼看待事情的发生、进展情况，这样可以更有利于自己做出各种决定。他们很善于隐藏自己，绝对不会轻易将内心真实的想法告诉给别人。

5.笑得全身打晃的人

笑的幅度非常大，全身都在打晃，这样的人性格多较直率和真诚。和他们做朋友是不错的选择，因为当朋友有了错误和缺点以后，他们往往能够直言不讳地指出来，不会为了不得罪人而视而不见。他们不吝啬，在自己能力范围内对他人的需要总是会尽自己最大的努力。基于这些，在自己遇到困难的时候，也会得到来自别人的关心和帮助。他们会使大家喜欢自己，能够营造出很好的社会人际关系。

6.看到别人笑，自己也会随之笑起来的人

看到别人笑，自己就会随之笑起来，他们多是快乐而又开朗的人，其情绪因为事情的变化而变化，而且富有一定的同情心。他们对生活的态度是很积极的。

7.小心翼翼地偷着笑的人

小心翼翼地偷着笑的人，他们大多是内向型的人，性格中传统、保守的成分很多。而与此同时，他们在为人处世时又会显得有些腼腆。但是他们对他人的要求往往很高，如果达不到要求，常常会影响到自己的心情，不过他们和朋友却是可以患难与共的。

8.笑的时候用双手遮住嘴巴

笑的时候用双手遮住嘴巴，表明是相当害羞的人。他们的性格大多比较内向，还比较温柔。他们一般不会轻易地向别人说出自己内心的真实想法，包括亲朋好友。

9.笑出眼泪的人

笑出眼泪来是由于笑的幅度太大所致。经常出现这种情况的人，他们的感情多是相当丰富的，具有爱心和同情心，生活态度是积极乐观和向上的，他们有一定的进取心和取胜欲望。他们可以帮助别人，并适当地牺牲一些自我利益，但却不求回报。

10.笑起来断断续续的人

笑起来断断续续、笑声让人听起来很不舒服的人，其性情大多是比较冷漠和孤独的。他们比较现实和实际，自己轻易不会付出什么。他们的观察力在很多时候是相当敏锐的，能观察到别人心里在想些什么，然后投其所好，伺机行事。

从习惯动作看清对方

习惯动作可以在一定程度上反映一个人的所思所想和性格特征。那些经验丰富的识人老手往往从别人的一个习惯动作就能识破人心。

1.双手后背

两脚并拢或自然站立，双手背在背后，这种人大多在感情上比较急躁。但与人交往时，关系处得比较融洽，其中较大的原因可能是他们很少对别人说“不”。许多有过军旅生涯的人对双手后背这个动作可能比较熟悉。

2.手插裤兜

双脚自然站立，双手插在裤兜里，时不时取出来又插进去，这种人的性格比较谨小慎微，凡事思虑再三仍难决断和行动。在工作中他们最缺乏灵活性，往往用呆板的办法去解决很多问题。他们往往无法承受突如其来的失败或打击，在逆境中更多的是垂头丧气，怨天尤人。

3.双手叉腰

这种人是急性子，总希望用最少的时间、经过最短的距离来达到自己的目标。他们突然爆发的精力常是在计划下一步决定性的行动时，看似沉寂的一段时间内所产生的。

4.摊开双手

摊开双手是大多数人表示真诚与公开的一个常用姿势。意大利人毫无拘束地使用这种姿势，当他们受挫时，便将摊开的手放在胸前，做出“你要我怎么办”的姿态。当这种人做的事情出现了坏的现象，别人提出来，他们会摊开双手，表示他们自己也没有办法解决，一副无可奈何的样子。

5.经常摇头

经常通过摇头或点头以示自己对某件事情看法的人，在社交场合很会表现自己，看似左右逢源，却时常遭到别人的厌恶，引起别人的不愉快。但是，经常摇头或点头的人，自我意识强烈，工作积极，看准了一件事情就会努力去做，不达目的誓不罢休。

6.触摸头发

这种人个性突出，性格鲜明，爱憎分明，尤其疾恶如仇。他们经常做一些冒险的事情，爱拿人当调侃对象。这些人当中有的缺乏内涵修养，但他们特别会处理人际关系，处事大方，并善于捕捉机会。

7.拍打头部

拍打头部这个动作多数时候的意义是表示对某件事情突然有了新的认

识，如果说刚才还陷入困境，现在则走出了迷雾，找到了处理事情的办法。有的人会拍自己的后脑勺，这表明他们非常敬业，拍打后脑勺只是想放松一下。

8.手摸颈后

当一个人习惯用手摸颈后时，往往是出现了恼恨或懊悔等负面情绪。这个姿势称为“防卫式的攻击姿态”，在遇到危险时，人们常常不由自主地用手护住脑后，但在防卫式的攻击姿势中，他们的防卫是伪装，结果手没有放到脑后，而是放到了颈后。如果一个女人伸手向后，撩起头发，这表明她只是以此来掩饰自己内心的不快。

9.拍打掌心

人与人谈话时，只要他动动嘴，一定会通过一个手部动作，比如相互拍打掌心、伸出拳头、摆动手指等，表示对他说话内容的强调。这种人做事果断、雷厉风行、自信心强，习惯于把自己在任何场合都塑造成一个“领袖”人物，性格大都属于外向型，很有一种男子汉的气派。

10.抖动腿脚

有的人喜欢用腿或脚尖使整个腿部颤动，有时候还用脚尖磕打脚尖或者以脚掌拍打地面。这种人有自恋倾向，性格较保守，很少考虑别人，凡事从利己主义出发，尤其是对妻子的占有欲望特别强。

11.吐烟圈

这种人突出的特点是与别人谈话时，总是凝神地看着对方，支配欲望强，不喜欢受约束，为人比较慷慨，重情义，因此他们周围总是包围着一群相干和不相干的人。

积极自信的人多半会把烟圈向上吐，而消极多疑的人多半会把烟圈向下吐。

12.言行不一

当你给某人递烟或其他东西时，他嘴里说“不用”“不要”，但手却伸过来接了，显得很客气的样子。他们这么做主要是为了给对方面子，嘴上拒绝但行动上却并不死板。这种人比较聪明，爱好广泛，处事圆滑、老练，不轻易得罪别人。

13.解开外衣纽扣

这种人的内心真诚友善，他在陌生人面前表达思想时，最直接的动作便是解开外衣的纽扣，甚至脱掉外衣。

“你就是你所穿的”

西方有句俗话：“你就是你所穿的。”因为，服装除了能帮助人们驱寒蔽体，也是展现自己风姿和特色的媒介，它们能够向他人无声地传递你的社会地位、个性、职业、教养等信息。所以，任何人都不应小看衣装的作用，它甚至能帮助人们更好地融入到社会当中。

例如，在不同的职业、不同的社会地位的小群体中，人们会根据服装将彼此区分开来。而人们也会很自然地要求着装要与自己的职位相匹配。就像众人的印象中，一位坐办公室的文职人员，应当穿着白领正装，而不是短裤T恤。

其实，从心理学的角度，不同的服装往往能够反映着装者的不同个性。

1.喜欢简单朴素服装的人

这类人性情沉稳、简单自然，待人真诚热情。他们在生活和工作中都非常踏实、肯干，并且勤奋好学，遇到问题常能表现得客观、理智。但如果过度朴素，则说明这种人对待自己很吝啬，缺乏对自己的关爱和主体意识，且很容易屈服于别人。

2.喜欢单一颜色服装的人

这类人性情多正直、刚强，且善于理性思考。若选择的单一颜色越深，则说明此人越沉默，性情稳重，且有城府，让人有些捉摸不透。他们做事前会仔细考虑，并在想好后突然出击，带给人意外之举。

3.喜欢穿同一款式服装的人

这类人个性鲜明、爽朗正直。他们做事很自信，干脆利落，并且爱憎分明。时刻遵守自己的承诺，一旦对他人应允什么，就一定要竭尽全力去完成。但缺点是清高自傲，容易孤芳自赏。有时候会自以为是，与他人之间形成矛盾。

4.喜欢穿长袖服装的人

希望用长袖的衣衫遮挡自己的身体，这类人若不是身体上有缺陷需要遮掩，则说明是非常传统和保守的人。他们为人处世一向循规蹈矩，从来不会跨出传统礼节半步。缺乏冒险精神，但又希望能收获名利，所以他们的人生理想会定得很高，但是不容易实现。

5.喜欢宽松自然服装的人

这类人不讲究剪裁是否合身、款式如何，只是追求穿着舒适，他们多是内向的性格，有时显得非常孤独。虽然很想与他人交往，但是往往会因遇到一些困难而后退，在人际交往中，他们绝不是顺风顺水的那一个。性格中害羞、胆怯的成分比较多，不容易接近别人，也不易被人接近。但一旦有了朋友，一定是非常要好的。

所以，在与人接触的过程中，当你不了解对方时，不妨观察一下他的衣着，这往往是你走进对方内心世界的很好途径之一。

口头禅后面的**真实内心世界**

口头语言是说话习惯的一部分，它是我们每个人在日常生活中不知不觉形成的一种特有的话语风格。从心理学角度来看，口头语言带有很深的性格印记，从口头语言可以非常快速地了解对方。

经常连续使用“果然”的人，多自以为是，强调个人主张。他们经常以自我为中心，很少考虑他人的想法。

经常使用“其实”的人，表现欲较为强烈，希望能引起他人的注意。他们的性格大多比较任性和倔强，并且多少还有点自负。

经常使用流行词汇的人，热衷于随大流，喜欢夸张。这样的人独立意识不强，而且没有自己的主见。

经常使用外来语言和外语的人，虚荣心强，爱卖弄和夸耀自己。

经常使用地方方言，并且还底气十足、理直气壮的人，自信心很强，富于独特的个性。

经常使用“这个……”“那个……”“啊……”的人，说话办事都比较谨慎小心。这样的人就是我们所说的好好先生，他们绝对不会到处惹是生非。

经常使用“最后怎么样怎么样”之类词汇的人，大多是潜在欲望没有得到满足。

经常使用“确实如此”的人，多浅薄无知，自己却浑然不知，还常常自以为是。

经常使用“我……”之类词汇的人，不是软弱无能、总想求助于别人，就是虚荣浮夸，寻找各种机会表现自己，以引起他人的注意。

经常使用“真的”之类强调词汇的人，大多缺乏自信，害怕自己所说的话无人相信。遗憾的是，他们这样再三强调，反而更加让人起疑。

经常使用“你应该……”“你必须……”等命令式词语的人，大多专制、固执、骄横、有强烈的领导欲望。

经常使用“我个人想法是……”“是不是……”“能不能……”之类词汇的人，一般较和蔼亲切。待人接物时，也能做到客观理智，冷静地思考，认真地分析，然后做出正确的判断和决定。不独断专行，能够给予别人足够的尊重，同样也会得到别人的尊重和爱戴。

经常使用“我要……”“我想……”“我不知道……”的人，大多思想单纯，意气用事，情绪不是十分稳定，让人揣摩不透。

经常使用“绝对”这个词语的人，做事十分草率，容易主观臆断。他们不是太缺乏自知之明，就是自知之明太强烈了。

经常使用“我早就知道了”的人，有强烈的自我表现欲望，只能自己是主角，自己发挥。这样的人绝对不可能静下心来仔细倾听他人的谈话内容，更不要指望他能成为一个热心的听众。

另外，口头语出现频率极高的人，大多办事不干练，意志不够坚强。有些人说话时没有口头语，这并不代表他们从未有过，可能以前有，但后来逐渐地改掉了，这表现出一个人意志坚强，说话讲究简洁、流畅。

如果你想从口头语言上更多地观察你身边的人，从而非常自如地驾驭他们，那么你就要在与他们打交道的过程中花费心血，仔细认真地揣摩，时时刻刻地回味分析。用不了多长时间，你就能迅速地从口头语言上了解他们。

笔迹中透露的性格信息

笔迹分析的方法很多，由笔迹观察人的内心世界，可以从笔压、字体大小、字形这三个要点来研究分析这个问题。

（1）笔迹特征为字形方正，稍小，有独特风格，尤以萎缩或扁平字形为多；字迹大多各自独立，无草书，笔压强劲；字的角度不固定，但字体并不潦草。

这类人气量较小，凡事都缺乏自信、不果断，极度介意别人的言语与态度。简而言之，属于神经质性格的人。

他们拥有把握和控制事务全局的能力，能统筹安排；为人和善、谦虚，能注意倾听他人意见，体察他人长处；右边空白大者，凭直觉办事，不喜欢推理，性格比较固执，做事易走极端。

（2）笔迹特征为字体较大，笔压无力，字形弯曲，不受格线限制，具有个性风格，容易变成草书；有向右上扬的倾向，有时也会向右下降，字体稍潦草。

这类人和蔼可亲，容易与人相处，善于社交活动，为体贴、亲切类型的人，气质方面具有强烈的躁郁质倾向。另外，他们待人热情、兴趣广泛、思维开阔，做事有大刀阔斧之风，但多有不拘小节、缺乏耐心、不够精益求精等不足。

（3）笔迹特征为字形方正，一笔一画型，与上述类型不同，为有规则的平凡型，无自己的风格，字迹独立工整，字形一贯，笔压很有力。

这类人凡事拘泥慎重；做事有板有眼、中规中矩，但行动有些缓慢；意志坚强，热衷事务；说话唠唠叨叨，不懂幽默，不识风趣，有时会激动而采取强烈行动；气质方面具有癫痫质倾向。

他们精力比较旺盛，为人有主见，个性刚强，做事果断，有毅力，有开拓和创新能力，但主观性强，固执。书写笔压轻者缺乏自信、意志薄弱，有依赖性，遇到困难容易退缩；笔压轻重不一，则想象思维能力较强，但情绪不稳定，做事犹豫不决。

（4）笔迹特征为字形方正，一笔一画型，笔压有力，笔画分明，字字独立，字的大小与间隔不整齐，具有自己的风格，但笔迹并不潦草。字的大小虽有不同，但一般而言显得较小。

这类人不善于交际，属理智型。他们处事认真，但稍欠热情；对于有关自己的事很敏感、害羞，对别人却不甚关心，反应较迟钝；气质方面具有分裂质倾向。

一般情况下，他们都有较强的逻辑思维能力，性格笃实，思考问题周全，办事认真谨慎，责任心强，也循规蹈矩。书写结构松散者形象思维能力较强，思维有广度，为人热情大方，心直口快，心胸宽阔，不斤斤计较，并能宽容别人的过失，但往往不拘小节。

（5）笔迹特征为每次书写字体大小与空间大小无关，字形稍圆弯曲，有时呈直线形，有时字形具有自己的风格，有时则工整而有规则；大小、形状、角度、笔压均不固定，潦草为其显著特征。

这类人虚荣心强，极重视外表，经常希望以自己的话题为中心，因此话很多；不能谅解对方立场，缺乏同情心与合作精神；由于以自我为中心，因此容易受煽动，亦容易受影响。

另外，这类人看问题非常现实，有消极心理，遇到问题看阴暗面、消极面太多，容易悲观失望。字行忽高忽低，则情绪不稳定，常随生活中的高兴事或烦恼事而兴奋或悲伤，心理调控能力较差。

第三篇

礼仪当先，举手投足间彰显风度

站立如松，行动如风

站姿和走姿都是个人形象中很重要的方面。站姿是工作和日常交际中最引人注目的姿势，它是仪态美的起点，又是发展不同动态美的基础；而潇洒优美的走姿是人动态美中最具魅力的行为，也能衬托出人的气质和风度。

站立的基本要求是挺直舒展、线条优美、精神焕发。其具体要求如下：

（1）头要正，头顶要平，双目平视，微收下颌，面带微笑，动作平和自然。

（2）脖颈挺拔，双肩舒展，保持水平并稍微下沉。

（3）两臂自然下垂，手指自然弯曲。

（4）身躯直立，身体重心在两脚之间。

（5）挺胸、收腹、立腰，臀部肌肉收紧，重心有向上升的感觉。

（6）双腿直立。女士双膝和双脚要靠紧，男士两脚间可稍分开点距离，但不宜超过肩宽。

女士工作中的站姿——双脚可调整成“V”字形或“T”字形，右手搭在左手上，贴在腹部。

男士工作中的站姿——双脚平行，也可调成“V”字形，双手下垂于身体两侧，也可将手放于背后，贴在臀部。

需要强调的是，在工作中站姿一定要合乎规范，特别是在隆重的场合下，站立一定要严格按照要求做。站累时，单腿可以后撤半脚的长度，身体重心可前后移动，但双腿必须保持自立。

什么样的走姿才会让他人觉得优美呢？一般来说，走路的姿态美不美是由三个方面决定的，即步幅、步位和步韵。如果步位和步幅不合标准，那么全身摆动的姿态就失去了协调的韵味，也就无所谓步韵效果了。

所谓步幅，是指行走时两脚间的距离。步幅标准应是由个人的身高、当时着装的限制、所穿的鞋子及男女性别所决定的。男性当然是大步流星，步幅在30厘米以上；女子若穿旗袍、高跟鞋或穿裙子，则应小步快走，轻盈而频率快，若是着裤装可走得步幅稍大，平稳而潇洒。

所谓步位，就是脚落地时应放置的位置。男子走路的步位应是脚既不外撇也不内向，平行直行向前，走出的是两条平行线，显得阳刚有力、朝气十足；女性应避免“X”或“O”形腿，两腿从大腿到小腿向内夹紧，腿部肌肉绷紧，脚后跟踩在一条直线上，脚尖微微朝外，步伐显得修长而挺拔。

所谓步韵，就是走路时特有的韵味，即风度。有些人走路轻松自然，富有节律感，不僵硬、不做作，让人觉得如行云流水般舒畅自如。有些人走路姿势就不好看，步履沉重，拖沓而有下坠感，东摇西晃，这些不良走姿会使个人形象大打折扣。

那么，怎样才能走出美感呢？下面就介绍一下走路时应注意的事项：

（1）走路时，抬头挺胸，步履轻盈，目光前视，步幅和步位合乎标准。

（2）行走时，双手在两侧自然摆动，身体随节律而自然摆动，切忌摇头扭腰。

（3）走路时膝盖和脚踝轻松自如，配合协调，以免显得浑身僵硬，同时忌走外八字或内八字。

（4）行走时不低头、后仰或扭动肩部、胯部，或两手乱甩。

（5）多人一起行走时，应避免排成横队，勾肩搭背、边走边说、推来搡去。若是有急事要超过前面的人，应打招呼，超过后回头致谢。

（6）步幅和步位配合协调，甚至与呼吸形成规律。穿礼服、长裙、筒裙，则步伐典雅温婉，轻盈有致；穿休闲、运动裤装，则步伐迅捷活泼，弹性而富朝气。

（7）男性不在行走时抽香烟，不在行走时乱扔烟蒂；女性不在行走时吃东西。养成行走时注意自己风度、形象的习惯。

（8）女性在行走时，

还应特别注意腿部线条的流畅和紧张感，没有抽紧肌肉和稍具紧张感的双腿，走出来的步子一定是沉重、下坠、拖沓的。收腹、夹臀、提气的女性步态，是轻快而富有节奏的。

（9）女性在行走时，还应养成两腿挺直向内夹紧的习惯，以避免损坏女性腿部的整体线条。

优雅大方的站姿和走姿是一个人礼仪修养的重要表现，也是一个人气质的重要呈现，我们绝不能忽视了这方面的小细节。

坐姿从容淡定，卧姿优雅大方

坐姿不好，卧姿不够优雅，都直接影响到一个人的形象。对于女人来说，这一点尤为重要,因为它决定着你的形象是高贵优雅还是缺乏教养。

先来说说坐姿。

坐姿是以臀部作为支点，借此减轻脚部对人体的支撑力。坐姿能使人们较长时间地工作，也是人们日常生活、社交中常用的姿势之一。因此，端庄、优雅、舒适的坐姿很重要，而且良好的坐姿对保持健美的体形也大有益处。

那么，什么样的坐姿可使女性显得稳重、端庄、落落大方呢？

（1）面带笑容，双目平视，嘴唇微闭，微收下颌。

（2）立腰，挺胸，上身自然挺直。

（3）双肩平正放松、两臂自然弯曲放在膝上，亦可放在椅子或沙发扶手上，掌心向下。

（4）双膝自然并拢，双腿正放或侧放，双脚并拢或交叠。

（5）谈话时可以有所侧重，此时上体与腿同时转向一侧。

正确的坐姿关键在于腰。不论怎么坐，腰部始终应该挺直，放松上身，保持端正的姿势。

在社交场合中，坐姿要与场合、环境相适应。坐姿有以下几种：

1.自然坐姿

平时坐在椅子上，身体可以轻轻贴靠于椅背，背部自然伸直，腹部自然收紧，两脚并拢，两膝相靠，大腿和臀部用力产生紧张感。与客人谈话时不妨坐得深一些，然后背部保持直立，膝盖并拢，这会使你显得优雅而又从容。

很多人坐下来的时候喜欢将脚架起来，在社交场合，这一般被认为是不礼貌的坐法。如果是积习难改，那一定要注意架腿方式：收拢裙口，遮掩到膝盖以下部位；支撑的脚不要倾斜，双腿内侧靠近，大腿外侧收紧；双手自然搭在腿上。这样显得美观，能产生自然的美腿效应。

2.正式坐姿

膝盖与脚跟都并拢，背脊伸直，头部摆正，视线向着对方。这种坐姿可用于面谈之类的正式场合，可给予对方诚恳的印象。但也不要双膝并得太紧，一动不动，这会让人产生一种紧张感、不安全感。

3.坐沙发的坐姿

一般沙发椅较宽大，不要坐得太靠里，可以将左腿跷在右腿上，两小腿相靠，显得高贵大方。但不宜跷得过高，女性不能露出衬裙，否则有损美观与风度。也可双腿并拢，双膝紧靠，然后将膝盖偏向与你谈话的人。偏的角度视沙发高低而定，但以大腿和上半身构成直角为原则，以表现女性轻盈、秀气的阴柔之美。

在交际中卧姿用得很少，一般都是在一些休闲或非正式场所，如中午在办公室休息、卧病在家养身体、海滨浴场的沙滩上、郊游时的公园草坪。

卧姿有多种，常见的有仰卧、侧卧、俯卧等。

优雅而讲究礼仪的卧姿应因时间、地点、对象而定。若是躺在野外的草地上与挚友交谈，或趴在自己家中的沙发里与家人共享天伦之乐，什么样的卧姿都可以，这是人生的一种乐趣和放松。但此时有人造访，或走到你身边汇报问题，你应马上起身打招呼，与来人共同坐下攀谈。若是在办公室午休，有女性进来，则应立即起身，收拾好沙发上的物品，请女士坐下与之交谈；不要大大咧咧地半躺着与女士说话，以免显得不懂礼貌和没有教养。

一般情况下，卧姿在公共场合和社交场合都是应该避免的。仰躺姿势是非常丢人的，即便是健康状况不佳也应与人打个招呼为好，身体姿态呈收敛状。

体态语言的表情达意尽管不如有声语言那么具体明确而完善，而且大多是配合口语表达起辅助作用，但它在表现一个人的情态、意向、性格和气质等方面却有着有声语言不可代替的独特的真实性和可靠性。

因为人的体态语言都是心理活动和内在气质的真实表露，有许多是习惯性、下意识的，因此，体态语言在提升个人形象方面的功能是不可忽视的。

交换名片是继续联系的纽带

名片在大家交往中可用以证明身份，联络老朋友，结交新朋友。可以说，名片是你的第二张脸，使用越来越普及。它不仅是自己身份的介绍，更是自己的脸面、形象。

名片一般要随身携带，就像你的身份证。比如说，出席重大的社交活动，一定要记住带名片。如果总是和人家说“不好意思，我的名片刚用完”，这是很牵强的理由，没有名片可以说是交流第一步就失败了。对方会认为你不重视他或者是你的职业、身份不值得拥有自己的名片。发送名片可以在刚见面或告别时，但如果自己即将发表意见，在说话之前发名片给周围的人，可以帮助他们认识你。

1.如何递接名片

递接名片是不可忽视的环节，短短的一个过程可以透露出你这个人的素养，别人会以这个为标准认为你值不值得结交。

在取出名片准备送给别人时，要双手轻托名片至齐胸的高度，并将正面朝向对方，以方便别人接收时阅读。如果人多而自己左手正拿着一叠名片，也应该用右手轻托，左手给以辅助，一张张地发给每个人，不要像发扑克牌一样随便乱丢。

双手接过他人的名片看过之后（边看边读出声音来，效果也不错），精心放入自己的名片夹或上衣口袋里，也可以看后先放在桌子上。但不要随手乱丢或在上面压上杯子、文件夹等东西，那是很失礼的表现。

2.如何交换名片

交换名片是人们之间建立人际关系的关键步骤，也蕴藏着大学问。

首先是名片交换的次序安排。一般情况下，双方交换名片时是地位低的人先向地位高的人递名片，男性先向女性递名片。当然，相互不了解时就没有先后之分了。在商场中，女性也可主动向男性递名片。

当交往对象不止一人时，应先将名片递给职务较高或年龄较大的人，如分不清职务高低和年龄大小时，则可依照座次递名片，应给对方在场的人每人一张，不要让别人认为你势利眼。如果自己这一方人较多，则让地位高者先向对方递送名片。另外，千万不要用名片盒发名片，这样会让人们认为你不注重自己的内在价值，以为你的名片发不出去。

其次，交换名片时态度也需要热情、诚恳，从而表示你是真心地想与对方交朋友。

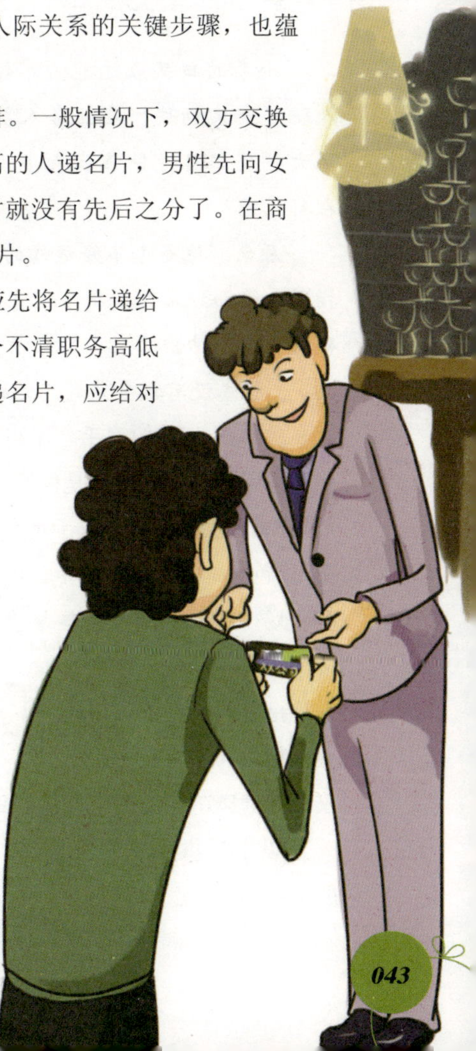

残缺褶皱的名片不能使用，因为那样既不尊重对方也不尊重自己。同时名片还不宜涂改。

双手是你的第二张脸

小李的口头表达能力不错，对公司产品的介绍也得体，人既朴实又勤快，在业务人员中学历又最高，老总对他抱有很大期望。可做销售代表半年多了，业绩总上不去。问题出在哪儿呢？

原来，他是个不修边幅的人，双手拇指和食指喜欢留着长指甲，里面经常藏着很多“东西”，有时候手上还记着电话号码。每当他伸出手时，别人总是感觉“眼前一黑”。在大多情况下，根本没有机会见到想见的客户。

别人看到你的双手，不可避免地会看到你的指甲。因此，保持指甲的良好状态也是保护双手所不可或缺的。

如果你对自己的双手足够重视，就必须经常修剪指甲。因为在职场中或是商务交往等场合，没人喜欢留着长指甲的人。指甲的长度不应超过手指指尖，因为长指甲不仅不利健康，社交中也容易伤到他人。

以下提供几条简单易行的针对指甲的小办法：

长度：手指甲长度不能超过2毫米。

缝隙：不能有异物。

习惯：养成“三天一修剪，每天一检查”的良好习惯。

美甲：日常生活中，涂指甲油要均匀、美观、整洁。

行规：服务行业上班时不允许涂指甲油或只允许涂无色的指甲油。

人的双手因为长时间暴露在空气中，而且还要去做各种各样的劳动，因此手部皮肤特别容易干燥、老化。因此，就要时刻注意对手部皮肤的保养，延缓皮肤衰老，让双手健康美丽。

平时饮食要注意营养的摄取，多食富含蛋白和纤维素的食物，少食辛辣食物，多饮水，禁烟。要注意劳逸结合，保证充足睡眠，保持精神愉快。要少晒太阳，烈日下撑伞遮光，如果对光过敏还要外涂防晒霜。搽化妆品时要选择适合自己皮肤的品牌。

保持手部皮肤清洁是至关重要的一步，清洁皮肤就要养成勤洗手的习惯。手部每天接触的物体很多，因而要及时将污物、灰尘等有害皮肤的东西洗净，要认真做到“三前三后”，即上班前、接触入口食物前、下班前要洗手，手脏后、去过卫生间后、吸烟后要洗手。

社交活动中，人与人之间需要经常握手。即使不握手，手也是仪容的重要部位。

在招待客人端茶给对方时，在签字仪式上众目注视时，如果自己的手非常漂亮，不但可表现出自己的魅力，同时也会让他人觉得很舒服。因此，健康美观的双手是你绝对不可以忽视的部分。

握手的礼仪是从掌心开始的交流

据说握手礼最早始于欧洲，当时是为了表示友好，是手中没有武器的意思，现在已成为世界性的“见面礼”。

握手是人们日常交际的基本礼仪，可以体现出一个人的情感和意向，显示一个人的虚伪或真诚。握手在人际交往中如此重要，可有人往往做得并不太好。

艾丽是个热情而敏感的女士，目前在中国某著名房地产公司任副总裁。那一日，她接待了来访的建筑材料公司主管销售的韦经理。韦经理被秘书领进了艾丽的办公室，秘书对艾丽说：“艾总，这是××公司的韦经理。”

艾丽离开办公桌，面带笑容，走向韦经理。韦经理先伸出手来，让艾丽握了握。艾丽客气地对他说：“很高兴你来为我们公司介绍这些产品。这样吧，让我看一看这些材料，我再和你联系。”韦经理在几分钟后就被艾丽送出了办公室。几天内，韦经理多次打电话，但得到的是秘书的回答：“艾总不在。”

到底是什么让艾丽这么反感一个只说了两句话的人呢？艾丽在一次讨论形象的课上提到这件事，余气未消：“首次见面，他留给我的印象不但是不懂基本的商业礼仪，而且没有绅士风度。他是一个男人，职位又低于我，怎么能像王子一样伸出手让我来握呢？他伸给我的手不但看起来毫无生机，握起来更像一条死鱼，冰冷、松软、毫无热情。当我握他的手时，他的手掌也没有任何反应，我的选择只有感恩戴德地握住他的手，只差跪下来吻他的高贵之手了。握手的这几秒钟，他就留给我一个极坏的印象，他的心可能和他的手一样冰冷。他的手没有让我感到对我的尊重，他对我们的会面也并不重视。作为一个公司的销售经理，居然不懂得基本的握手礼仪，他显然不是那种经过严格职业训练的人。而公司能够雇用这样素质的人做销售经理，可见公司管理人员的基本素质和层次也不高。这种素质低下的人组成的管理阶层，怎么会严格遵守商业道德，提供优质、价格合理的建筑材料？我们这样大的房地产公司，怎么能够与这种作坊式的小公司合作？怎么会让他们为我们提供建材呢？”

握手是陌生人之间第一次的身体接触，只有几秒钟的时间，但这短短的几秒钟是如此的关键，立刻决定

了别人对你的喜欢程度。握手的方式、用力的大小、手掌的湿度等，像哑剧一样无声地向对方描述你的性格、可信程度、心理状态。握手的方式表现了你对别人的态度是热情还是冷淡，积极还是消极，是尊重别人、诚恳相待，还是居高临下、敷衍了事。一个积极的、有力度的正确的握手，表达了你友好的态度和可信度，也表现了你对别人的重视和尊重；一个漫不经心的、无力的、错误的握手，立刻传达出不利于你的信息，让你无法用语言来弥补，它在对方的心里留下了对你非常不利的第一印象，有时甚至会像上面的那位销售经理那样失去极好的商业机会。因此，握手在商业社会里几乎意味着经济效益。

玛丽·凯·阿什是美国著名的企业家，她是退休后创办化妆品公司的。开业时，雇员仅有10人，20年后发展成为拥有5000人、年销售额过亿美元的大公司。

玛丽·凯在其垂暮之年为何能取得如此巨大的成就？她说，她是从懂得真诚握手开始的。

在自己创业前，玛丽·凯在一家公司当推销员。有一次，开了整整一天会之后，玛丽·凯排队等了三个小时，希望同销售经理握握手。可是销售经理同她握手时，手只与她的手碰了一下，连瞧都没瞧她一眼，这极大地伤害了她的自尊心，工作的热情再也调动不起来。当时她下定决心："如果有那么一天，有人排队等着同我握手，我将把注意力全部集中在站在我面前同我握手的人身上——不管我有多累！"

果然，从她创立公司的那一天开始，她无数次地和人握手，总是公正、友好、全神贯注地与每一个人握手，结果她的热情与真诚感动了每一个人，许多人因此心甘情愿地与她合作，于是她的事业蒸蒸日上。

所以，为了在这轻轻一握中传达出热情的问候、真诚的祝愿、殷切的期盼、由衷的感谢，我们对握手的分寸、握手的细节的把握是十分必要的。

握手是很有学问的。美国著名盲聋作家海伦·凯勒写道：“我接触的手，虽然无言，却极有表现力。有的人握手能拒人千里之外，我握着他们冷冰冰的指尖，就像和凛冽的北风握手一样。也有些人的手充满阳光，他们握住你的手，使你感到温暖。”

“身送七步”，注意送人的礼节

俗话说：“出迎三步，身送七步。”在应酬接待中，许多人对客户的迎接礼仪往往热烈隆重，却常常忽视了对客户的欢送礼仪，这样就常常给人以“人一走茶就凉”的悲凉感，无形中引起别人的反感，为自己的成功增加了阻力。

在中国的应酬中，许多知名企业家都深知“身送七步”的重要性，也格外注意送人的礼节，中国商业巨人李嘉诚就是其中一个绝佳的典范。一位内地企业家在接受电视采访时谈到了他去办公室拜访李嘉诚的经历。那天，李嘉诚和儿子一起接见了他。会谈结束之后，李嘉诚起身从办公室陪他出来，送他到电梯口。更让人惊叹的是，李嘉诚不是送到即走，而是一直等到电梯上来，他进了门，再举手告别，一直等到电梯门合上。身为亚洲首富的李嘉诚日理万机，可他依旧注重礼节，严格遵循“身送七步”的礼仪，亲自送客，没有一丝一毫的怠慢之举。这位内地企业家面对着电视机前的亿万观众动情地说：“李嘉诚这么大年纪了，对我们晚辈如此尊重，他不成功都难。”

“身送七步”，商业巨人李嘉诚都不忘的待客礼仪，经常在应酬场上的人更要铭记在心，以实际行动给客户贴心之感，才能拉近和客户的心理距离，促成、促进合作。

作为常应酬的人员，不仅要认识到迎接客人的重要性，更要明白送客礼仪的重要性。不要做到了“迎人三步”，却忘记了“身送七步”，否则会给客户留下“虎头蛇尾”的印象，甚至造成前功尽弃、功亏一篑的局面。

送客时应注意以下几点：

1.让客户先起身

当客户提出告辞时，要等客户起身后再站起来相送，切忌没等客户起身，自己先于客户起立相送。更不能嘴里说“再见”，而手中却还忙着自己的事，甚至连眼神也没有转到客户身上。

2.送客也不失热忱

当客户起身告辞时，应马上站起来，主动为客户取下衣帽，帮他穿上，与客户握手告别，同时选择最合适的言辞送别，如希望下次再来等礼貌用语。每次见面结束，都要以期待再次见面的心情来恭送对方回去。尤其对初次来访的客户更要热情、周到、细致。

3.代客提重物

当客户带有较多或较重的物品，送客时应帮客户代提重物。与客户在门口、电梯口或汽车旁告别时，要与客户握手，目送客户上车或离开，要以恭敬真诚的态度，笑容可掬地送客，不要急于返回，应鞠躬挥手致意，待客户移出视线后，才可结束告别仪式。否则，当客户走完一段再回头致意时，发现主人已经不在，心里会很不是滋味。

4.晚一步关门

许多时候，商务人士将客户送出门外，不等客户走远，就“砰”的一声将门关上，往往给客户类似“闭门羹”的恶劣感觉，并且很有可能因此而“砰”掉客户来访期间培养起来的所有情感。因此，商务人士在送客返身进屋后，应将房门轻轻关上，不要使其发出声响，最好是等客户远离后再轻声关上门。

心理学上不但有“首因效应”，也有“末因效应”——“最初的”和“最后的”信息，都能给人们留下深刻印象，“最初的”印象尚可弥补，而“最后的”信息往往无法改变——“送往”的意义大于“迎来”。做到“出迎三步”，你的商务应酬级别只能属于初步及格水准；做到“身送七步”，你才能迈入商务应酬优秀者的行列。商务应酬场上，“身送七步”你做到了吗？

接电话，别让铃响多于三声

每个人打电话时，都习惯于在等待电话被接通前的时间里最后调整一下思绪，再次在心里重申着此次去电的目的。这个电话被接通前的等待时间，往往被人们的惯性所限，大多以电话铃响三声为限，电话铃三声之内接听，则容易打乱等待者的思绪，而电话铃响过了三声还无人接听，等待者就会焦躁起来，不满情绪由此滋生。

因此，电话铃一响，应尽快接听，而不要置若罔闻，或有意延误时间，让对方久等。拖延时间不仅失礼，甚至会产生许多不必要的误会。

此外，在某些特殊情况下，人们实在难以遵循“响三声就接”的接听电话原则时，则应注意灵活处理。

某公司的经理在会议室接待一个客户时，突然秘书前来告知他有一个紧急电话，是公司老板为一件项目的失利大发雷霆。一听到这个，经理心中惊恐万分，也顾不得和客户解释，就急匆匆地离开会议室，前去接听电话。经过经理百般解释，公司老板才知道这原来是个误会，是某位下属不小心送错了材料所致。和公司老板通完电话，经理才想起客户还在会议室里，急匆匆赶到会议室，可惜客户早已经离开了，客户留给经理秘书一句话：“你们经理实在太忙了，我看这个合约的事情还是等以后再说吧！”

事后，不管这位经理如何解释，客户都没能原谅他的失礼，一笔生意也就此泡汤。

遇到这种接待客户和接听电话都要顾及的时候，不仅要分清主次，更要不失礼节。如果电话过于紧急而不得不接时，就需要向被接待的客户致以诚挚的歉意，在获得客户谅解的情况下再去接电话。或者是接起电话向来电者致歉，另约时间回电，再继续对客户的接待工作。

接听是否及时不仅反映了一个人待人接物的真实态度，更代表了一个公司工作效率的高低，直接影响到来电客户对公司的印象。

你的微笑**由你的声音传达**

在电话沟通中，我们要让对方听到我们的微笑，因为带有微笑的声音是非常甜美动听的，也是极具感染力的。将你带笑的声音传递给电话另一端，他会更容易接受你，更乐意与你交谈下去。因为人是追求美和快乐的动物，笑声则传达了一名电话沟通人员的快乐，如果你是在和客户沟通，电话那端的客户当然愿意和一个快乐的人交谈。

有句名言："人一悲伤就会哭，因为哭就是悲伤。"现在我们借用这句话，把它改成："人一高兴就会笑，因为笑就是高兴。"的确，笑容不只表示自己心情的好坏与否，那种亲切明朗的快乐会感染身旁的每个人。比如心烦意乱的时候，会使人一颗心直往下沉，如果也能努力展开笑颜，那么不知不觉中气氛就会轻快许多，跟周遭人们的沟通也容易、顺利得多了。

不管何时，只要笑容可掬地接听电话，声音便会把明朗的表情传达给对方。在接听电话的那一时刻，对方态度是热情的还是冷漠的，是感兴趣还是不感兴趣，是关心的还是烦躁的，是能理解还是没有耐心，是接受还是拒绝，这些都是可以感受得到的。为什么？这是因为声音能够展示与构建出电话接听者的形象。

例如下面的两组对话，虽然谈话的内容是一样的，但由于自己的声音表达的不同，产生了两种结果。

第一组："喂！钢铁公司吗？××同志在吗？"

"××同志不在。"

（急不择言）"为什么不在？"

（火了）"我怎么知道！你又没叫我看着。"

（语塞了）"那，那，就跟你说吧。"

"对不起，你待会儿再打吧！"

电话挂了，得罪了人，又没办成事。

第二组：（微笑）"喂，是纺织工厂吗？请问××同志在不在？"

"对不起，他不在。"

"哦，同志，那对你说也一样，我是光明商店的。"

"好，请说吧。"

事情很顺利地办好了。

微笑着打电话，不仅仅是一种礼貌，还可以让对方"听"到你亲切、友善的形象，从而有利于双方的沟通，给你的工作带来方便。当你微笑着接听电话，你就在构建一个好的形象，客户会感到受尊重、受欢迎，就会和你保持长期的、忠诚的业务关系。

电话暂停，别让对方等太久

接听电话时，有时会遇到须搁置电话或让对方等待的情况，这时要给予说明并表示歉意。这是一项很重要的商务礼仪。让对方等待时，切记不可让对方等太久，一定要有所回应，表明你时刻关注对方。

有些人认为，反正我在为你查找咨询材料，所以让你在电话中等候一些时间也是无所谓的。但是，不管你是否在为对方查找咨询材料，你所做每一件事的劳动时间，实际上代表着你这家公司的工作效率以及你的办事能力。同时，你是否礼貌应对会影响到公司的形象。

另外，如果你只是将电话搁在一边而没有按等候键的时候，你办公室其他人员的谈话就会传到对方耳里，这些谈话可能有公司的机密，也可能是一些无关人员的闲聊，这样无形中要么泄露你办公室的机密，要么让对方感到你公司的员工怎么上班时谈论这些与工作无关的事情，从而影响公司在客户眼中的形象。

所以，为了表示礼貌，在让人“稍候”时应先征询其意见。不过为避免误解，不要这样问：“能否问一下您是否能持机稍候？”因为如果对方回答“可以”时，也许意味着“可以如此提问”，而并非“可以持机稍候”。正确的说法应该是：“您能持机稍候一会儿吗？”或“您可以持机稍候吗？”说完要等一下，待得到对方的肯定答复后再离开。到再次拿起话筒时，还要先表示一番谢意。

让人等候时，每隔15～30秒钟就应核实一下对方是否还在等着，并让对方知道你此时在干什么。如说：“还要几分钟才能整理好您要的资料，麻烦您久等了。要不，过会儿我再给你去电话？”要让对方有选择的余地才合乎礼仪，因为这表示对对方意愿的尊重，同时也表明你在时刻关注对方。

需请对方等候多久，不能含糊其辞，更不能弄虚作假，一定要诚实。在不确定的情况下不要说：“我马上就回来。”可以说：“请等我接完那个电话马上再来。”若不能在短时间内找齐对方所需要的资料，最好不要让他久等，应另约时间回话。

要是自己处理不了，转交旁人办理时，应先接通那个人的电话，再转过去，以免来电人联系不上。

对将要接听电话的人，应扼要介绍一下来电人的要求，以免来电人再次重复，同时也可使接电话的人知道来电人已等了很久，这样，不致再添不必要的麻烦。

如果做到这些，你的客户一定会因为你如此礼貌而对你以及公司产生好感，这样，就更容易促进合作的达成。

另外，如果让对方等候时，要注意委婉的礼貌用语，例如可以说：

“对不起，您所要的资料我需要到文件柜里找一找，可能需要两分钟。”

“您是等待呢还是我查到后再给您打过去？”

让对方等待时间不超过30秒，超过时要有所回应。可以说：“请稍等……我已找到了部分资料，但还有一些……”

“谢谢你等了这么长时间，你刚才要的资料（继续谈话）……”

第四篇

入目悦心，面容装束要多花心思

注重形象，“首因效应”的作用会持续7年

在生活中，我们常听到有人说：“我对×××印象不错”，“对×××印象不好，不喜欢他”，“一看就知道他是一个……的人”——这就是第一印象，在心理学上称为“首因效应”。所谓的印象和“一看”，都是在极短的时间里形成的。在两个人初次见面的时候，他看到你的一刹那，大脑会进行多达1000次运算，一系列问题飞速在脑中闪过——你是他需要接近的人还是需要回避的人？你是朋友还是敌人？你是否值得信赖、能力出众、讨人喜欢或者充满信心……根据美国纽约大学研究人员的发现，大脑以惊人的速度完成这些运算，在7秒钟内做出重要决定，继而在大脑里形成第一印象，这种印象一旦形成，就很难改变，甚至可以保持7年之久。

不论“首因效应”的理论是正确的还是错误的，事实上大部分人都依赖于第一印象的信息，而这个第一印象的形成对于日后的决定起着非常大的作用，它比第二次、第三次的印象和日后的了解重要得多。第一印象的好与坏几乎决定人们是否能够继续交往。有人会说：“这不公平，他们应该努力认识真实的我。”这也许不公平，但这就是世界的规则。在快节奏的生活和工作中，人们没有时间去慢慢认识你，只能在有效的时间内迅速地作出判断。而且第一印象具有顽强的持久性，第一印象所形成的认识将持久地主导人们对另一个人或事物的看法，即便人们在后来的交往中对此人或事物有了新的认识，第一印象所产生的看法依然不会消失。

“比如，你对一名同事第一印象并不好，而在一次聚会中，你发现他原来很热情，但你也只会认为他仅仅适合私下相处，而不适合共事，也就是说，你对他的第一印象依然没有改变。”这是加拿大西安大略大学的首席研究员西维亚·嘉禾斯基经过对第一印象的研究后得出的结论。这也印证了美国勃依斯公司总裁海罗德的经验：“大部分人没有时间去了解你，所以你给他们的第一印象是非常重要的。你给人的第一印象好，你才有可能开始第二步；如果你留下一个不良的第一印象，很多情况下，我们会相信第一印象基本上准确无误。对于寻求商机的人，一个糟糕的第一印象，就等于失去了潜在的合作机会，这种案例数不胜数。你必须花费更多的时间才能够抹去糟糕的第一印象。”

宋老师是某大学一年级的辅导员。开学之初，他在学校大门口接待前来登记报到的新生。有一位名叫宋希瑞的新生，报到时衣冠不整，头上的帽子也歪到了一边，站在桌前报出自家名字时，左腿还一抖一抖地制造着“人造地震”。宋老师想：这个学生肯定是一个调皮捣蛋、不爱学习的学生。于是，宋老师带着不悦的心情，非常严肃地对宋希瑞说：“请把你的帽子戴好。腿如果没有病的话，请不要抖动！”

面对这么一个吊儿郎当的宋希瑞，宋老师自然特别留意：他是否有逃课的坏毛病？是不是常在班上“拉帮结派”、打架闹事？在选班干部的时候，宋希瑞根本不在宋老师的考虑范围之内。几个月过去了，宋老师没发现宋希瑞任何违纪的行为，却发现他并不像自己所想的那么坏，他既不旷课也不打架，并热心为班上做好事，课余时记日记、写文章，还在校报上发表了几首小诗呢！

宋老师决定找宋希瑞谈一次话。经过交流，宋老师又了解到：宋希瑞性情温和，待人有礼貌，与同学的关系相处得十分友好融洽。他在报到那天之所以衣冠不整、歪戴帽子、左腿抖动，是因为他那天感冒了，在长途汽车上颠簸得晕车了，只好把头伸出窗外呕吐，为了安全起见，他把帽檐儿拉向了一边。下车后，头昏脑涨的他没注意到自己的“光辉形象”，因此给宋老师的“首因效应”太差，竟然成了老师密切“关注”的对象。鉴于宋希瑞半年来的良好表现，第二个学期，宋老师让他担任了班干部。后来证明，宋希瑞干得很出色。

宋希瑞就是“首因效应”的受害者。尽管我们可以理直气壮地告诉别人，不要仅凭一个人的外表妄下结论，但事实是，全世界的人都在这么做，我们自己也不例外。既然我们无法阻止他人做出仓促的决定——人类的大脑与生俱来就以这种方式工作——那我们就必须要做出有利于自己的决定：注重形象，输出良好的第一印象。试想，如果宗希瑞一开始就注重给老师一个良好的“首因效应”，也不至于成为班主任“监督”的对象，影响了自己的进步，甚至要花费半年的时间来改变宋老师对自己的印象。

别人对你的第一印象，往往是从服饰和仪表上得来的，因为服饰往往可以表现一个人的身份和个性。毕竟要对方了解你的内在需要长久的过程，只有仪表能一目了然。一个人的形象对人本身有很大的影响，一个衣冠不整、邋邋遢遢的人和一个装束典雅、整洁利落的人在其他条件差不多的情况下，同去办一样的事儿，恐怕前者很可能受到冷落，而后者更容易得到善待。因此，第一印象对我们来说有着相当大的作用，但常常被人们忽视。如果你不想失去任何成功的机会，如果你想在人际交往中如鱼得水，那么一定要注重形象，努力给别人留下良好的第一印象。

用衣服包装自我，**用魅力打动他人**

俗话说“人靠衣装，佛靠金装”，可见衣服是人的第二肌肤，承载了一个人向外传递信息的主要部分。很多人都有过这样的经历：穿一身漂亮的衣服，心情立即愉快起来，不自觉中，头扬起，胸挺起，脚步轻盈而有力，人也特别有信心。可见，服饰对人起着多么大的辅助作用。

红顶商人胡雪岩在上海新开张的商行遭到当地商人的联合

抵制，不久就波及了大本营杭州。一些杭州的大客户生怕胡雪岩垮台，闻风而动，都准备中止和他的生意往来。他们听说胡雪岩从上海回来了，就悄悄躲在暗处观看，以为会看到胡雪岩灰头土脸的样子，结果他们却看到了衣着鲜亮、精神抖擞的胡雪岩。

他们猜想胡雪岩也许仍然有机会转败为胜，但又还不放心，又跟踪胡雪岩到他的商行去，看他是不是会暂停生意进行整顿。可是胡雪岩不仅没有关闭商行，反而还亲自坐镇，在柜台上悠然自得地喝起茶来。这令他们震撼了：一个人遭受这么大的打击，竟然还能够如此镇定从容！最终，胡雪岩的气度征服了他们，他们又对胡雪岩恢复了信心。

其实，当时胡雪岩的处境已是山穷水尽，就是凭他那镇定形象，才稳住了不利的局面。

不能不说胡雪岩是个人脉高手，他充分地运用了衣服的包装作用，稳定了自己的影响力，没使自己落入更大的困局。

服饰是人形体的外延，包括衣、裤、裙、帽、袜、手套及各类服饰。它们不仅起着遮体御寒的作用，还能显示一个人的个性、身份、涵养及其心理状态等多种信息。一个人穿戴什么样的服饰，直接关系到别人对其个人形象的评价。要在人际交往中发挥衣服的自我包装作用，就必须让服饰和穿戴者的气质、个性、身份、年龄、职业以及穿戴的环境、时间协调一致，才能真正达到美的境界。

用衣服包装自己，既是一门技巧，更是一门艺术。因为着装是一门系统工程，它不仅仅指穿衣戴帽，更是指由此而折射出的个人的教养与品位，是在对服装搭配技巧、流行时尚、所处场合、自身特点进行综合考虑的基础上，在力所能及的前提下，对服装所进行的精心选择、搭配和组合。着装要赢得成功，进而做到品位超群，就必须掌握三大要领：

1.应己着装

所谓应己，即要求在选择着装时要因人而异，使所穿服装与自己的身体条件相适应。具体而言，应己原则应围绕性别、年龄、肤色、形体这四大条件展开。

（1）性别。男着男装，女着女装，这是人人都应具有的基本常识。值得注意的是，服装中性化趋势日益明显，许多服装已成为男女的共同选择。更有一部分人崇尚男服女穿、女服男穿，俨然成为一种时尚。对于想广泛吸引人缘的人脉达人来

说，是绝对不能追随这种趋势与潮流的，还是应该以保守而正确的穿法，体现自己性别的独特魅力。

（2）年龄。不同的年龄对着装有不同的要求。在选择着装时，务必要考虑到自己的年龄因素，使自己的着装与年龄相符，否则便会贻笑大方。当然，对于中年人来说，适当地使自己看起来小几岁，保持朝气和活力，也是吸引人的重要方式。

（3）肤色。所穿服装还应该与自己的肤色相协调。尽管绝大多数中国人都是黄皮肤，但具体到个人来讲，肤色是同中有异的，因而对服装颜色也有着不同的要求。例如，肤色白净者，适合穿各色服装；肤色偏黑或发红者，忌穿深色服装；肤色黄绿或苍白者，宜穿浅色服装，等等。

（4）形体。人有高矮胖瘦之分，具体到身体各部分还有标准与不标准之别，这就是个人形体条件的差异。不同的形体条件应当选择不同的着装。总之，人脉达人在穿着方面，应该尽量表现得清爽而且充满活力，这样才能获得好人缘。

2.应事着装

所谓应事，即要求根据自己所要办理的事情的不同而选择不同的着装，使自己的着装与所办的事情相配合、相呼应。

在欢度节日或纪念日、结婚典礼、生日纪念、联欢晚会、舞会等喜庆场合，服饰可以鲜艳明快、潇洒时尚一些。一般来说，在正式的喜庆场合，男性服装均以深色为主，单色、条纹、小暗格都可以，女性可以选择适合自己穿着的色彩鲜艳的服装。

在庄重场合，例如参加会议、庄严仪式、正式宴会、会见外宾等隆重庄严的活动，服饰应当力求庄重、典雅。凡是请柬上规定穿礼服的，应按规定着装。庄重场合一般不宜穿夹克、牛仔，更不能穿短裤或背心。

正式场合的衣着应当严格符合穿着规范。懂得尊重场合的人，就是懂得自尊的人，给人留一个做事讲究的印象，就会吸引同样的人。

3.应时着装

着装必须应时。所谓应时，不是指追求时髦，而是要求着装必须与穿着的具体时间相吻合，不可不分四季、不分早晚地胡乱着装。通常，夏季应以凉爽、轻柔、简洁为原则，在使自己舒爽的同时，也让服装色彩与款式给予他人视觉和心理上的良好感受。冬季应以保暖、轻便着装为原则，避免臃肿不堪，也要避免只要风度不要温度，为形体美观而着装太单薄，给人不会照顾自己的感觉。应该注意，即使同是裙装，夏天面料应是轻薄的，冬天要穿面料厚的，春秋两季可选择的范围更大、更多些。

虽然人们常说“不要以貌取人”，但是着装合适与否还是会影响到别人对自己的评价。根据以上原则留意你的服饰和仪表吧，这并不是叫你穿上最流行的、最时髦的衣服，只是要求你穿得有自己的特点，给他人留有一个好的印象，也给自己增添一份自信与魅力。

修饰面容，气色好才迷人

面容是人的仪表之首，也是最为动人之处，所以面容的修饰是仪容美的重头戏，特别是在社交场合显得尤为重要。由于性别的差异和人们认知角度的不同，男女在面容美化的方式、方法和具体要求上是不同的，有着各自不同的特点。

1.男人也需要护肤

使用洁面、润肤等护肤产品，这是一个很好的现象，脸上皮肤滋润给人的感觉当然好过于干燥没有光泽。所以，没有开始护肤的人要立刻行动起来才好。

如果蓄须了就应该经常修剪，保持卫生。不管是留小胡子还是络腮胡，整洁大方是最重要的。而没有留胡子的人，在出席各种公共场合或社交活动的时候，切不能胡子拉碴地去。

另外，男士还应该注意保护唇部皮肤，尤其是在秋冬季节，晚上临睡前给嘴唇涂一点蜂蜜或者有滋润作用的护唇膏，保持唇部皮肤的本色和光泽，会让你看起来健康有活力。

2.女人的气色最重要

化妆的浓淡要考虑时间、场合的问题。随着时间与场合的改变，妆容应该有相应的变化。

首先，在生活中要多多参加户外体育活动，促进表皮细胞的繁殖，使表皮形成一层抵御有害物质的天然屏障。

其次，良好的心境与充足的睡眠也是不可少的。这对皮肤的新陈代谢有一定的作用，也会使面容有光泽。

再次，合理的饮食也不可忽略。多喝水，多吃富含维生素C较多的水果蔬菜等，少吃辛辣、高糖、高热量的食物。

最后，坚持科学的面部护理与按摩也是十分重要的。它能促进血液循环，使面容更加红润健康。

众所周知，不修边幅的人在社会上是没有影响力的，所以，无论男性女性，都要注意自己的面容修饰，让靓丽的容颜增加你的吸引力。

选对休闲装让你在非正式场合也魅力十足

现代人随着工作节奏日益加快，愈发注重休闲了，连服装都开始青睐休闲装。它柔和、宽松的面料丝毫不影响肢体的活动，透过细腻的面料似乎可以感受到着装者的活力。合适的休闲装，利于休闲，让人更能享受生活。但休闲装并不意味着“随便穿”，相比自有规则的正装穿法，休闲装更能体现一个人的修养和品位。

随着服装市场品类的丰富，休闲装也分出了许多种类：充分考虑人体结构和运动特性的运动休闲装、科学设计的野外运动休闲装、高雅随性的高端休闲运动服装、职业而又偏带休闲的商务休闲男装，还有最能体现个性和自我的时尚休闲装。其中商务休闲装和时尚休闲装是休闲时间最容易穿出自己风格的衣服。想要在非正式场合成为人脉达人，不妨多下心思研究相关的选择和搭配。

这里略举一些例子，以作参考：性格张扬的，色彩可以浓重，款式可以夸张，质地可以特别；性格稳重柔和的，完全可以素雅、清淡，裁剪可简约，不过于有型，多自然面料；性格严谨的，在休闲场合也务必放松下来，但是选择休闲服仍比一般人讲究，如精纺的面料，不过于随意的休闲式样，服装整体给人以上品的感觉；性格可爱的可以穿得更加年轻化一些，如短款的裁剪，可爱的装饰，偏轻盈或鲜嫩的色彩，柔软、舒服的面料等；性格帅气的，款式可以更简洁、利落，色彩不过于鲜艳、粉嫩，可用中性色，用深浅对比搭配，突出简约、率真；性格浪漫的可以用色华丽或在面料和裁剪上体现女人味；喜欢异域风格的，还可以用异域元素，合理运用异域服饰，让自己更具异域风情，用色低调、神秘或华美、张扬……人都不想单一乏味，但搭配不当，会让人感觉不伦不类，有失修养和品位，更或者找不到自己的风格。

所有这些风格，都务必遵循必要的场合之道，如喝茶，不宜穿过于紧身、刻板的服装，颜色多素雅，配饰宜少不宜多，尤其是不适合戴复杂、烦琐和过于有光泽的首饰，不适合浓妆，注意不要在茶杯边沿留下鲜艳的唇印。咖啡和西餐要注意相应礼仪，不宜过于随意，切忌衣衫不整齐。

家居也要注意相应的着装礼仪，以免客人忽然来访相互尴尬。可选用不过于暴露的家居休闲装等，样子也尽量适合自己，不要过于幼稚、搞怪或过于随意。睡衣类的，可以随意，要注重舒服、舒适，选更适合自己的，给自己最贴心的爱护，亦可营造浪漫、温馨、宁静氛围。

选对合适的休闲服装，会令人在休闲中更舒服、愉悦，也在非正式场合给人留下舒心愉悦的印象。

出门前，请先“理”好你的头发

头发是我们形象中最重要的部分，因为不管我们的服装如何变换，头发始终跟着我们。事实上，不少人也经常根据头发来定义一个人。你是不是经常听见别人在喊“那个红头发的”或是“那个黄头发的”？可见头发在一个人形象中是多么容易引起注意了。

一个周五的晚上，几个好朋友为了给曹蒙庆祝生日，特意拉着他到理发店烫了个时髦的“鸡窝头”，然后又拉着他去一家知名的摇滚乐酒吧吃喝玩乐，直到凌晨4点，这帮好友才各自道别，回家睡觉。

早上8点的时候，曹蒙的电话响了，一接，是曹蒙单位经理的电话，因为经理临时有事，让曹蒙代他去和一个重要客户签署合同书，时间安排在上午9点。从曹蒙家到客户那里至少要40分钟的路程，要是堵车的话就可能迟到。曹蒙不敢怠慢，赶紧起床，拿起一套西装穿上就出了门。

果然，曹蒙在去的路上遇上了堵车，还好他在最后几分钟顺利赶到了客户那里。一见到曹蒙，客户的眼里闪过耐人寻味的神色，先让曹蒙坐下，客户就去了隔壁房间。过了一会儿，客户对曹蒙说："我看今天这个合同就暂时别签了，咱们以后再约时间，好吧！麻烦你跑一趟，还请你先回去吧！"

曹蒙觉得莫名其妙，却又不便深问原因，只得怏怏地回去了。随后，曹蒙接到了经理的电话，问他搞什么鬼，顶着一个鸡窝头就去了，客户还以为他是个小混混，把客户吓了一跳，合同的事情也就暂缓了。

曹蒙的一个"鸡窝头"差点毁了一桩生意，由此可以看出，一个坏的发型是注定不讨喜的。事实上，人们注意和打量他人，往往是从头部开始的。而头发生长于头顶，位于人体的"制高点"，所以更要引起重视。鉴于此，要想打造良好形象，首先应该从"头"出发。

一般来说，人们要注意以下几个头发上的细节，才不至于有损形象。

1.基本要求：干净整洁

如果你没有过多时间照顾你的头发，至少应保持它的干净整洁，一般两天清洗一次头发为宜（夏天可适当增加频率）。平时也应注意对头发的养护，使其具有自然光泽。

2.发型得体

在社会生活中，人们的职业不同、身份不同、工作环境不同，发型自然也应有所不同。总而言之，在工作场合抛头露面的人，发型应当传统、庄重、保守一些；在社交场合频频亮相的人，发型则应当个性、时尚、艺术一些。至于前卫、怪异的发型，一般只有对艺术、娱乐工作者才是适合的。

3.长短适中

虽然说头发或长或短完全是一个人的自由，但是从社交礼仪和审美的角度来说，发型应该大方、高雅、得体、干练，具体来说，要考虑以下几个因素的影响：

（1）性别因素。男性和女性的区别，在头发长短上就有所体现。一般大家的观点是：女士可以留短发，但是却很少理寸头；男士的头发虽然也可以稍长，但是不宜长发披肩、扎辫子之类的。

（2）身高因素。从美观的角度来说，头发的长度在一定程度上应该与个人身高有关。以女士留长发为例，头发的长度应该与身高成正比。如果一个女生个子矮小，头发却长过腰，这样会显得自己的个头更矮的。

（3）职业因素。职业对头发的长短也有一定的影响因素的。

4.发色与肤色匹配

现在选择染发的人越来越多，染发时应该要注意使发色和肤色协调。

与深棕色头发搭配的肤色：任何肤色，肤色白皙者尤佳。

与浅棕色头发搭配的肤色：白皙肤色或麦芽肤色、古铜肤色者均可。

与铜金色头发搭配的肤色：白皙或麦芽肤色，也很适合肤色微黑的女士。

与葡萄紫色头发搭配的肤色：自然肤色或白皙肤色，非常适合肤色偏黄的女士。

最好不要染过于夸张的红色、黄色、蓝色、绿色等颜色，以免给人留下是“小混混”的感觉。

5.美化自然

人们在修饰头发时，往往会有意识地运用某些技术手段对其进行美化，这就是所谓的美发。美发不仅要美观大方，而且要自然，不宜雕琢过重，或是不合时宜。例如，不要过多使用啫喱、喷彩之类的东西，如果一定要使用，也最好选择无香型，免得和香水、化妆品等气味混杂在一起，使别人闻了不舒服。

头发整洁、发型大方是个人形象对发型美的最基本要求。整洁大方的发型易给人留下神清气爽的印象，而披头散发则会给人以萎靡不振的感觉。一般来说，发型本身是无所谓美丑的，只有一个人所选的发型与自己的脸形、肤色、体形相匹配，与自己的气质、职业、身份相吻合时方能显现出真正的美。决定发型美的许多因素是人所无法随意改变的，但通过对不同发型的选择，可以起到扬长避短的作用，充分展现自己的美而让人忽视自己的缺陷，在人际交往中给他人留下良好的印象。

穿出西装权威“范儿”，**做社交明星**

在白领们身上常见的“衬衫+西服+领带+西裤+皮鞋”是男士出席正式场合的标准行头，当然在夏天只穿着衬衫和西裤，或者选择立领的中山装样式西服，也都是正装的体现。在一套正装行头中，西装是重中之重。它的造型典雅高贵，拥有开放适度的领部、宽阔舒展的肩部和略加收缩的腰部，穿在男士的身上，会使之显得英武矫健、风度翩翩、魅力十足。

西装代表着正式，代表着庄重和权威，但是各种西装的权威感大不一样，想要把西装穿出具有强大气场吗？那就来听听高端形象设计师的建议吧！

首先要选好西装的版型。西装的版型相当于西装的骨架，只有版型合适了，西装才能够为你的身材加分。目前国内市场上存在有以下几种版型，分别为美版、意版、英版、日版和韩版。

美版西装：在2009年之前，几乎全国各大男装服饰集团采用的都是美式版型。美版西装的基本轮廓特点是O型，背后中间开一个衩，宽松肥大、简洁素雅、窄翻领、造型修长。美版西装偏田园休闲风格，属于家居旅游的穿着。虽然美国是随性自由的国家，不过他们也从来不穿美版西装参加正式场合。

意版西装：意版西装的基本轮廓是倒梯形，有点四四方方，臀部不开衩。双排扣、收腰、肩宽，是欧版西装的基本特点。

英版西装：英版西装是单排扣，其基本轮廓也是倒梯形，但是领子比较宽广，也比较狭长，臀部上方部位开两个衩，缘由是要让以前的绅士骑在马背上时，外套可以漂亮地垂在鞍尾上，它是正规的经典款。

日版西装：日版西装的基本轮廓是H型的。它适合亚洲男人的身材，没有宽肩，也没有细腰。一般而言，它多是单排扣式，衣后不开衩。稍微有些见识的男士，会在工作的场合选择穿日版的西服。从审美的角度来看，日版西装的确比美版西装好很多。由于整体呈H型，给人严谨慎重的感觉，一般律师等严肃的职业会选择日版西装。不过日版西装完全起不到修饰身型的作用，胖人穿上会显胖、瘦人则显得更瘦，因此它对身材的要求相对较高。

韩版西装：韩版西装符合亚洲人走骨感美路线的追求，在西装的设计上把腰线提上来，进行了收腰，着重版型的修身、显瘦，其外观挺括、线条流畅、穿着舒适，非常适合亚洲人偏瘦小的身材特点，此外，韩版西装的外领比一般的西服外领窄。

其实，西装版型的挑选并没有特别的限制，关键是要看个人的喜好和习惯。挑选西装时，你不必太担心自己的肩膀不够宽，因为西装上衣的尺码本来就是根据你的肩宽来定的，你应该担心的是你的腰围和腰部位置是否合适。如果你腰比较粗或者有小腹的话，你可以选择收腰幅度大的修身西服；如果臀部较大，就适宜选择意式西服，可以遮挡你的臀部，避免臀部看起来更大；而臀围较小的人则适宜选择英版西装，因为双开衩会让你走路时更有“范儿”！

选好西装版型后，就要选择西装的颜色了，基本上只要注意以下三点就可以了：

1.选择上下身同一色系的西装

上下身不同色系的西装，更显得朝气和时尚，却少了一丝庄重和严肃。而全身同一色系的西服套装更显肃穆，使得整个人更有气场和权威感。

2.选择深色系西装

正装西装一般都是单色的、深色的，以蓝色、灰色居多，有时也有咖啡色和黑色，而休闲西装的色彩往往更多样，也更鲜艳，比如灰蓝、浅蓝、紫色、绛红色等。一般来说，浅色的西服休闲气息较重，显得年轻、活泼和帅气，而且带有时尚感和前卫感。而深色系的西装显得更加稳重和冷静，同时营造出了十足的成熟商务男士的魅力，所以，深色系西装比浅色系西装更具有权威感。

3.选择素色西装

西装除了有素色西装之外，还有一些格子西装或条纹西装等有图案的西装。有图案的西装往往会显得更加时尚和休闲，素色西装则显得更庄重和成熟，将一个人稳重优雅的魅力尽情表现出来，是增添你权威感的适宜选择。

除了选好西装的样式和颜色，还要知道穿西装的诸多忌讳：

（1）西服上衣袖子应比衬衫袖短1～3厘米，千万不要忘记摘除袖口的商标。

（2）在一般性的正式场合，穿着单排两粒扣或单排三粒扣的西装时，都应扣好最上面的纽扣，而将最下面的纽扣解开。避免当你坐下时腹部隆起而显得臃肿窝囊，而且不会让你的形象过于呆板。但是穿双排扣西装的话，则一定要将扣子全部扣上。

（3）西服的上衣、裤子口袋内不能鼓鼓的。

（4）西裤不能太短，标准的西裤长度为裤管盖住皮鞋。手不能常插在裤袋内。

（5）衬衫不能放在西裤外。

（6）衬衫领子不能太大，佩戴领带一定要扣好衬衣扣，领脖间不能存在空隙。

（7）领带的颜色不应太刺眼。

（8）领带不能太短，一般领带长度应是领带头盖住皮带扣。

（9）不要不扣衬衫扣就戴领带。

（10）西服不能配运动鞋。

（11）皮鞋和鞋带颜色应协调。皮鞋和鞋带、袜子颜色应协调，袜子的颜色应比西服的颜色深。

人际交往中，少不了要出现在正式的场合，只有了解西装的着装窍门，你才可以根据自己的身型选择合适的西装款式，展现出修长挺拔、庄重权威的迷人形象，从而获得更多人的青睐。

善用饰品会提升自身形象

虽然首饰的作用仅限于装扮而没有任何实用价值，但人们对首饰的热爱却是从远古时期就开始了。特别是到了现代，饰品已经成为个人形象必不可少的修饰，起着画龙点睛的作用。佩戴一款合适的首饰，会提升个人的形象品位甚至身价，即使是商务人员也不能完全远离首饰。因此了解不同场合、不同条件下如何选戴首饰很有必要。

人们最常佩戴的首饰当属戒指、项链和耳环。

戒指是爱情的信物、富贵的象征、吉祥的标志。在西方国家，戒指是希望、快乐的象征。琥珀或玉石戒指象征着幸运；钻石戒指戴在男性手指上象征着勇敢与坚定，戴在女性的手指上则象征着高贵。

戒指就质地而言，有钻石、金、银、玉等；就造型来分，有对称式与不对称式两种。

选戴戒指，不同年龄、不同性别、不同身份的人应有所不同。老年人可戴有“寿”字的戒指；男士可选戴方戒、圆戒、名字戒等线条简洁、款式粗犷的戒指；女士可选择款式多变、线条柔美、做工精致、小巧的戒指；商务人员工作时，可以不戴戒指，如果戴时，应选戴黄金、白金、白银等制作的戒指。若要参加高雅的社交活动，应选择与时装、礼服相配套的珠宝镶嵌的戒指。

项链则是女性最常佩戴的饰品之一。它大致可分为金属项链和珠宝项链两大类。商界女士在选择项链时，应选择庄重、雅致、不过分粗大的为好，比如质地较好、小巧精致的金属项链可为理想的选择。若参加社交活动，则可选择色泽亮丽、造型美观的珠宝项链。

项链的佩戴要因人而异。脖子细长的人应选戴短项链，其长度为40厘米左右；而脖子粗短的人，应选戴细长项链，其长度为60厘米左右；一般人可选戴中长项链，其长度为45厘米左右。老年人宜选择质地上乘、做工精细的项链；中年人宜选择工艺性强、质朴典雅的项链；青年人则以选颜色好、款式新颖的项链为好。

选择项链，还应与穿着的服装相配。衣服轻柔飘逸，项链应玲珑精致；衣服面料厚实，项链要粗大些；衣服颜色单一或颜色素雅，项链可选择鲜艳、醒目之色，如天蓝宝石项链、红玛瑙项链等；衣服色彩艳丽，可选择色泽古朴、典雅的项链，如景泰蓝、玛瑙、珐琅等项链。

传统的中国女性最注重的首饰就是戒指与项链，而对于西方女性来说，也许更看重戒指与耳环，因为她们感觉耳环最能显示她们的脸孔。一副简洁的耳环能把一件普通的衣服衬托得更有特色。

耳环的选择主要考虑佩戴者的脸型：圆脸适宜戴各种款式的长耳环或垂坠、耳珠；瓜子脸是最为可人的脸型，应该说几乎所有造型的耳环都适于选戴，尤以扇形耳环、奶滴形耳环更显秀丽妩媚；方脸型的女性可选用富有弧线、线条流畅的圆形、纽形、鸡心形、螺旋形耳环，使脸型显得具有曲线之美。

一般肤色白皙的女性适宜戴红色、翡翠绿等色彩较为鲜艳的耳环；皮肤偏黑的女性，宜选用色调柔和的白色、浅蓝、天蓝、粉红色耳环；金色耳环适合于各种肤色的人佩戴。

耳环的佩戴必须与整体服饰协调一致，服饰色调鲜艳的，耳环色泽宜淡雅或同色调。

在各种比较正规的社交场合，如参加宴会、婚礼或庆典仪式，应选用高档的耳环，如用钻石、翡翠、宝石镶嵌的耳环。

总之，佩戴首饰最重要的就是要与你的整体搭配协调统一，从而提升你的形象。需要注意的是，首饰贵在精不在多，不要把自己的身上挂满首饰。

让足下生辉，别以为别人不会注意你的脚

很多人热衷于衣物的雕琢，却往往忽视脚底的打扮，一年到头就那两双鞋子，袜子颜色也不注意和衣服的搭配。殊不知，鞋袜也是服装搭配里的一项重头戏，如果只讲究衣着的光

鲜华美，却“不伦不类”地配上一双不合时宜的鞋子或者袜子，其结果只能使自己的气质和品位大打折扣。那么，我们如何用鞋袜装扮自己，让自己成为人人艳羡的社交明星呢？下面就给你指点。

鞋子的色彩和款式可能成功地使服饰增辉，也可能导致失败。所以，穿鞋的基本原则是既舒适又漂亮，鞋的款式和色彩要与所穿的服装式样相协调。

在正式或半正式场合，男性一般穿没有花纹的黑色平跟皮鞋，女性一般穿黑色半高跟皮鞋。露脚趾的皮凉鞋是绝对禁止在礼仪场合穿着的。旅游鞋、布鞋、各式时装鞋与正规的礼服也是不相配的。轻柔飘逸的裙衫配造型粗犷的皮鞋就会让人感觉脚太笨重，身着端庄的西服脚蹬玲珑的高跟舞鞋，也会使人觉得不伦不类。需要注意的是，女性在选择高跟鞋时，不要穿太高太细的高跟，鞋跟一般不宜超过5厘米，以免走路时东摇西摆、步履不稳，反而会影响形象。

鞋与服装在质地上也应和谐、统一。精纺的全毛料裤要与光亮质高的牛皮鞋或漆皮鞋相配；帆布的休闲裤宜与同质地的散步鞋或松紧口的牛仔

布鞋步调一致；条绒或细灯芯绒裤应该配上绒面革或为麂皮的皮鞋；粗花呢敞口裤与压花模的厚质皮鞋匹配才有生气；真丝连衣裙配上双色彩协调的麻边凉鞋，那份浪漫情怀只能意会，不可言传。

除了鞋子搭配，还要注重鞋子的质量。质量不仅反映了人的身份，还能使你避免出现皮鞋开线、掉跟等尴尬局面的发生。况且，一双优质的鞋子远远要比劣质的鞋子穿的次数要多，寿命也长得多。

了解了鞋子的搭配，我们再来看看袜子的选择。

对男性来说，法则很简单，就是袜子的颜色要与裤子一样或者比裤子的颜色更深一点，这是一个很常规也是必需的穿法，绝不会出错。比如你穿一双白色或者褐色的皮鞋，而你穿的是蓝色裤子，袜子就应该是蓝色或者黑色的，绝对不能穿白色袜子。

对女性来说，穿套裙的时候应该穿长筒袜，穿裤装的时候就要搭配与裤子颜色相近的袜子，即使是穿短装，也要搭配短的毛线袜或棉袜，而不是短丝袜。穿着露在外面的短丝袜是职业女性搭配中的禁忌。选择袜子时以透明近似肤色的最好，并在办公室抽屉里或手提包内存放备用袜子，以在脏污、破损时可以更换，避免陷入尴尬。

相对鞋子来说，袜子是比较小的细节，要先选好鞋子，再来确定袜子就可以了，所以，要想足下生辉，鞋子上的功夫还是要比较大的，既要会买，还要会保养。在华尔街上流行着这样一句俗语：“永远不要相信一个穿着破皮鞋和不擦皮鞋的人。”英国一位世家做皮鞋生意的绅士说：“低头看看他脚上穿的，就知道他真实的身份。”

别让**小细节**毁了你的形象

试想这样的场景，你面前的人鼻毛、体毛像野草一样茂盛，身体总是散发异味，或者开口讲话时，你以为他已经几天没刷过牙了，等等，你会有怎样的反应？其实，你只要进行一下换位思考，结果便显而易见，你不喜欢看见别人这样，别人当然也不喜欢看见你这样的形象。

牙齿是口腔的门面，牙齿的清洁是仪表、仪容美的重要部分，而不洁的牙齿被认为是交际中的障碍。保持牙齿清洁，首先要坚持每天早晚刷牙，消除口腔细菌、饭渣。刷牙时不要敷衍，应该顺着牙缝的方向上下刷，牙齿的各部位都应刷到。如果牙齿上有不易去除的牙垢，或是牙齿发黄，可以去医院或专业洗牙机构洗牙，以使牙齿看起来更加洁白、健康。此外，不吸烟、不喝浓茶是防牙齿变黄的有效方法。

口腔有异味是很失风范的事。平常最好不吃生葱、生蒜等带刺激性气味的食物。每日早晨空腹饮一杯淡盐水，平时多以淡盐水漱口，能有效地控制口腔异味。必要时，嚼口香糖可减少异味，但在他人面前嚼口香糖是不礼貌的，特别是在与人交谈时，更不应嚼口香糖。

我们身体的各个部位都可能向外散发出一些“异味”，其中又以腋下、足部、阴部等部位的味道最为浓烈。以腋下为例，即便不是狐臭，在夏天或者运动后，腋下的大汗腺大量分泌，分泌物被细菌分解后就产生不饱和脂肪酸，异味就产生了。此外，人的性别、年龄、种族、饮食习惯，甚至情绪等，都有可能影响到自身的“体味”。正常情况下，这种体味很微弱，无伤大雅，但如果你身体上的异味非常强烈，就会为你的形象减分很多。

有以下几种方法可以消除身上的异味：

1.腋下异味

如果你天生就有狐臭，但是味道不浓烈，或者仅仅是因为容易出汗而导致腋下有异味的话，可以经常换洗衣服，剔除过多腋毛，保持腋下的清爽。饮食上注意少吃或者不吃辛辣类的食物，因为这类食物容易发汗，而且刺激性味道也能通过汗液排出。同样，能发汗的咖啡、茶等饮品也要少喝，它们含有的咖啡因也能促进排汗。另外，一些止汗喷雾也对消除异味有一定的作用。

但是，如果你的狐臭很浓烈，可以考虑手术祛除腋下大汗腺。不过这需要承担一定的风险，如果腋下异味没有严重影响你的正常社交生活，建议你以清洁为主。

2.足部异味

足部异味也与汗腺分泌有关，脚气、脚癣等疾病也会导致异味。如果你的汗腺发达，经常承受脚臭之苦，就要在细节上多下功夫。选择纯棉材质的袜子，不要选择化纤等材质的，因为它们不透气，更容易诱发出汗。鞋子的选择也是一样，以透气为主。经常保持脚部干爽、勤换鞋袜等也是消除脚部异味的基本方法。

3.私密处异味

一般来说，女性的私密处更易产生异味。因为女性的私密处是尿道、阴道和肛门的聚合地，更易滋生病菌。而且阴道分泌物多，会使得局部湿度偏高，容易产生异味。

私密处异味有可能是疾病原因，这些情况要找专业医生咨询。女性平常也要注意保持私密处的清洁，每天用温水清洁外阴。不要穿过紧的内裤，经期更要每日更换内裤，并用开水烫煮消毒。

另外一个可能产生异味的地方是——肚脐眼。这个部位经常被人们忽略，其实肚脐与身体内部相连，里面很容易堆积污物，把它清洗干净十分必要。不过，因为肚脐周围的肌肤比较细嫩，所以清洗时动作要轻柔。沐浴后，用干净的干毛巾把肚脐内残留的水分蘸干，就能避免肚脐发出难闻的异味了。

在平时多多注意这样的小地方，这样你的形象才更健康、更受人喜爱。

第五篇

以退为进，让自己不落被动的策略

闭上生气的嘴，睁开争气的眼

俗话说：“不蒸（争）馒头争口气。”人们在这句话的鼓舞下，为了自己的尊严与面子，不惜牺牲自己所拥有的：有人为了别人的无心之言而怒火中烧，非要与之争出个长短不可；有人为了显示自己的强悍，非要与情敌拼个你死我活；还有人为了让人看得起，非要挑战不可能之事……

哪些气应该生，哪些气应该咽下去，除了要仔细衡量外，还需考虑现实的情况，如果为了面子问题生气而丢掉此后的前程，自然是得不偿失的。适当的时候，放下自傲的心理，让自己“弯曲”一下，也不失为一种巧妙的战略。

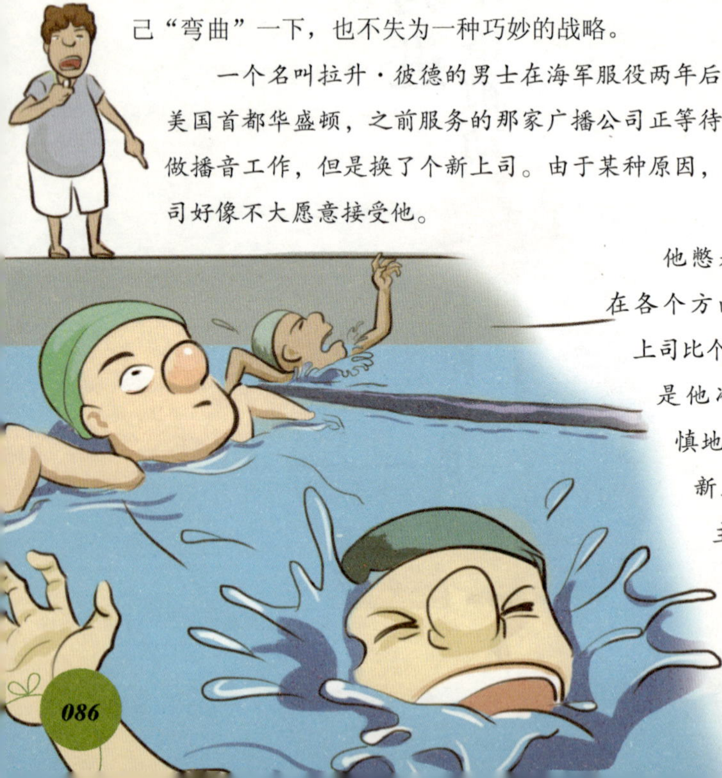

一个名叫拉升·彼德的男士在海军服役两年后，回到了美国首都华盛顿，之前服务的那家广播公司正等待他继续去做播音工作，但是换了个新上司。由于某种原因，这位新上司好像不大愿意接受他。

他憋着劲儿要在各个方面和他的上司比个高低，于是他冷静、谨慎地工作着。新上司对他主持的节目时间重新安排以后，他按捺不住了。他一直是和老搭档主持某个喜剧节目的，而新安排的时间差得不能再差了——将近午夜。

他怒火中烧，准备和上司干一场，但是为了饭碗他还是忍了下来。搭档和他接受了这个倒霉的时间安排，兢兢业业地工作着，三年后，这个节目成为华盛顿首屈一指的节目。

一天，新上司主动邀他参加电台的聚会，这次是躲不掉了。晚会上，他遇到了上司的未婚妻，她是个聪颖、活泼、务实的姑娘。像她这样的姑娘怎么会喜欢一个没有什么可取之处的人呢？通过上司的未婚妻，他对上司人格品行的看法有了转变。

随着时间的流逝，他的态度转变了——上司的态度也变了。后来，他们成了好朋友。他仍在全国广播公司工作，并在全国一档著名的电视节目中主持气象预报。

就像西方著名政治思想家卡托所言：“动怒的人张开他的嘴，却闭上眼睛。”人生在世，受气是难免的，生活中，如果有人“动了你的奶酪”，就不假思索地火冒三丈，是愚蠢之举。而真正的聪明者，则会在别人闭上眼睛的时候，看清自己的道路。

不轻易暴露“野心”，才更容易将其实现

在现实生活中，你也许会有某些“志向”或“企图”，即使是正当的，而一经在你身上得到表现的时候，总会有人感觉受到了威胁。他们可能会利用手中的权力和影响力，对你进行

打击，使你过去的一切努力都化为泡影，因此，你如果真的怀有某种“野心”的话，千万要谨慎点，切莫轻易外露。表现得“糊涂”些，将自己的野心隐藏起来，否则，你可能会因此而自毁前程。

刘得志是一名刚毕业的大学生，他到一家大公司去应聘，结果被录用了。而后，他主动找到公司人事主管，说自己不怕苦累，只是希望能到挣钱多的岗位上工作，原因是，自己是农村来的大学生，几年大学下来，花光了家里的所有积蓄不算，还欠着外债。人事主管很同情他，把他分配到了营销部当推销员。因为这家公司生产的健身器材很畅销，推销员都是按销售业绩计算收入，因此尽管刘得志是个新手，可几个月下来，他得到的薪金却比其他部门的员工多，由此，他也就下定决心在营销部干下去。

刘得志毕竟是大学生，头脑灵活，爱思考，时间长了，他就发现了营销部里一些工作上的疏漏，管理也不规范。因此，他除了不断加强与客户的联系外，还把心思用到了营销部的管理上，并且经常向经理提出一些意见。对此，经理总是回答说：“你提出的意见很好，可我忙不过来呀，改进工作慢慢来吧。”经过几次和经理谈话，刘得志发现一个秘密，那就是营销部墙上的组织结构图表中有副经理一名，可他到营销部已近半年，却从未见过副经理，难怪部里有些工作无人管理呢。

并且，刘得志通过打听了解到，营销部经理的薪金有时高过公司副总经理，副经理的薪金也高过推销员的几倍，在一次营销部全体员工会议上，他坦陈了自己的想法，经理照例当众表扬了他。可没想到，自那次会议后，刘得志的处境就越来越被动了。他初来乍到，并不知道那个副经理之职，已有许多人在暗中等待和争夺，迟迟没有定下来的原因就在于此。而刘得志的到来，开始并未引起人们的关注，因他只是个“小雏”，羽翼未丰，不足令人刮目相看。但他又公然地要争这个职位，无疑是惹了马蜂窝，一时间，“控告”他的材料堆满了经理的办公桌。

人们为了维持社会或团体的某一现状，常常不允许个人欲望的恣情喷发和左冲右突，对有悖于这一现状的任何奇思异想都可能被视为“野心”。而事实上，在追逐个人成功的道路上，每个人都有一些不安于室的心灵躁动。这种躁动，在自己看来可能是雄心壮志，在别人看来则可能是野心勃勃。

聪明的人绝不会轻易暴露自己的心灵底牌，将自己的野心包裹起来，使自己看起来“糊涂”点，在“野心”尚未实现之前，绝不会让人看出自己的行踪和去向，否则便可能会授人以柄，甚至遭到对手的暗算。

成全对方好胜心，保全自己

人人都有自尊心，人人都有好胜心。若要联络感情，应处处重视对方的自尊心，适时糊涂，方圆为人，则应该学会抑制你自己的好胜心，成全对方的好胜心。

下面这个例子是关于名相萧何如何成全刘邦的好胜心而保全了自己的。

汉初良相萧何，泗水沛（今江苏沛县）人。曾任沛县主吏掾、泗水郡卒吏等职，持法不枉害人。秦末随刘邦起兵反秦，刘邦进入咸阳，萧何把相府及御史府的法律、户籍、地理图册等收集起来，使刘邦知晓天下山川险要、人口、财力、物力的分布情况。项羽称王后，萧何劝说刘邦接受分封，立足汉中，养百姓，纳贤才，收用巴蜀二郡的赋税，积蓄力量，然后与项羽争天下。为此深得刘邦信任，被任命为丞相。他极力向刘邦举荐韩信，认为刘邦要取得天下非用韩信不可。后来韩信在楚汉战争中的才干证明萧何慧眼识人。楚汉战争中，萧何留守关中，安定百姓，征收赋税，供给军粮，支援了前方的战斗，为刘邦最后战胜项羽提供了物质保证。西汉建立后，刘邦认为萧何功劳第一，封他为侯，又拜为相国。萧何计诛了韩信后，刘邦对他就更加恩宠，除对萧何加封外，刘邦还派了一名都尉率五百名士兵作相国的护卫。

当天，萧何在府中摆酒庆贺。有一个名叫召平的人，穿着白衣白鞋，进来对萧何说："相国，您的大祸就要临头了。皇上在外风餐露宿，而您长年留守在京城，您既没有什么汗马功劳，又没有什么特殊的勋绩，皇上却给您加封，又给您设置卫队，这是由于最近淮阴侯在京谋反，因而也怀疑您了。安排卫队保卫您，这可不是对您的宠爱，而是为了防范您。希望您辞掉封赏，再把全部私家财产都捐给军用，这样才能消除皇上对您的疑心。"

萧何听从了他的劝告，刘邦果然很高兴。同年秋天，英布谋反，刘邦亲自率军征讨。他身在前方，每次萧何派人输送军粮到前方时，刘邦都要问："萧相国在长安做什么？"使者回答，萧相国爱民如子，除办军需以外，无非是做些安抚、体恤百姓的事。刘邦听后总默不作声。使者回来后告诉萧何，萧何也没有识破刘邦的用心。

有一次，偶然和一个门客谈到这件事，这个门客忙说："这样看来您不久就要被满门抄斩了。您身为相国，功列第一，还能有比这更高的封赏吗？况且您一入关就深得百姓的爱戴，到现在已经十多年了，百姓都拥护您，您还在想尽办法为民办事，以此安抚百姓。现在皇上所以几次问您的起居动向，就是害怕您借关中的民望而有什么不轨行动啊！如今您何不贱价强买民间田宅，故意让百姓骂您、怨恨您，制造些坏名声，这样皇上一看您也不得民心了，才会对您放心。"

萧何说："我怎么能去剥削百姓，做贪官污吏呢？"门客说："您真是对别人明白，对自己糊涂啊！"萧何又何尝不知道这个道理，为了消除刘邦对他的疑忌，只得故意做些侵夺民间财物的坏事来自污名节。不多久，就有人将萧何的所作所为密报给刘邦。刘邦听了，像没有这回事一样，并不查问。当刘邦从前线撤军回来，百姓拦路上书，说相国强夺、贱买民间田宅，价值数千万。刘邦回长安以后，萧何去见他时，刘邦笑着把百姓的上书交给萧何，意味深长地说："你身为相国，竟然也和百姓争利！你就是这样'利民'啊？你自己向百姓谢罪去吧！"刘邦表面让萧何自己向百姓认错，补偿田价，可内心里却窃喜，对萧何的怀疑也逐渐消失。

刘邦身为开国皇帝，自是不希望臣子的威信高过自己。萧何采纳了门客的建议成功地保全了自己。

人们在人际交往中也是如此，每个人都有好胜心，我们何不适当地"糊涂"点，在彼此的交往中成全别人的好胜心，成人之美，皆大欢喜。

留得青山在，不怕没柴烧

"留得青山在，不怕没柴烧。"在进退之间果断地选择退而自保，以期东山再起，是人生一大策略。

武则天14岁时，已是艳名远播，她被唐太宗李世民召入宫中，封为才人。唐太宗十分宠爱她，称她为"媚娘"。

不久，人们盛传唐朝将遭受"女祸"之乱，且公开言及这个女人姓武。宫中观测天象的大臣面谏唐太宗说："帝星晦暗，女主环伺。这个女人看来已在宫中，为了确保江山永固，陛下应当查出此人，以绝后患。”

唐太宗心有震动，但并未深信，他对言事的大臣说：“此事非同小可，不能随便乱说。若有偏差，朕岂不遭人指责？”

然而这个说法越来越盛，许多大臣纷纷上奏，有的竟出语尖刻道：“天象已显，此是上天示警，陛下怎能视而不见呢？此事关系大唐江山存亡，纵使牵扯无辜，也是无可奈何之事，陛下决不可掉以轻心，遗下大患。”

见群臣如此郑重其事，唐太宗也重视起来，不敢怠慢了。他命人暗中把姓武之人逐一检点，不惜找借口或逐或废，一时搞得人心惶惶，武姓之人更是人人自危。

武则天陪伴在唐太宗左右，她娇媚可人，很会讨唐太宗的欢心。唐太宗对她十分钟爱，不忍处置她。有人上奏唐太宗说：“武媚娘虽是年少性纯，但她终究是大嫌，陛下应当立即下决心，把她废除，宫中才可得保平安。”

唐太宗认为武则天少不更事，对他人的劝谏只是一笑，他还对武则天开玩笑说：“你这个小妮子，娇媚单纯，若说你为女祸之主，谁会相信呢？”

武则天撒娇道：“他人胡说，陛下英明，自然会保全妾身了。妾永远忠于陛下，天日可表。”

武则天暗感凶险，她处处讨好唐太宗，巩固其地位，又私下和太子李治偷情，作为以后的依靠。

唐太宗将死之时，有的大臣重提旧事，进谏说：“女祸之事，不可不防。如今武媚娘年纪渐长，陛下百年之后，她贵为

陛下的旧人，他人就难以驾驭了。”

唐太宗为了子孙后代着想，也慎重起来，他开始打算除去这块心病了。

一日，唐太宗对武则天说：“朕病得很重，想必不久于人世了。你在朕身边多时，朕实不忍心弃你而去。朕死之后，你将如何自处呢？”

武则天听出了唐太宗的话外之音，她为了保全性命，这时机智答道：“妾深受大恩，本该一死报答。不过圣上虽染疾患，但终究有望痊愈，请让妾削发为尼，吃斋拜佛，到尼姑庵去日日拜祝圣上长寿，求取上天赐福。”

唐太宗本想处死武则天，这时听她说出家为尼，于是动了不忍之心。他自忖武则天当了尼姑，也就不能为患了。唐太宗答应了武则天的请求，和武则天相好的太子李治却痛惜不已，他私下对武则天埋怨说：“你我海誓山盟，难道你都忘了吗？父皇时日无多，我们不久就可长相厮守，你为什么把这一切都轻易放弃了呢？”

武则天垂泪道："皇上对我疑心没有去除，我若不抛弃一切，自请归入佛门，那就必死无疑了。我虽然舍不得眼前的荣华，可不这样做，命都不保，又拿什么来谈将来呢？只要太子对我仍有情意，我总会有出头之日啊。"

李治敬佩武则天的才智，他含泪点头，发誓说："我若辜负了你，天地不容。"

后来李治登基，武则天被他接入宫中，宠爱无比。武则天从此干预朝政，最终成为一代女皇。

无端的陷害随处不在，没有人能够永远躲避。在陷害面前，如果无法解脱，就应该舍弃既得的利益而保住自己的根本。这是明智者的聪明抉择，也是以退求进的处世之法。把利益抛出，损失虽然惨重，但不足以致命，有了利益的牺牲，害人者才会有所满足，或许会罢手。俗话说，"留得青山在，不怕没柴烧"，只要保全根本，就不是最坏的结果。

弱势时打张情感牌，更易被对方认可

"问世间情为何物？"或许答案有千万种，但从本质上来讲，它就是能激起人们内心涟漪的绝佳法宝。

正所谓"以情动人"，"情"最能开启人的心扉，真正唤起别人的共鸣和认同。现实世界里，聪明的人往往善于打"情感"之牌，尤其在弱势的时候，这样更容易被他人认可、得到帮助。

曹丕和曹植都是曹操的儿子，均能辞赋。在文学史上，父子三人合称"三曹"。曹操被汉献帝封为魏王后，在诸子中选立自己的继承人。曹丕虽是兄长，但他觉得自己的地位很不稳固，认为弟弟曹植是自己强有力的竞争者，曹植也未放弃希望。于是，两人都想方设法争宠于曹操。

曹植，能文能武，胸有大志，才思敏捷，比曹丕有过之而无不及。曹操筑铜雀台，率诸子登台，令他们各自作赋。曹植当时年仅十九岁，援笔立成，文辞通达耐读，曹操很是惊异。每当曹操问及军国大事，他都能应声而答，因而备受曹操的宠爱。当时曹操身边有名的谋士杨修、丁仪、贾逵、王凌等人，都倾向于立曹植为太子，并为曹植应付曹操的考察出谋划策，使曹操认为曹植比曹丕更有能力。

曹丕也与一帮亲信官吏积极谋划。他虽然文才不如曹植，但在政治斗争经验上却胜曹植一筹。他笼络的都是些明于政略而且在朝中掌握实权的官僚人士。出于打击曹植的目的，曹丕经常派人探听弟弟的活动，并收买曹植府中的下人，让他们到曹操那里告密，使曹操知道了杨修等人为曹植出谋划策的事情，这引起了曹操的疑心。

面对曹植争立的威胁，曹丕问深有谋略的太中大夫贾诩，如何才能巩固自己的地位。贾诩说，要宽厚仁德，奉行仁人志士简约勤勉的精神，朝夕兢兢业业，不要违背做兄长的规矩。曹丕听了他的话，时时注意修养，深自砥砺，使曹操对他的印象越来越好。

有一次，曹操要率大军出征，曹丕与曹植都前去送行。临别时，曹植作了一篇洋洋洒洒的散文，极力称颂父王功德，并当众朗诵得声情并茂，使得曹操和他的左右文武大臣万分高兴。曹植也因此受到众人的夸奖。曹丕怅然若失。这时，他的谋士吴质悄悄建议他做出流涕伤怀的样子。等到曹操出发时，曹丕什么话也不说，只是泪流满面，趴在地上，悲伤不已，表示为父王将要出生入死而担忧。他一边哭着一边跪拜，祝愿父王与将士平安。曹操及左右将士都大为叹息。

这样一来，形势大转。俗话说，“不怕不识货，就怕货比货”，曹操和左右大臣都认为曹植虽能说会道，但华而不实，论心地诚实仁厚远不如曹丕。一番考察和鉴别之后，曹操最终把曹丕立为世子。

再拿当今的营销来说，情感服务非常盛行。商家通过借助情感包装、情感促销、情感广告、情感口碑、情感设计等策略来实现企业的经营目标，使“情”的投射穿过消费者的情感障碍，让消费者受到强烈感染或冲击，从而激发消费者潜在朦胧的购买意识。

那么，想得到别人的认可或帮助，尤其在自己弱势的时候，你不妨使用眼泪等“情饰”的策略，这样往往更容易实现目的。

利用投降策略，把劣势转化为力量

当你处于弱势地位的时候，不要为了所谓的荣誉而争斗，而要适时选择投降。投降会给你时间以东山再起，卷土重来；投降会给你时间让征服你的人感到烦恼，让他们受到来自于你的刺激；投降会给你时间去等待征服者的力量逐渐消失。

春秋时期最后一个霸主——越王勾践，是一位著名的政治家和军事家。

勾践刚刚即位的时候，吴王阖闾趁越国政局不稳之际兴兵伐越，勾践起兵抵抗，打败吴军，阖闾受箭伤死于回国途中。其子夫差即位后，时时不忘杀父之仇，用了两年多的时间练兵。

勾践听说吴王夫差日夜练兵，打算抢先讨伐吴国。谋臣范蠡劝他不要仓促行事，勾践不听，率军攻吴。吴王亲率精兵反击，越军大败。勾践带着剩下的5000人逃至会稽山，被吴军包围。勾践非常后悔，这时范蠡为他出了个主意，让大夫文种贿赂伯嚭，向夫差请求称臣纳贡，暂时投降。夫差答应了勾践的请求，但要勾践夫妇到吴国为他服役。

勾践抵达吴都，夫差有意羞辱他，要他住在阖闾坟前的一个小石屋里守坟喂马，有时骑马出门还故意要他牵马在国人面前走过。勾践忍辱负重，小心伺候，做到百依百顺，胜过夫差手下的仆役。夫差生病，勾践前去问候，体贴夫差的病情。3年过去了，由于勾践尽心服侍，再加上伯嚭不断在夫差身边为他求情，夫差认为勾践已真心臣服，决定放他们回国。

勾践回到越国后，为了激励自己不忘报仇雪耻，卧薪尝胆。为使国家富强，勾践采纳了范蠡、文种提出的“十年生聚，十年教训”之策，要范蠡负责练兵，文种管理国家政事，推行让人民休养生息的政策。国家奖励耕种、养蚕、织布，尤其鼓励生育，增加人丁。勾践与百姓同甘共苦、同心同德，越国迅速恢复生机，国力日渐强盛。

同时，勾践又采取许多办法麻痹吴国，造成吴国内耗。勾践年年月月按时给吴国纳贡，使夫差始终相信他是真心臣服；并派出奸细刺探吴国的消息，散布谣言以离间君臣关系，使夫差杀害忠良；勾践又以越遇灾害为由，不时向夫差借粮，使吴国粮食储存减少，而越国则储备充足；探知夫差要建造姑苏台，勾践派人运去特大木料，说是“神木”，夫差非常高兴，扩大了姑苏台的设计，使吴国更加劳民伤财；勾践又施美人计，为夫差献上美女西施。夫差得到西施，极其宠爱，甚至言听计从。

吴国日渐衰败，勾践认为时机已经成熟，于是趁夫差率精锐部队北上黄池会盟的机会，率5万大军攻打吴国，吴军大败，太子阵亡。这时，夫差打败齐国，正约晋、卫、鲁等国在黄池（今河南封丘县西）会盟，当上了霸主。接到消息，十分懊丧，只好派伯嚭向越求和。

不久勾践乘吴国大旱、国内动荡的机会，再次攻吴。吴王夫差被越军长期围困，力不能支，派使节袒衣膝行向勾践求和。勾践于心不忍，正要应允，范蠡上前说：“大王您忍辱受苦20余年，为了什么？现在能一下抛弃前功吗？”

转头又回绝使节说："过去是上天把越赐予吴国，你们不受；今天是上天以吴赐越，我们不敢违背天命而听从你们的请求。"吴王夫差见大势已去，自刎而死。

在战场上，为了打胜仗，往往要先避敌锋芒，退避三舍。有的时候，暂时的投降也是一种麻痹敌人的有效策略，在敌人放松警惕的时候赢得一个保存实力、积蓄力量的机会，这是一种生存智慧，也是一种战场艺术。暂时的投降让勾践扭转劣势，并最终击溃吴国；我们为人处世也一样，成功的人生时时离不开适时的"投降"。

初涉人世时，人们大都不谙世事，只会冲撞，不懂投降，结果往往碰壁，吃了不少苦头。然而，大多数人在碰壁后，"吃一堑，长一智"，慢慢学会了暂时投降，暂时低头，暂时认输，结果却踏上了通畅的人生之路。但是，也有一些人总也不懂投降，结果处处荆棘，四面楚歌，甚至身败名裂，抱恨终生。

大凡不会投降的人，都以为激流勇进才是英雄，而向人低头则是"窝囊废"。其实，在不丧失原则的前提下，暂时向对方认输，比硬着头皮坚持作战，把自己送上死路要高明得多。古人云："能屈能伸者，大丈夫也。"

第六篇

无声暗示，用身体语言影响对方

获取站在左边的优势，处于主动的位置

心理学通过研究发现了这样一个有趣的现象：很多政治领袖、公众人物，以及一些老板等，他们在出席新闻发布会时，尤其是在集体合影留念或是在电视上进行辩论、演讲时，他们往往会为自己寻找一个靠左的位置。

他们为什么要这样做呢？是因为靠左的位置不会遭到突然袭击，还是因为靠左的位置能减少他们心中的压力？其实，都不是。心理学通过研究后发现，那些政治家、公众人物之所以喜欢站在靠左的位置，其根本原因就在于站在照片或电视屏幕的左边，能占据一定的优势，使他们在与人握手时占据上风，同时也能给支持他们的观众以信心和鼓励，进而帮助他们获得观众的信任和支持。这在1960年电视直播的肯尼迪和尼克松总统辩论前的时候，体现得尤为充分。

当时，虽然全世界都不知道身体语言这一概念，但是，后来心理学家通过分析肯尼迪和尼克松在进行总统辩论前的握手录像发现，肯尼迪似乎天生就知道该如何使用身体语言来赢得观众的信任和支持。无论是在与尼克松进行合影留念时，还是在进行辩论时，肯尼迪总喜欢站在左边。如此一来，每次与尼克松握手时，肯尼迪总是处于主动地位，而尼克松则处处处于被动地位。这对一个参加总统竞选的人来说，是非常不利的。

当时的民意调查也证实了这一点。在一份民意调查中，通过广播收听肯尼迪和尼克松辩论的人当中，大多数都认为尼克松会赢。然而，看电视直播的人当中，大多数又认为肯尼迪会

入主白宫。毕竟，电视是美国人娱乐和了解世界的主要窗口。所以，肯尼迪和尼克松经过数次激烈的唇枪舌剑之后，最终肯尼迪笑到了最后，成为了白宫的新主人。肯尼迪之所以会最终取胜，他富有信心的身体语言和在恰当的时候选择了恰当的位置起了非常重要的作用。

由此可见，当一个人出现在公共媒体或是与人合影留念时，选择左边的位置往往会让他赢得更多观众的“眼球”，同时也会让他处于主动的位置，尤其是在与对方握手时。

所以，当你想要在谈话中占据主导地位时，不妨选择站在对方的左边。

巧妙安排座位，占据主动位置

我国传统的待客之道就是让客人居上座。一般来说，靠墙壁、靠窗的位置都是上座。为什么要这样安排座位呢？原因很简单，这既能体现你对客人的尊敬之情，也能赢得客人对你的尊重。

美国加利福尼亚大学的心理学家斯塔豪迈尔的研究发现，在商务或谈判场合中，虽然人们在文化背景和相互关系中存在着细微的差别，但一个人对别人座位的安排，往往还是能体现他对别人尊敬或喜好的程度。

心理学经过研究也发现，如果对方将你安排在他的对面，这就说明他视你为竞争关系，其内心也没有真正接纳你、相信你，在潜意识中他对你始终抱有一种防御态度。在交谈或谈判的过程中，你和对方总会有一种紧张感，如果处理不当，很可能将这种紧张感演变成对立的情况。

如果对方选择一种较大的桌子，将你安排在他的斜上方位置，这表明对方比较尊重你，其内心对你的认同感较为强烈，他往往将你视为能真正进行合作的朋友。交谈时，由于彼此较少发生目光接触，因而双方的心理负担较少，非常容易产生亲近感。

如果对方将你安排在同一水平位置上，甚至是并肩而坐，这就表明对方完全接纳了你，他不仅非常信任你，还会将你视为他的知心朋友。当然，对方对你的尊敬之情往往是溢于言表的。一般来说，双方若在此种条件下进行商务谈判，往往能获得双赢结果。

如果对方将背窗的座位安排给你，这说明对方非常尊敬你，因为此座位能带给就座的人极大的优势。为什么这样说呢？我们知道，窗户往往是朝阳的，背对着窗户就座的人也就背对着太阳，所以坐在此座位上人的脸的表情变化就不易让对方看清楚。反之，坐在他对面，或是两旁人由于正对着太阳，因而其脸上的表情可以让背窗而坐的人看得一清二楚。

当然，在一些情况下，我们不需要对方给自己安排座位，而是根据自己的喜好

来选择一个位置。但是，这种选择也不是绝对自由的，它往往会受到环境的影响。比如一些酒吧的就座位置可能就不同于高级餐厅的就座位置。座位的方向和桌子之间的距离可能会对人们在选择具体座位的行为上产生扭曲的影响。比如，热恋中的情侣，只要有条件均喜欢并肩而坐，但是如果在一个拥挤的餐厅中，由于桌子之间的距离很小，这点就很难实现了，两人就不得不面对面而坐。而此种就座方式通常是一种对抗或竞争的姿势。

隐藏部分身体，让他人畅所欲言

方明新交了一个女朋友乐乐，乐乐性格很好，与她相处方明觉得很幸福。

可在乐乐心里，方明是一个气场很强大的人，这种强大的气场甚至让乐乐无法应付。乐乐总是觉得无论自己说什么，方明都会有另一番说辞，这使得乐乐总是不知道该说什么才好，渐渐地，乐乐开始不说话了。

方明也在为这件事情苦恼，他每次都说很多话想引起乐乐的兴趣，却总是让事情变得越来越糟。有一次，他在公园散步的时候看到一个大人蹲在地上和小孩聊天，突然意识到，比起和站着的大人聊天，小孩更喜欢和蹲着的大人聊天，这是因为小孩子的气场很弱小，当大人展现出强大的气场时，小孩子就会逃避。而当大人减弱一定的气场后，小孩子会愿意亲近大人，更喜欢和之交流。而他与乐乐之间的问题也在于此。

又一次见面时，方明试着减弱了自己的气场，随着两人的交谈，乐乐的话果然逐渐多了起来。

有时候，强大的气场并非在所有情况下都有好处，当你面对气场弱于自己的人时，气场的强大反而会阻碍对方发表内心的观点。这时，你就应该采用一些方法减弱自身的气场而不是增强。试想一下，对方的气场本来就比较弱，很难将气场能量散发出来，在这种情况下，你的气场越强大，就越难以让对方的气场进入你的气场，甚至会使对方在你强大气场的压迫下变得更加弱小，所以对方便觉得没有什么说话的欲望及必要了。

减弱自身气场有很多方式，比如让自己的情绪变得消极。情绪消极，负面能量就会增多，为对抗负面能量，正面能量会有一定消耗，自身气场因而减弱。但负面能量的增多会对我们自身造成不好的影响，因此，更好的方法是直接减少我们自身气场能量的释放。身体是气场能量的承载者，当你将展现在他人面前的身体部位缩小时，我们展现给对方的气场能量就会减弱很多。比如，跟小孩子平等交流可以蹲在地上进行，这样你的气场随着身体外露面积的缩小而缩小，气场能量也就会减弱很多。蹲在地上通常用于应对小孩子，当面对成年人时，我们可以选择将双手背过去，或者将一只脚放在另一只脚之后，或者坐在桌子后面等多种方法隐藏自己的身体。而隐藏部分的大小则应该由彼此的气场对比决定。

双方气场的均衡是两个人平等交流的前提，当两个人气场不均衡时，气场强大的一方就会掌握主导权，而气场弱小的一方则无法散发自身的气场能量，无法将自己心中的话说出来。隐藏自己的身体可以起到减弱自身气场，让他人畅所欲言的作用。

藏“但是”露“所以”

谈判的最高境界就是让谈判双方走向双赢，谈判就像分蛋糕，自己分得一定利益，同时要让对方知道他也能分得“一块”，这样“蛋糕”才能越做越大，谈判方向上自己才能一直占据主导地位。在这其中，还有一个说话技巧：藏“但是”露“所以”。

两家食品公司经过了连续两天的艰苦谈判后终于告一段落。在谈判即将结束的时候，甲公司想了解一下乙公司对下一阶段的规划。

“细算下来，咱们的谈判已经持续了3个月了，感觉怎么样？”

“还可以，比预期的好。”

“就是说虽然有问题，但还是对接下来的新阶段充满信心？”

“差不多吧。”

“所以，按我的理解就是，咱们还有进一步发展下去的可能？”

“当然，为什么不呢？”

由上述例子可见，这个时候由“所以”引领的疑问句并不仅仅是对对方意见的总结，更是对他说出话的延续，是对两人共同点的集合。这样的说话方式使讲话的内容充分展开，给对方留下这样的印象：我们在讨论同一个问题，至少有诸多共同语言和继续发展的可能性。

当双方在发言中多少有点矛盾时，也应这样对人家说：“咱们只是表达方式和所处的地位不同，其实说的都是一回事，所以，谈话其实还是可以继续下去的，您觉得呢？”把话引导到双方共同的目标上来，才能寻找到谈判成功的最佳途径。

相反，彼此耿耿于怀，各朝各的方向发表议论，双方在心情上都会有一种蒙受了损失的感觉，于是相互抱怨自己损失的那一部分让对方赚去了。这种状态下的谈话怎么会取得双赢的结果？

而且，当谈判经过一定阶段后，对方也会存在试探和等待等心理，这个时候，如果用词不当，会让对方有一种对立的感觉，对整个谈判进程产生不利影响。

所以，和对方交流的时候，应尽量避免使用转折连词。藏“但是”，多用“所以”、“正因为如此”等顺接连词，这是给对方发出一种友好信号。这里的“所以”是一种顺接，是为了让话题更顺利地进行下去。当然，谈判从来没有想象中那么容易，之所以要谈，就是还存在一定问题，上例中的双方也只是告一段落，说明接下来还会有问题需要讨论。

在这样的情况下，对方也没有说“但是，我们都明白，接下来还有问题要谈”。事先把问题摆出来是不明智的，不利于自己，也不利于整个谈判的发展。

所以，要想在谈判中获得最大利益，就要藏“但是”，多使用带“所以”的问句，将双方的共同点更多地集合在一起，这样双方共赢的几率才会更大。

认真倾听是对他人最好的附和

心理学家做过这样一个实验，来证明听者的态度对说者有着极大的影响。心理学家让学生表现出一副心不在焉的样子，结果上课的教授照本宣科，不看学生，无强调，无手势；让学生积极投入倾听，并且开始使用一些身体语言，比如适当的身体动作和眼睛的接触，结果教授的声调开始变化，并加入了必要的手势，课堂气氛生动起来。

由此看出，当学生表现出一副心不在焉的样子，教授因得不到必要的反应而变得满不在乎起来；当学生改变态度，用心去倾听时，其实是从一个侧面告诉教授：你的课讲得好，我们愿意听。这就是无声的赞美起到的积极效果。

从上面的例子也可以看出，倾听时加入必要的身体语言可以传达你正在认真聆听的信息，同时通过这一动作诱导对方说更多。

行动胜于语言，身体的每一部分都可以显示出激情、赞美的信息，可增强、减弱或躲避、拒绝信息的传递。善于倾听的人，是不会做一部没有生气的录音机的，他会以一种积极投入的状态，向说话者传递“你的话我很喜欢听”的信息。多听别人说，才能了解到对方更多的信息，才能在谈话中占据主导地位，诱导对方说更多。然而，不是每个听力正常的人都懂得倾听的艺术，尤其是想讨对方欢心的时候，仅仅靠听就完全不够了，更重要的是要会适时附和对方。

俗语说，“眼睛是心灵的窗户”，适当的眼神交流可以增强听的效果。这种眼神是专注的，而不是游移不定的；是真诚的，而不是虚伪的。

倾听者必须做一些“小动作”，身体向对方稍微前倾，表示你对说者的尊敬；正向对方而坐，表明“我们是平等的”，这可使职位低者感到亲切，使职位高者感到轻松。自然坐立，手脚不要交叉，否则会让对方认为你傲慢无礼。同时还要注意，应在每一段话结束时，不疾不徐地响应，同一句附和语不要重复三次以上，可从表示同感、归纳对方所说的内容等方面来附和。倾听时和说话人保持一定的距离，恰当的距离给人以安全感，使说话者觉得自然。动作跟进要合适，太多或太少的动作都会让说者分心，让他认为你厌烦了，正确的动作应该跟说话者保持同步。

倾听并不意味着沉默不语，除了做一些必要的“小动作”外，还得动一动自己的嘴。恰当的附和不但表示你对说者观点的赞赏，还对他暗含鼓励之意。例如，对于领导来说，仔细地倾听职员的谈话，不仅有助于充分了解下情，也说明了你对下属的体贴和关心，这种没有架子的平民领导到哪儿都会受到员工欢迎的。在朋友之间，这种附和式的倾听则能促进情感，加深相互间的理解，引发精神上的共鸣。

与他人交谈的时候，你若想

在谈话中占据主动地位，想让交流愉快地延续下去，那么，请学着适时地附和。

少用“不”强调你的想法

实践发现，人们越是否定什么，被否定的事物就越突出。比如，我们小时候在学骑自行车时，之所以像被操纵一样撞向旁人，也正是出于这个道理。因为我们满脑子想着不要撞到人、不要撞到人、不要撞到人，结果反而真的撞到人。还比如，如果妈妈对小孩说，“不要靠着椅子”，妈妈同时就把“靠着椅子”这个想法植入到了小孩的脑子里，孩子很容易想象出靠着椅子的形象。因此，每次只要妈妈提醒小孩不要靠近椅子，反而加强了靠着椅子这一形象，最后只要孩子一看到椅子，脑海里就会浮现出靠着椅子的形象。

这个道理也同样适用于成年人。不论是专业的运动员，还是成功的企业家，他们都会有这样的经验：如果不是想着要达到什么目标，而是想着要避免什么障碍，那么你越是这么想，就越有可能碰上那些障碍。

所以心理学提醒我们，少用“不”来强调我们的想法。我们可以试着告诉孩子不要做他正在做的事情，或者告诉孩子你想让他做什么事情，然后观察这两者导致的迥然相异的结果。同样的道理也适用于成年人。这是因为行动和思想一样，都是一种运动能量，而且能量一旦启动，就很难停下来。你不能停止你所做的，也不能不去做什么或想什么，你能做的只是把已经启动的能量转换成其他的形式。

因此，与其让别人不做什么，从而把你所否定的事物植入别人的脑海，还不如直接告诉别人你想让他做什么，反而更容易达到目标，而且还能使你的表达显得更具建设性和积极性。但是，这是需要一定技巧的。

一般而言，我们应该以积极肯定而不是以消极否定的语句来谈论事情，包括谈论我们自己！你可以告诉自己不要难过，你也可以告诉自己一定要高兴，这两个不同的语句所产生的效果肯定是不一样的。曾有一个离婚半年多的人很消沉，但是，当他把自己看成一个单身汉而不是离婚者时，他的人生态度有了很大的改观，生活也顺畅了起来。

包含“不”这个否定词的建议在出人意料的时候提出来效果最惊人。因为当你在说你自己要做或不做某事时，也间接指涉了其他人。比如，某一政党说，“我党派并不仇外”，那就等于在暗示其他党派有仇外的倾向。虽然政客并没有这样明说，但他的心理是这样想的，因为如果不是他们的党仇外，那就必定有其他的党派仇外。所以，有时公开指责某件事或者突然表示拒绝，是一个影射别人的聪明办法。

移开视线，你就输了

回想一下小时候被父母训斥时的场景就会发现，当父母用威严的目光看着我们，小孩子都会不自觉地把头埋得很低，眼睛看着地面，完全不敢和父母对视。此时，父母的眼神具有威慑的作用，而小孩向下看的动作显示出胆怯和畏惧。

同样，当人们在交谈时，如果其中一方眼睛向下看，就好像在说："你说得对，我听你的。"这样无形中就让对方占了上风。因此，要尽量避免主动移开视线，即使真的感觉与对方对视很痛苦，可以将视线上移或者平移，但千万不要下移，否则对方会认为你屈服于他。你可以转头看看窗外，或者假装脖子太酸，抬头看看天花板。之所以会移开视线，大多是紧张不安造成的。当谈话十分紧张时，尤其是双方意见不同，而对方似乎非常强势、试图说服我们，这时要直视对方的眼睛是非常困难的，因此我们很容易主动移开视线，例如往地上看。这样会让自己看上去是要服从对方，对方会认为你是一个很容易陷入不安的人。因此，即使真的感到对视很不舒服，可以将视线平移或者直接扭头不看对方。一直不看对方，就相当于告诉对方"你的话很无聊"或"你这个人挺无聊的"，这样反而会令对方产生动摇。

再来看看"平移法"。有时俩人在谈话时会突然陷入尴尬或者十分紧张，这时可以转头看看墙上的装饰画或者窗外的风景。另外，如果你发现无意识中自己的视线下移了，感觉好像在看地上的垃圾时，一定要赶快转移视线，将其恢复原位。

同样，在演讲的时候，千万不要低下头去看演讲稿，因为看演讲稿会使视线下移。视线下移会让听众觉得你很软弱，一旦你在听众面前低下头，听众就完全感觉不到你的气势，也就无法被你说服或者打动。

当然，有的人视线容易下移，是因为自卑的缘故，可以通过改变身体姿势来改善，例如在说话时有意识地挺直身体，抬起下巴，双脚叉开站立，这样视线就会自然上扬了。

把对方**引到自己**的思路上

很多时候，无论是演讲、宣传，还是竞选、谈判，我们总希望别人能跟着自己的思想走。可是，每个人都有独立的思维，想要改变他人的想法，让对方按照你的思路来思考问题，是很不容易的。

不过，要解决这个难题，靠强制性命令来实现是不太可能的，需要一些有效的心理技巧来一步步地影响他们。下面提供了几种方法值得我们参考：

1.目的架构

目的架构式谈话就是在一开始就与对方明确这次谈话双方共同的目的，这会很快地将对方的思路引向真正有价值、有利于解决问题的地方。例如，两辆车发生追尾事故，车子都有了破损，两辆车的司机都很气愤，往往一下车就吵架。如果其中一位能使用目的架构，问对方：“这位先生，你觉得我们现在最重要的是解决问题呢，还是要吵架呢？”这个问题指出了两名司机重要的不是要吵架，而是要解决问题，然后继续各自的行程，那么，双方的争吵可能会立即终止，因为目的架构将对方的思路完全从争吵的状态引到了解决问题上面来。

2.提示引导

提示引导是一种语言模式，用来影响对方的潜意识，使对方不知不觉地转移思路。心理学家发现这种语言模式的基本思路是：先用语言描述对方的身心状态，然后用语言引导对方的思考或是想象。例如，你可以说“当你开始听我介绍这个房子的时候，你就会觉得住在这个房间里会很舒服”，“当你考虑买这辆车的时候，你就会想到带着你的太太和孩子开这辆车兜风是多么开心的事情”，等等。这些都是提示引导的语言模式，其中“当……你就会……”是标准的句式，“当”后面是描述对方的身心状态，“你就会”后面是你引导对方进入的状态或思路。

3.6+1法则

在沟通心理学上有一个重要的“6+1”法则：一个人在被连续问到6个做肯定回答的问题之后，那么第7个问题他也会习惯性地做肯定回答；如果前面6个问题都做否定回答，第7个问题也会习惯性地做否定回答，这是人脑的思维习惯。利用这个法则，你如果需要引导对方的思路，希望对方顺从你的想法，你可以预先设计好6个非常简单、容易让对方点头说“是”的问题，先问这6个问题作为铺垫，最后问一个最重要和关键的问题，这样对方往往会自然地点头说“是”。

知道了这些技巧，你不妨在今后的实际生活中应用一下这些巧妙的方法，让对方顺从你的思路，从而达到你的目的。在社交场合，通过一些有效的方法逐渐影响他人，大家便会不知不觉地跟着你的思路走了。

比对方先一步**提出反对意见**

在谈判之前，把方案带到客商那里去的时候，应当事先料到对方会提出哪几种反对意见。如果坐到谈判席上，在意想不到的情况下突遭对方的反驳后再支支吾吾地招架，则有失体面。事先估计到对方会反驳，但只准备一些应答的对策还不够，仍容易被对方打败。

那么，应当如何对待意料之中的反对意见呢？

当你方内部互相争论的时候，很容易形成一种在场的所有人都在议论的气氛，结论也仿佛是在对方的参与下得出来的，于是在大家的思想中能够形成一种全体参与、共同协商的意识。

但是，若只有你一个人在场的时候又该怎么办呢？

无论事先做过多么周密的准备，一旦到了谈判桌上，仍然会察觉到要有某种反对意见出现。这时，你可以把它处理为临来之前曾经听到公司里有人提出过这种意见。这样，当你发觉这种反对意见即将提出的时候，就抢先说道：“在公司里谈论这个方案的时候，有个家伙竟然这样说……”这么一来，不管持这种意见的人有没有，都会产生敲山镇虎的效果。说完以后，你还要征求对方有什么感想。听你这么一说，只要不是相当自信的人就很难说出“我也是这么想的”这句话。即使摩拳擦掌准备提出这种反对意见的人，也不愿落得与“这个家伙”相同的下场，所以只得应付说：“是嘛，这么说可就太奇怪了。”

用这个办法，将对方的反对意见压制住，哪怕只有一次，在以后的谈判过程中对方就不会轻易反驳了。如果你大致预料到反对意见的内容时，抢先说：“谈到这里，肯定会有个别人提出这么一种反对意见……”这样你就掌握了谈判中的主动权。

还有一个办法：抢先说出对方从他们自己的立场出发所产生的不安和所要承担的风险。如说：“我如果是经理的话，这种事情太可怕了，恐怕不敢瞎说。”或者说：“也有出现这种情况的可能，所以我如果站在经理的立场上，也许会想办法回避。”把自己所预料出现风险的可能性间接地表达出来。在达成协议还是谈判破裂的岔口上，语气再稍微强硬一些也未尝不可：“如果站在经理的立场上，我会认为，造成谈判破裂要比被迫接受对方的条件可怕得多。”

当估计对方会予以反驳时，有这样一种对付的办法：在他们还没有说出之前，你让同伴将预料中的反面意见说出来，然后将其否定。

首先与同伴进行磋商，列举几条意想中的反对意见，事先布置好：“估计对方会以此为理由攻击我们，你先主动把这个问题提出来！”在谈判中，当同伴讲出了这个意见以后，你马上指出：“不对，这种观点是错误的。”如此这般，将这些反对意见一个一个地化为乌有。同时，你方的几个人之间还可以故意发生争执。这样做不会在对方面前露出什么破绽，反而会在保全对方面子的情况下使其接受你方的方案。

反对意见多种多样，有的可以从理论方面回答，有的无法用语言去解释，只能凭自己的感觉去理解。对方提出的意见可以用道理来说明的部分很好处理，至于那些难以解释的问题，最好还是用内部争吵的方法来解决。比如数落自己的同伴："你总是提出这类问题，能不能不这样呢？"以这种语言处理好这种反对意见。

坐在谈判席上，总是有意识地将与会者分为说服的一方和被说服的一方，这种想法要不得。对方有3个人，你方也有3个人，我们应当把这看作是与会的6个人正在共同探讨同一个问题，而不是3比3的对话。

所以，最好也别让对方的人员产生敌对的思想。因为如果总是保持一致对外的姿态，对方就会产生一种随时有可能遭到攻击的顾虑。

无论怎么说，反正不能让对方把反对意见先说出口，这与你自己的意见让对方说出令对方感到满足是一样的道理。对方的反对意见从你的嘴里说出来，这样做给人留下了对方反驳的观点你已经研究透了的印象，就可以不费吹灰之力地将其扼制住。

所以，提前说出对方可能有的反对意见，不仅能让对方认为你对他的思路已了如指掌，同时又可避免谈判时听到对方提反驳意见时发生的骚动，从而占据谈话中的主导位置。

关键时刻下“最后通牒”

在谈判中，有些谈判者摆开架式准备进行艰难的拉锯战，而且他们也完全抛开了谈判的截止期。此时，最佳防守兼进攻策略就是出其不意，发出最后通牒并提出时间限制。

“最后通牒”策略的主要内容是，在谈判桌上给对方一个突然袭击，改变态度，使对手在毫无准备且无法预料的形势下不知所措。对方本来认为时间挺宽裕，但突然听到一个要终止谈判的最后期限，而这个谈判成功与否又与自己关系重大，不可能不感到手足无措。由于他们很可能在资料、条件、精力、思想、时间上都没有充分准备，在经济利益和时间限制的双重驱动下，会不得不屈服，在协议上签字。

美国汽车王艾科卡在接管濒临倒闭的克莱斯勒公司后，觉得第一步必须先压低工人工资。他首先降低高级职员10%的工资，自己也从年薪36万美元减为10万美元。随后他对工会领导人讲：“17元一小时的活有的是，20元一小时的活一件也没有。”

这种强制威吓且毫无策略的话语当然不会奏效，工会当即拒绝了他的要求。双方僵持了一年，始终没有进展。后来艾科卡心生一计，一日他突然对工会代表们说：“你们这种间断性罢工，使公司无法正常运转。我已跟劳工输出中心通过电话，如果明天上午8点你们还未开工的话，将会有一批人顶替你们的工作。”

工会谈判代表一下傻眼了，他们本想通过再次谈判，从而在工薪问题上取得新的进展，因此他们也只在这方面做了资料和思想上的准备。没料到，艾科卡竟会来这么一招！被解聘，意味着他们将失业，这可不是闹着玩的。工会经过短暂的讨论之后，基本上完全接受了艾科卡的要求。

艾科卡经过一年旷日持久的拖延战都未打赢工会，而出其不意的一招竟然奏效了，而且解决得干净利落，这正是因为“最后通牒”起了作用。

在某些关键时刻，最后通牒法还是大有裨益的。不过，该方法并非屡试不爽，一旦被对方识破机关，最后通牒的威力可能会反作用到自己身上来。

所以，发“通牒”一定要注意一些语言上的技巧，要把话说到点子上。

1.出其不意，提出最后期限，语气坚定，不容通融

运用此道，在谈判中首先要语气舒缓，不露声色，在提出最后通牒时要语气坚定，不可使用模棱两可的话语，使对方存有希望，以致不愿签约。因为谈判者一旦对未来存有希望，想象将来可能会给自己带来更大的利益时，就不肯签约了。故而，坚定有力、不容通融的语气会替他们下定最后的决心。

2.提出时间限制时，时间一定要明确、具体

在关键时刻，不可说“明天上午”或“后天下午”之类的话，而应是“明天上午8点钟”或“后天晚上9点钟”等更具体的时间。这样的话会使对方有一种时间逼近的感觉，使之没有心存侥幸的余地。

3.发出最后通牒言辞要委婉

必须尽可能委婉地发出最后通牒。最后通牒本身就具有很强的攻击性，如果谈判者的言辞激烈，可能会迫使对方一时冲动铤而走险，退出谈判，这对双方均不利。

第七篇

步步为营，赢取对方信任的策略

层层释疑，让对方放下心理包袱

无论是求人办事，还是想进一步发展彼此的交情，赢得他人信任是成功交际必不可少的基本条件。因为人的思想是复杂的，有时会对某些事情感觉不是很有把握，或对某一事物不理解、想不通，于是疑虑重重，这些往往是不可避免的。

想从根本上解决这一问题，就要求我们要善于以情定疑，把道理说透。一旦消除了这些疑虑，自然就能够赢得对方的信任。不过，消除别人的疑虑并不是一件很容易的事情，而需要一点一点、层层递进，穷追不舍，把道理讲明白、讲透彻，这就是层层释疑的方法。

1921年，美国百万富翁哈默听说苏联实行新经济政策，鼓励吸收外资，就打算去苏联做粮食生意，当时苏联正缺粮食，恰巧美国粮食大丰收。此外，苏联有的是美国需要的毛皮、白金、绿宝石，如果双方交换，是一笔不错的交易。哈默打定了主意，来到了苏联。

哈默到达莫斯科的第二天早晨，就被召到了列宁的办公室，列宁和他进行了亲切的交谈。粮食问题谈完以后，列宁对哈默说，希望他在苏联投资，经营企业。西方对苏联实行新经济政策抱有很深的偏见，搞了许多怀有恶意的宣传。哈默听了，心存疑虑，默默不语。

聪明的列宁当然看透了哈默的心事，于是耐心地对哈默讲了实行新经济政策的目的，并且告诉哈默："新经济政策要求重新发展我们的经济潜能。我们希望建立一种给外国人以工商业承租权的制度来加速我们的经济发展。"

经过一番交谈，哈默弄清了苏维埃政权的性质和苏联吸引外资企业的平等互利原则，于是很想大干一番。但是不一会儿，他又动摇起来，想打退堂鼓。为什么？因为哈默又听说苏维埃政府机构，人浮于事，手续繁多，尤其是机关人员办事儿拖拉的作风，令人吃不消。

当列宁听完哈默的担心时，立即又安慰他道："官僚主义是我们最大的祸害之一。我打算指定一两个人组成特别委员会，全权处理这件事，他们会提供你所需要的帮助。"

除此之外，哈默又担心在苏联投资办企业，苏联只顾发展自己的经济潜能，而不注意保证外商的利益，以致外商在苏联办企业得不到什么实惠。

当列宁从哈默的谈吐中听出这种忧虑，马上又把话说得一清二楚："我们明白，我们必须确定一些条件，保证承租的人有利可图。商人不都是慈善家，除非觉得可以赚钱，不然只有傻瓜才会在苏联投资。"

列宁对哈默的一连串的疑虑，逐一进行释疑，一样一样地都给他说清楚，并且斩钉截铁，干脆利落，毫不含糊，把政策交代得明明白白，使得哈默的心好像一块石头落了地。没过多久，哈默就成了第一个在苏联租办企业的美国人。

假如当初列宁不是很巧妙地解开哈默的疑问，那么哈默很有可能就不会在苏联投资了，那样无论对哪一方都将会是一种损失。

因此，在交际中当对方心存疑虑时，你若是想赢得对方的信任，最好采用层层释疑的方法，巧妙解开对方的疑团，让对方放下心理包袱，那么彼此间的交往就会变得顺畅多了。

把“他应该知道”的事详细告诉他，**消除不信任感**

一般情况下，不信任感容易产生在我们未给予对方充分的信息，让对方怀疑你对他隐瞒了什么时。因为双方掌握的信息量有出入，对方会担心自己处于不利的状态。如果不消除对方这种心理状态，就想让他做什么事情，他会担心你在利用他的无知，因此就会对你产生不信任感。

在这种情况下，有两点必须引起我们的注意。

首先，不要认为对方可能已经知道了某件事情，就不再告诉他。这时“因为他没问，所以我没说”这种说法是行不通的。缺乏信息的对方往往会因为以下两种原因而不去主动询问：第一，不知道自己的不明之处，也就是说，不知道自己在哪方面缺乏信息；第二，因为不知道，所以担心对方知道自己不知道。所以，为了防止因信息量的差距而产生不信任感，或是已经产生了不信任感想加以消除，你首先应该把你认为“他应该知道”的事情详细告诉对方，以缩小这种信息量的差距。

其次，必须注意的是，在给予对方信息时，如果都是你这一方的信息，反而会招致对方对你的不信任。因此，你应该自然地说明对方自己可以确认那些信息是否可靠的办法。例如，你可以对他说：“你去问某某，就更清楚了。”另外，运用在说服的同时讲明消极信息的做法也是消除不信任感的好方法。

我们平时在日常生活中，不要老是向有求于自己的人说“不”。在可能的情况下，为了以后有求于别人，应尽可能地说“是”，这样等有朝一日换你想说服他时就会轻松许多。正如卡耐基所指出，要想成功地搭建沟通的桥梁，首先应让对方感觉你是可信的。

用好态度打消对方疑心，让他知道你可信

在消除对方疑虑取得信任的过程中，好态度是一个不容忽视的重要因素。下面，我们一起来看看卡耐基在这方面的亲身经历。

有一次，卡耐基受一家公司委托，请求某位学者帮忙。起初工作进展得好像很顺利，但是不久之后，公司的负责人给他打来了一个令人不解的电话，说不知道为什么，学者的态度突然变了，说不定会拒绝工作。卡耐基对他采取了各种方法，仍无济于

事，即使是允诺改善工作报酬、放宽日期也未能打动他的心。

卡耐基想总得见他一面，听听情况。于是，当天晚上，他陪公司负责人拜访了那位学者。在学者家里，卡耐基听到学者说的话之后感到非常意外，那位学者提到担心公司方面是否能履行有关合同，和公司配合得不够默契，等等。

卡耐基知道在这种情况下说服也是不起作用的，因此在回家的途中，他向与他同路的公司负责人建议说："我不知道究竟是什么原因造成了这样的结果，也许是一些不重要的小事引起了他对公司的不信任，现在说服他是没有用的。为了打破僵局，你应该尽快向对方表示出公司的诚意和热情。"

第二天早上天刚亮，公司负责人就兴高采烈地给卡耐基打电话说："先生，他又愿意接受工作了。"原来，那天夜里他们分手以后，卡耐基又回到学者家附近，在那里拦了一辆出租车，等待着次日要搭第一趟火车去旅行的学者，并把他送到了火车站。卡耐基说："我一直祈祷着学者能乘坐我准备好的出租车，因为他坐不坐这辆车是事情能否成功的关键。"得知那位学者愿意接受工作了，卡耐基认为那位学者的不信任感也该冰消瓦解了。

这件事只不过是卡耐基的一点点经历，相信很多读者也可能被对方这样拒绝过。不难看出，卡耐基之所以会感到那位学者拒绝工作的原因可能来自对公司的不信任感，也可能是从他的言行中发现了具有不信任感的人所具有的特征。

如果对人不信任，通常就会产生强烈的疑心。因此，一般人不认为是什么大问题的事情他却会觉得非常严重。例如，反复叮咛对方要守约、保守秘密、互相尊重人格等这些做人最基本的原则，或是将互相信任的人之间用来开玩笑的事情，视为了不得的大问题。

同时，若是担心自己不知何时被不信任的对方所“出卖”，也是会表现出拒绝对方接近的态度。例如，说话带刺，或是你说一句，他却反驳两三句。不过，这些表现尚属初期的症状，一个怀有根深蒂固的不信任感的人，或认为反驳对方也无济于事的人，往往会采取没有反应、装作没听见或爱理不理的拒绝方式。尽管他与你对面而坐，往往表示出与所谓敞开胸襟的态度完全相反的别扭态度。有时虽然自己不开口，却想窥测你心中的细微变化。因此，眼神中会充满冷漠的寒光或将视线移向别处。

还需要注意的是，如果发现对方持有不信任感，对他使用了不适应他心理的交流方法，反而会加厚对方的心理屏障。因此，

首先要搞清楚对方产生不信任感的原因，然后再根据它将会怎样发展下去这种心理结构，进行进一步的交流往来。

恪守信用能赢得对方长久信赖

信用是长时间积累的信任和诚信度，它是我们与人竞争和与人共处时最重要的素质和资本。一个有交际能力的人应该是一个恪守信用的人，以诚信去处理人际关系才会赢得别人的信任与尊重，赢得更多的朋友，有时甚至可以决定你的生存质量和命运走向。

一个顾客走进一家汽车维修店，自称是某运输公司的汽车司机。“在我的账单上多写点零件，我回公司报销后，有你一份好处。”他对店主说。

但店主拒绝了这样的要求。

顾客纠缠说：“我的生意不算小，会常来的，你肯定能赚很多钱！”

店主告诉他，这事他无论如何也不会做。

顾客气急败坏地嚷道：“谁都会这么干的，我看你是太傻了。”

店主火了，他要那个顾客马上离开，到别处谈这种生意去。

这时顾客露出微笑并满怀敬佩地握住店主的手说："我就是那家运输公司的老板，我一直在寻找一个固定的、信得过的维修店，你还让我到哪里去谈这笔生意呢？"

面对诱惑，店主没有心动，不为其所惑，坚守诚信，因此他赢得了顾客的信任。诚信是为人之本，立业之基，是打开你人际关系的"万能钥匙"。

如今，社会复杂，世事难料，人心叵测，每一个人都戴着厚厚的眼镜看世界，裹着厚厚的棉被与人交往，彼此之间小心翼翼，思前顾后，人与人之间总有一层隔膜或一道难以逾越的鸿沟，最终只能导致彼此之间逐渐疏远和冷漠。我们需要的是信任、信赖和相互扶持，这就需要我们敞开心扉，用真诚和诚实对待别人，用诚信之心面对周围的人和事物，因为只有诚信才能征服别人，赢得尊重。

尼泊尔的喜马拉雅山南麓是风靡世界的旅游胜地，但是谁能想象到这样一块胜地早年却是无人问津、无人涉足的地方，而它的美貌乍现于天下却源于一位少年的诚信。

起初，有很多日本人到这里来观光旅游，他们想目睹喜马拉雅山的壮观和伟岸。由于不熟悉当地环境和方言，有一天，几位日本摄影师不得不请当地一位少年代买啤酒，结果，这位少年为之跑了3个多小时买回了啤酒。第二天，那个少年又自告奋勇地再替他们买啤酒。这次摄影师们给了他很多钱，但直到第三天下午那个少年还没回来。于是，摄影师们议论纷纷，都认为那个少年把钱骗走了。但令人意想不到的是，第三天夜里，那个少年却敲开了摄影师的门。原来，他只购得4瓶啤酒，为了购买另外的6瓶，他又翻了一座山，蹚过一条河才购得，然而，小男孩返回时却因绊倒摔坏了3瓶。他哭着拿着碎玻璃片，向摄影师交回零钱，在场的人无不动容。这个故事使许多外国人深受感动。后来，到这儿的游客就越来越多了……

“无信者不足以立于天下”，也许一个背信弃义的人在人际交往中可能取得暂时的利益，能暂时得意，也不会有羞辱之感，但是时间会碾碎他，时间会抛弃他。

在这个世界上有些东西是具有永久的“储藏”价值的，诚信便是其一，“储存”诚信能让你赢得别人的信赖和信任，更能征服别人，让你的腰板更直，是助你的学业或者事业取得成功的重要砝码。

泄露自己的秘密是赢得信任的绝佳技巧

要赢得对方的信任，进而说服对方的方法是很多的，但其中很重要的一方面就是说话必须要有效果，要懂得说话的技巧和方法。

爱默生认为，不管一个人的地位如何低，都可以向他学习某些东西，因此每一个人跟他说话时，他都会侧耳聆听。

有一次，有人请卡耐基训练班的教师在小纸条上写下他们认为初学演说者所碰到的最大问题。经过统计之后发现，“引导初学者选择适当的题目演说”，这是卡耐基训练班上课初期最常碰到的问题。

什么才是适当的题目呢？假使你曾经具有这种生活经历和体验，经由经验和省思而使之成为你的思想，你便可以确定这个题目适合于你。怎样去寻找题目呢？深入自己的记忆里，从自己的背景中去搜寻生命中那些有意义并给你留下鲜明印象的事情。

在多年前，卡耐基根据能够吸引听众注意的题目做了一番调查，发现最为听众所欣赏的题目都与某些特定的个人背景有关，例如：

早年成长的历程：与家庭、童年回忆、学校生活有关的题目，一定会吸引他人的注意。因为别人在成长的环境里如何面对并克服阻碍的经过，最能引起听众的兴趣。

你的嗜好和娱乐：这方面的题目依各人所好而定，因此也是能引人注意的题材。说一件纯因自己喜欢才去做的事，是不可能会出差错的。你对某一特别嗜好发自内心的热忱，能使你把这个题目清楚地交代给听众。

幼年时代与奋斗的经过：像有关家庭生活、童年时的回忆的话题，以及奋斗的经过，几乎都能赢得听众的注意，因为几乎所有的人都很关心其他的人在各自不同的环境中，如何碰到障碍，以及如何克服它。

年轻时代的力争上游：这种领域的话题，亦颇富于人情味以及趣味。为了争口气，在社会上扬眉吐气，这种力争上游的经历，必能牢牢地抓住听众的心。你如何争取到现在的工作？你如何创办目前的事业？是什么动机促成你今日的成就？这些都是受到欢迎的好题材。

特殊的知识领域：在某一领域工作多年，你一定可以成为这方面的专家。即使根据多年的经验或研究来讨论有关自己工作或职业方面的事情，也可以获得听众的关注与尊敬。

不同寻常的经历：你碰到过伟人吗？战争中曾经受过炮火的洗礼吗？经历过精神方面的危机吗？诸如这些经验，都能够成为很好的谈话题材。

因此，你可以用下面的方法赢得听众的信任。

1.说自己经历或考虑过的事情

若干年前，卡耐基训练班的教师们在芝加哥的希尔顿饭店开会。会中，一位学员这样开头：“自由、平等、博爱，这些是人类字典中最伟大的思想。没有自由，生命便无法存活。试想，如果人的行动自由处处受到限制，那会是怎样的一种生活？”

一说到这儿，他的老师便请他停止，并问他何以相信自己所言。老师问他是否有什么证明或亲身经历可以支持他刚才所说的内容，于是他告诉了我们一个真实感人的故事。

他曾是一名法国的地下斗士。他告诉我们他与家人在纳粹统治下所遭受的屈辱，他以鲜明、生动的词语描述了自己和家人是如何逃过盖世太保并最后来到美国的。他是这样结束自己的讲话的：

今天，我走过密歇根街来到这家饭店，我能随意地自由来去。我经过一位警察的身边，他也并不注意我。我走进饭店，也无须出示身份证。等会议结束后，我可以按照自己的选择前往芝加哥任何地方。因此请相信，自由值得我们每个人为之奋斗。

全场观众起立为他热烈地鼓掌。

2.讲述生命对自己的启示

诉说生命启示的演说者，绝不会吸引不到听众。卡耐基从经验中得知，很不容易让演说者接受这个观点——他们避免使用个人经验，以为这样太琐碎、太有局限性，他们宁愿上天下地去扯些一般性的概念及哲学原理。可悲的是，那里空气稀薄，凡夫俗子无法呼吸。人们都会关注生命，关注自我，因此当你去诉说生命对你的启示时，他人自然会成为你的忠实听众。

3.真切显露你的诚意

这里有个问题，即你以为合适的题目，是否适合当众讨论。假设有人站起来直言反对你的观点，你是否会信心十足、热烈激昂地为自己辩护？如果你能做到，你的题目就对了。

说话要抓住能够**表示诚意**的时机

一个参赛的棒球运动员，虽有良好的技艺、强健的体魄，但是他没有把握住击球的“决定性的瞬间”，或早或迟，棒就落空了。同样，一个人说话的内容无论如何精彩，但如果时机掌握不好，很难让对方注意到你的诚意，他不仅不会对你产生信任感，你也无法达到说话的目的。因为听者的内心，往往随着时间的变化而变化。所以要对方信任你，愿意听你的话，或者接受你的观点，或者与你进行深入地交流，就应当选择适当的时机表示你的诚意。

要知道，时机对交际者来说非常宝贵。但何时才是这“决定性的瞬间”，怎样才能判明并抓住它并没有一定的规律，主要是看当时的具体情况，凭经验和感觉而定。但这里有一个“切入”话题时机的问题。

交际场合往往会出现这种情况：有的人口若悬河，滔滔不绝，十分健谈；而有的人即使坐了半天，也无从插话，找不到话题。讲话要及时“切入”话题，首先必须找到双方共同关心的基本点。

杰克新买了一台洗衣机，因质量问题连续几次拉到维修站修理，都没有修好。后来，他找到商场经理诉说苦衷。

经理立即把正在看侦探小说的年轻修理工汤姆叫来，询问有关情况，并提出批评，责令其速同客户回去重修。

一路上，汤姆铁青着脸不说一句话。杰克灵机一动，问道："你看的《福尔摩斯》是第几集？"对方答道："第一集，快看完了，可惜借不到第二集。"杰克说："包在我身上。我家还有不少侦探小说，等一会儿你尽管借去看。"

紧接着，双方没有丝毫的不信任感，围绕着侦探小说你一言我一语，谈得津津有味，开始时的紧张气氛也消除了。后来，不但洗衣机修好了，两个人还成了好朋友。

切入话题除了要注意双方所关心的共同点，还要考虑在什么时候最好。

人们经过研究指出：在讨论会上，最好是在两三个人谈完之后及时切入话题，这样效果最佳。这时的气氛已经活跃起来，不失时机地提出你的想法，往往容易引起对方的关注。而要是先发言，虽可以在听众心中造成先入为主的印象，但因过早，气氛还较沉闷，人们尚未适应而不愿随之开口；若是后发言，虽可进行归纳整理，井井有条，或针对别人的漏洞，发表更为完善的意见，但因太晚，人们都已感到疲倦，想尽快结束而不愿再拖延时间，也就不想再谈了。

想赢得他人信任的时候，要特别注意把时机选在对方心情比较平和的时候。因为场合、时机都与人的心境有关，把人的心境单独提出来，作为一个独立因素是必要的。开口说话之前，应先看看对方的脸色，看了脸色，再决定说什么话。这种所谓"脸色"，不过是心境在脸部的一种反映而已。在人心境不好时，"无所不愁"，心境好时，"无所不乐"；当你与人说话时，必须把这作为一个前提来考虑。

其实，无论多么严重的不信任感，其原因大多数都是极其微小的。但是，不论它多么微小，如果有了不信任的萌芽，又任其发展，那么在以后和各种场合中，人们往往只听得进那些加强不信任感的信息，并让它逐渐成长发展起来。每个人都是一个多面的个体，即使对同一个人，感觉也不完全一样，有时有好感，有时又有厌恶之意。一旦对某人产生了不信任感，好感便完全抹杀，只留下一片厌恶的记忆。

在大致可分为刚开始萌芽、处于发展中的不信任感和已经发展起来的不信任感中，其解决的方法也各有差异。这种差异并不是不信任感念头产生之后的时间差，确切地说应该是已经发展为根深蒂固的不信任感与尚未达到这种程度的不信任感的差别。

对于刚开始萌芽、处于发展中的不信任感，应该尽早除掉。这就如同刚生长出来的杂草一样，刚出土时芽很嫩，容易受到外界的影响。所以，对于处在萌芽状态中的不信任感，只要你满怀诚意，一般都能迅速地将其消除。

一个懂得人心理的调解人员，即使事故的责任主要在于受伤者，也不能马上对因家人受重伤而处于悲愤之中的家属进行调解。不论是挨骂还是受到冷落，都要以谦恭的态度给以安慰，满怀诚意地前去看望，以等待对方有关的人情绪镇定下来。即使对方的情绪镇定下来之后，他的不信任感本身也并未消除，因此，这时充满诚意的交涉态度才会收到较好的效果。要掌握好表示这种诚意的时机也是不可忽视的一个重要问题。

第八篇

震慑人心，提升自身气场的策略

做气场最强大的人

在社交中，我们每个人都会扮演独特的角色，你有没有想过自己究竟充当一个什么样的角色？你有没有想过自己究竟是受到所有人关注的主角，还是被所有人忽视的龙套？

你需要关注自己究竟在这样的舞台上扮演一个什么样的角色，因为你扮演的角色并不仅仅会决定你的影响力、感召力，同时也是你自身气场的反映。人们在社交场合拥有什么样的地位是由他们目前的气场来决定。可是，在你内心里真正渴望成为什么样的角色呢？主角！相信你也一定想要让自己成为万众瞩目的焦点，让自己的一言一语影响到很多人。

于是，我们的问题也就转变成：究竟如何让自己成为人际舞台上那个最耀眼的明星？我们可以向那些主角学习，学习他们的幽默、风度等每一个小的细节。可是无论在这些细节上花多少时间，你都会发现自己是在原地绕圈子，并没有向前走一步。我们的问题就在于将目光更多地关注一些细枝末节，而忽视了主角身上的气场光环。

人际舞台的主角就是那个在人际舞台上气场最强大的人，正是他们无所不在的强大气场让他们成了真正的主角。

当气场最强大的人（也就是主角）出现在众人面前，所有人都会感受到他的气场。无论感受到的是吸引还是排斥，每个人都会感觉到一股强大的气场在自己的周围，时刻影响着自己，试图与自己进行更深的交流。如果你已具有观察到气场的能力，你还会发现在他们的四周有一圈耀眼的光环。在场的人对他的评价是五花八门的，但无疑他最先引起了大家的注意。

真正决定你是否是主角的，并不在于你是否唱高调、是否善于引起他人注意，而在于你的气场是否最强大。当然，是不是最强大主要取决于与你在同一舞台上的人的较量。

美国总统奥巴马就是一个气场非常强大的人，他的气场征服了很多人，让很多选民选择了他。在确认自己赢得竞选时，奥巴马在芝加哥发表了热情洋溢的演讲，他说：

今天晚上，我想到了安妮在美国过去一百年间的种种经历：心痛和希望，挣扎和进步，那些我们被告知我们办不到的年代，以及我们现在这个年代。现在，我们坚信美国式信念——是的，我们能！

在那个年代，妇女的声音被压制，她们的希望被剥夺。但安妮活到了今天，看到妇女们站起来了，可以大声发表意见了，有选举权了。是的，我们能。

安妮经历了上世纪30年代的大萧条。农田荒芜，绝望笼罩美国大地。她看到了美国以新政、新的就业机会以及崭新的共同追求战胜了恐慌。是的，我们能。

“二战”时期，炸弹袭击我们的海港，全世界受到独裁专制威胁，安妮见证了一代美国人的英雄本色，他们捍卫了民主。是的，我们能。

安妮经历了蒙哥马利公交车事件、伯明翰黑人暴动事件、塞尔马血腥周末事件。来自亚特兰大的一位牧师告诉人们：我们终将胜利。是的，我们能。

人类登上了月球，柏林墙倒下了，科学和想象把世界连在一块儿。今年，在这次选举中，安妮的手指轻触电子屏幕，投下自己的一票。她在美国生活了106年，其间有最美好的时光，也有最黑暗的时刻，她知道美国能够变革。是的，我们能。

从奥巴马的演讲中，我们可以感受到一股自信的力量，这就是奥巴马的气场。他的气场成功地赢得了无数美国人的支持，让他从一个普通的州参议员变成了美国总统，在政治舞台上散发自己的魅力。当晚，在芝加哥共有百万民众在听奥巴马的演讲。他们为奥巴马鼓掌，为奥巴马欢呼。奥巴马无疑成为这些选民心中这场总统竞选中的唯一主角，而这一切都来自于他富于自信和力量的气场。

想要成为人际舞台上的主角吗？很简单，第一步，拥有强大的气场；第二步，走上一个能够涵养最强大气场的人际舞台。你要记住，除了你自己，没有人可以决定你在舞台上的位置。气场是强大还是弱小决定了你的位置，但是，只要我们不懈努力，气场是可以改变的。

别把“不同”视为“不一致”

在日常生活中，我们常常会听到这样的抱怨：“我喜欢逛街，喜欢货比三家之后再买衣服，可是为什么他总是那么不耐烦呢？”“我喜欢在家里看球赛，逛了半天街什么都不买，又累又没有成就感，可是为什么她总是那么乐此不疲呢？”通过话语可以了解人的性格、习惯，而这些正是我们每个个体所包含的能量最为个性化的体现。每当他人与自己意义不同时，他们心中就会不自觉地生出一股抱怨之气，从而引发负面的能量，引发双方气场的斗争。其实，他们的苦恼解决起来并不难，只要他们去转变一个观念，那就是“不同”不等于“不一致”。

这个世界本来就是丰富多彩的，即便是一个事物也拥有多个侧面。同样，我们自身的能量也分为正面的能量和负面的能量，而我们总是用自己最习惯的方法和观念去看待这个事物。如果我们用积极的态度去看，那么这个事物散发出来的就是正面的力量；如果我们用消极的态度去看，那么这个事物散发出来的就是负面的能量。要想全面、客观地了解某一个事物，就要多从不同的方面入手，博取众家之长。

俗语说："君子和而不同。"只有共识才是我们解决能量互补、气场对接的积极做法。在这一点上，日本本田汽车的创始人本田宗一郎先生为我们做出了榜样。

1965年，日本汽车业的发展迎来了一个新的机遇，一场关于汽车改进技术的争论在本田技术研究所展开了，人们对于新型汽车到底是采用"水冷"还是"气冷"的问题争执不下。此时，作为领导者的本田宗一郎支持了"气冷"。于是，新研发出来的N36D小轿车都采用了"气冷"技术。

在1968年进行的一次汽车冠军赛上，驾驶本田生产的新车型的车手出了意外。采用气冷技术的轿车在撞到墙壁后不久，油箱发生了爆炸，车手被当场烧死。据此，几名技术人员要求研制先前被冷落的"水冷技术"，被盛怒下的本田宗一郎拒绝了。但是，本田很快就纠正了自己这种偏激的做法，因为副社长藤泽的一番话深深震撼了他。藤泽说："现在的实际情况已经发生了变化，虽然您原先支持气冷技术，但事实证明气冷技术不能为我们公司带来利润，反而造成了恶劣的影响。所以，请您尊重那些为公司着想的技术部的同事们，允许他们研究水冷技术吧。"

本田先生最终支持了这个意见。"气冷"和"水冷"技术代表了当时汽车发展的两个走势，既然事实已经证明"气冷"技术在实际应用过程中会带来严重的安全事故隐患，那么为什么不能采用"水冷"技术的方法呢？本田先生先前反对是因为他误将"不同"与"不一致"两者当成了等同的概念。

我们需要看到的是，本田公司内部的"气冷"和"水

冷”技术之争只是代表技术研发双方理念的不同，本身并没有正面能量和负面能量之分。不过，因为开始本田先生支持“气冷”，不自觉地就将“水冷”树立为对立面，“水冷”也就成了引发本田先生负面能量爆发的节点。不过，应该看到的一点是，无论是“气冷”还是“水冷”，在为公司赢利这一根本目标上并没有发生变化，也就是说，这两种技术其实是为同一个能量体服务的，赢利这个共识是他们的出发点和落脚点。本田先生开始并没有意识到这一点，所以拒绝了技术人员们的请求。

有趣的是，本田先生后来接受副社长的建议，同意研发“水冷”技术。这时，“水冷”，不再作为负面能量出现了，而转化成了正面能量。既然大家都是为了公司赢利，那么采取的方法不同又有什么关系呢？由此可见，达成共识是解决分歧、融合不同气场的重要一环。

每个人的气场都是独一无二的，在与他人气场交流的过程中很容易发现自身气场的独特性，也很容易在这样的过程中与对方气场发生对抗。你需要了解到这种不同并不总是对决的前兆，我们应该学会认真看待与他人的不同，妥善处理与他人的气场冲突。

你应该记住，真正的致胜气场不仅仅是让我们学会如何战胜对手，如何让我们的朋友感到折服，更让我们更理智地看待气场交流中出现的冲突，让我们能够更好地与他人进行气场交流，增强自己的气场能量，从而取得更加辉煌的胜利。

化解“弱矛盾”

亚伯拉罕·林肯在任时期，曾经有一位议员批评林肯对待政敌的态度，并认为林肯应该消灭而不是善待自己的政敌。林肯却说：“当我让政敌成为朋友的时候，我就已经消灭政敌了。”在这个世界上，既没有永远的朋友，也同样没有永远的敌人。当我们让曾经的敌人变成朋友时，就等于消灭了敌人。

化敌为友是我们在与他人气场对决中可以采用的策略之一。要化敌为友，首要就在于分清敌友。不能准确地辨别自己气场交流中的敌友关系，不但不能做到化敌为友消除危机，更会

指友为敌，误会百出；而将对立者当成支持者，则无异于与狼共舞。有个故事说的是一个人到林子里请求树给他一根树枝做斧子柄，树答应了他的请求，给他一根结实的树枝做成斧子柄，完好地装在斧子上，但接着这个人就抡起斧子，很快地砍倒了这棵大树。由此可见，敌友关系必须准确地辨别，混淆的敌友关系对你的人际关系将是最致命的打击。

在分清敌我之后，接下来的就是弄清敌我之间的矛盾冲突所在。在很多时候，我们不难发现，其实大部分的矛盾冲突都是属于“弱矛盾”，并非没有转圜之地。而如果我们能够很好地处理这些尚有转化余地的对立关系，就很可能获得一个非常有价值的朋友。

“弱矛盾”的产生，多半是因双方在交流中出现隔阂而产生冲突。要化解这些“弱矛盾”，就必须努力找到双方的隔阂究竟是什么。而要做到这一点，首先是要怀着真诚、良好的意愿，主动地去了解对方，设身处地和对方沟通。

戴尔·卡耐基时常带着自己的狗到公园去散步。为了保护游客的安全，这个公园规定在公园中必须为狗戴上口罩。可卡耐基不忍看到爱犬可怜的模样，就将口罩取下，没想到被一位警察看到了，他走了过来，对卡耐基说："你没有看到公园门口贴的公告吗？"卡耐基争辩道："噢，我的狗是不会咬人的。"警察一听，厉声警告卡耐基："法官可不会管你的狗会不会咬人，下次再被我看到，你自己对法官说去！"

过了几天，卡耐基带了爱犬到公园里溜达，又将狗的口罩取了下来。说来也巧，上回碰到的那个警察，不知从哪里钻出来了。卡耐基满面羞愧地迎上前去，很难为情地对警察说："警官，对不起，你才警告过我，我又犯错了，我有罪，你逮捕我吧！"警察愣了一下，笑意爬上原本严肃的脸庞，他很温和地对卡耐基说："我知道谁都不忍心看到自己的狗可怜兮兮的模样，何况这里没有什么人，所以你取下了口罩。"卡耐基轻声回答道："但是，这样做是违法的。"警察望了望远处说："这样吧！你让小狗跑到那个小丘后头，让我看不见，这件事就算了。"

同是违规遛狗，争辩得到的是厉声警告，而诚恳地承认错误却得到了警察的默许，两者之间判然有别。处理气场交流中出现的"弱矛盾"也是如此，态度是至关重要的。过于专注对方与自己的不同，就会放大这种分歧，强化这种不可调和的印象；而相反，如果我们把注意力聚焦到相互间的信息上，率先柔化自身气场，设身处地地为对方考虑，那么必然会带动对方气场的这种正面倾向，从而使矛盾得到圆满的解决。

可见，在气场交流中，只要你能及时弱化自身气场并善于换位思考，从对方角度出发来处理矛盾，那么很多表面上的"敌人"其实也可以成为以后的朋友。无论是善意接触，还是恶意交锋，都是双方气场接触中的能量博弈，双赢是最好的结果。想要摆脱长期恶意交锋，我们就需要先改善双方不断产生负面能量的情况。切实可行的方法就是先让自己减少负面能量的产生，友善地对待对方。

化敌为友，不仅仅消灭了敌人，也消灭了对抗。这与“不战而屈人之兵”都是巧妙地避免气场对决而取胜的做法，然而，化敌为友的策略起到的效果更好。因为，化敌为友不仅避开了无谓的对决，还为我们增添了新的朋友、新的助力。

借助权威效应取胜

在航空界，有一个现象叫“机长综合征”，说的是在很多事故中，机长犯的错误都十分明显，但副机长没有针对机长的错误采取任何行动，最终导致飞机坠毁。

某国空军将领乌托尔·恩特执行飞行任务，但他的副驾驶员在飞机起飞前病了，于是总部临时派了一名副驾驶员做替补。和这位传奇将军同飞，这名副驾驶员觉得非常荣幸。在起飞过程中，恩特哼起歌来，并把头一点一点地随着歌曲的节奏打拍子。副驾驶员以为恩特是要他把飞机升起来，虽然当时飞机还远远没有达到可以起飞的速度，但他还是把操纵杆推了上去。结果，飞机的腹部撞在地上，螺旋桨的一个叶片飞入恩特的背部，导致他终身瘫痪。

事后有人问副驾驶员：“既然你知道飞机还不能起飞，为什么要把操纵杆推起来呢？”他回答道：“我以为将军要我这么做。”

在这个案例中，将军的权威压过了副驾驶员掌握的常识和专业知识，在将军权威的影响下，他毫不犹豫地做出了他认为将军要他做的事情——哪怕这件事情违背他的知识体系。

从心理学上讲，这个故事反映了社会中普遍存在的一种心理现象——权威效应。也就是说，尽管我们每个人对身边的人或者事有一定的影响力，但影响力大小不同。一般来说，权威人士容易对其他人产生更大的影响，因为他们强大的气场能够带来强大的操控力。

其实这一效应在营销中被广泛使用，许多广告都会找名人代言，目的就是利用名人的气场影响消费者的理性判断。一般来说，在某一个领域中越权威的人在这一方面的气场就越大，对人产生的影响力也越大。如果不在这个领域中，哪怕他的气场很强大，产生的影响力也是小的，正如恩特将军的气场能影响副驾驶员的判断，但很难影响厨师的判断。这就是为什么主打时尚牌的动感地带会请周杰伦代言，因为他在这一领域的气场十分强大。而某润喉药找来足球明星代言产生的效果就小得多，不是说卡卡或者罗纳尔迪尼奥的气场不够强大，而是他们在润喉这一领域的气场不够权威。

要想获得强大的操控力，你首先要让自己的气场权威起来，或者至少让它看起来权威。影响力培训大师罗伯特·西奥迪尼曾经做过一个实验：

一名研究人员让一个自称医生的人分别给22个护士打了一通一模一样的电话，让她们立刻给病人注射一种药。护士有许多正当的理由拒绝这一要求，因为使用这种药是不符合要求和规章的。实验结果却令人毛骨悚然：95%的护士毫不犹豫地到药房取了这种药，准备给患者注射！这就是权威所带来的操控力，仅仅是“医生”这样一个头衔所带来的气场，就轻而易举地让那些训练有素的护士放弃了自己应有的气场。想象一下，如果你仅仅是用你的权威气场让别人做一件相对无关紧要的事，比如买你推销的东西，它的效果会有多好！

另一个令自己看上去有权威气场的东西是服饰。不知道你是否注意过，许多保健品和药物的广告里，广告演员都是穿着白大褂来告诉你他们的药物有多么神奇。他们甚至没有宣称自己是医生或者专家，仅仅一件白大褂就能带来超过普通广告的影响力，这就是气场的力量。权威的气场带来的操控力有时候能超出想象。

我们应该学会如何运用权威效应来塑造自身的气场，让自己看起来像个权威人物会增强他人对我们的接受程度，我们也会更容易地取得胜利，走向成功。但是，在利用权威效应的同时，我们还需要注意的就是不能过于夸大自己的能力以及让自己扮得过于权威，这样有可能会引起他人的反感或者对抗。

沉默有时是最好的反抗

人与人之间交往的时候，不可避免地会出现摩擦。产生这种现象的根本原因是双方无法融洽地交流，因为人们都习惯于从自己的角度、以自己的习惯去评价或者判断他人。这种看待问题角度的偏差就会造成敌意，比如，人们在生活中常常会被人误解和非议。

遇到这种情况的时候，有些人的气场就会不自觉地进入戒备状态，他会不断为自己辩解，以证明自己的清白。这种情况之下，我们要了解到他的气场能量是强大的而且急于发泄，我们如果配合他的气场步调，就会让气场之间的摩擦加剧。这时候，我们既不能压制也不能刺激对方，让对方在较为平和的环境下，将内心中的能量释放出来。

在白隐禅师所住的寺庙旁，有一对夫妇开了一家食品店，家里有一个漂亮的女儿，无意间，夫妇俩发现尚未出嫁的女儿竟然怀孕了。这种见不得人的事，使得她的父母震怒异常！在父母的一再逼问下，她终于吞吞吐吐地说出“白隐”两字。

她的父母怒不可遏地去找白隐理论，但这位大师不置可否，只若无其事地答道：“就是这样吗？”孩子生下来后，就被送给白隐，此时，他的名誉虽已扫地，但他并不以为然，只是非常细心地照顾孩子——他向邻居乞求婴儿所需的奶水和其他用品，虽不免横遭白眼，或是冷嘲热讽，他总是泰然处之，仿佛他是受托抚养别人的孩子一样。

事隔一年后，这位没有结婚的妈妈终于不忍心再欺瞒下去了，她老老实实地向父母吐露真情：孩子的生父是住在同一

幢楼里的一位青年。她的父母立即将她带到白隐那里，向他道歉，请他原谅，并将孩子带回。

白隐仍然是淡然如水，他只是在交回孩子的时候，轻声说道："就是这样吗？"仿佛不曾发生过什么事。即使有，也只像微风吹过耳畔，霎时即逝！

很多时候，诽谤与流言并非我们所能够制止的，甚至可以这么说，有人的地方就有流言。"浊者自浊、清者自清"，时间会证明一切，不用过多的解释，心如止水的心境就是气场的强大威慑力，一切诽谤都会在它面前自动瓦解。正如美国总统林肯所说："如果证明我是对的，那么人家怎么说我都无关紧要；如果证明我是错的，那么即使花十倍的力气来说我是对的，也没有什么用。"

一天，一位不速之客突然闯入洛克菲勒的办公室，直奔他的写字台，并以拳头猛击台面，大发雷霆："洛克菲勒，我恨你！我有绝对的理由恨你！"接着那个人恣意谩骂洛克菲勒达几分钟之久。办公室所有的职员都感到无比气愤，以为洛克菲勒一定会拾起墨水瓶向他掷去，或是吩咐保安人员将他赶出去。

但洛克菲勒没有采取任何过激的行动。他停下手中的活，和善地注视着这位攻击者，那人愈暴躁，他就显得愈和善！

那名无理取闹者被弄得莫名其妙，渐渐平静下来。因为一个人发怒时，不遭到反击，是坚持不了多久的。他是准备好了来此与洛克菲勒摊牌，并想好了洛克菲勒要怎样回击他，他再用想好的话去反驳。但是，洛克菲勒就是不开口，所以他也不知该如何是好了。

最后，他又在洛克菲勒的桌子上敲了几下，仍然得不到回应，只好索然无味地离去。而洛克菲勒就像根本没发生任何事一样，重新拿起笔，继续他的工作。

有句话叫作“解释便是掩饰”，这话不是没有道理。洛克菲勒用沉默的方法让对方冷却了愤怒。很多时候我们越是急于表现自己，就越是起到相反的效果，“以不变应万变”才是明智的做法。真正有智慧的人会“以守为攻”，在沉默中让对方的气场败下阵来。这一点，你也可以做得到。

大多数时候，我们都在与他人进行气场能量的交流。在很多时候，我们的气场可能会与对方产生冲突。时时刻刻地想着如何战胜对手是不明智的，因为这会让我们无谓地消耗气场能量。有些时候，“以守为攻”沉默地面对对方的气场进攻也会让我们获得很不错的结果。当然，我们也可以在对方消耗大量能量之后，一举战胜对手。

致胜气场的**四大进攻策略**

气场对决就像两个武林高手比武一样，前期相持漫长而乏味，然而一旦一方找到对手的破绽，集中精力进攻这一点，一场比武的输赢也在这转瞬之间就可以决定。

虽然很多人都希望能够在每一次的气场对决中取得“不战

而屈人之兵”的效果，但在现实生活中，即使是一方在气场对决中占有明显的优势，也仍然很难保证全盘胜利。对于每一个参与气场对决的人来说，懂得如何运用自身的气场进攻对方是非常重要的。我们的确可以利用一些手段把对方拖垮，但是仍然需要最后一击来战胜对手。一般来讲，气场对决时拥有致胜气场的人一般会采取这样四种进攻方法：

1.正面进攻

气场对决中，与对方短兵相接，面对面地直接击溃对方的气场。这种方法比较适合面对气场明显弱于自己的对手。让自身气场全面攻击对方，运用各种手段增强自己的气场，压迫对方，让对方没有还手之力。所谓正面进攻，就如同军事中的正规军作战，最常用，结果也最难以把握。除非你气场强过对方很多，否则直接进攻也有可能直接进入他人的包围圈。

2.侧面进攻

侧面进攻指不与对方正面交锋，而从侧面进攻对方。这种方法比较适合面对那些气场在某方面比较强大的对手。比如说对方在谈判时气场很强大，我们就可以选择攻击其他方面，比如对方恶意压价的不道德，从这些不涉及正面气场交锋的话题攻击对方。所谓的侧面进攻，就如同军事中的大规模机械化部队，攻击对方两翼，让对方露出破绽，再从正面一举击溃对方。

3.游击进攻

游击进攻是指不与对方直接对决，而是通过打太极的方式，消耗对方气场能量，时不时地做出准备攻击对方的样子，却又不发起正式的进攻，让对方感到疲惫不堪。这种方法比较适合面对那些力图一下子把我们气场击溃的对手。比如说在购买商品时，时不时表达出自己想要购买的意愿，并做出详细比对的样子，但是一直都保持着若即若离的状态，消耗销售人员的气场能量，直到他无力支撑，以低价卖给你为止。所谓的游击进攻，就如同军事中的游击队，派小股力量骚扰、牵扯对方，等待对方疲惫松懈时再发起总攻。

4.埋伏进攻

埋伏进攻的前提是做好埋伏，在前期不断地与对方进行正面交流，了解对方情况，精心地设置出一个陷阱来，之后只要想好办法“请君入瓮”就可以了。这种方法比较适合面对气场能量强大而持久的对手。所谓的埋伏进攻，就如同军事中的伏击部队，设好埋伏等待对方上钩。

第九篇

把握心理，让事情更加顺利的策略

抓住对方的心理，把话说到点子上

要想让对方接受你的劝说，首先要了解对方的心理，再通过对方感觉不到的小小的压力渐渐地使他消除戒备心理，这是很奏效的。

与人交谈时，话题的展开如果能迎合对方的心理，就能以更加牢固的纽带来连接双方心理上的“齿轮”，增进彼此的情感交流。我们往往都认为，只要说得有理对方就一定能接受，但是，要使对方真正理解并能彻底接受，就应该将沟通渠道建立在这种理论对话下的心理上。

小吴大学毕业以后决心自谋职业。一次，他在一家报纸的广告里看到某公司征聘一位具有特殊才能和经验的专业人员。小吴没有盲目地去应聘，而是花费很多精力，广泛收集该公司经理的有关信息，详细了解这位经理的奋斗史。那天见面之后，小吴这样开口：

“我很愿意到贵公司工作，我觉得能在您手下做事，是最大的光荣，因为您是一位依靠奋斗取得事业成功的人物。我知道您28年前创办公司时，只有一张桌子、一位职员和一部电话机，经过您的艰苦奋斗，才有了今天的事业。您这种精神令我钦佩，我正是奔着这种精神才前来接受您的挑选的。”

所有事业有成的人，差不多都乐于回忆当年奋斗的经历，这位经理也不例外。小吴一下子就抓住了经理的心，这番话引起了经理的共鸣，因此，经理乘兴谈论起他自己的成功经历。小吴始终在旁洗耳恭听，以点头来表示钦佩。最后，经理向小吴很简单地问了一些情况，终于拍板：“你就是我们所需要的人。”

要想把话说到点子上，就必须抓住对方的心理。如果不知对方心理所想所需，是无法说到点子上的。就像一个神枪手，如果蒙上他的眼睛，再让他去找一个目标，那么，他只能凭感觉去打，这是难以击中目标的。所以，与人说话时，必须要洞察、迎合对方的心理，才能说到点子上。

避免争论，绕过矛盾

卡耐基说：“我们绝不可能对任何人——无论其智力的高低——用口头的争斗改变他的思想。”

一个过于争强好胜的人面临着两种选择：要么是暂时的、表演式的、口头的胜利；要么是他人对你的长期好感。很少有两者兼得的情况。而我们有些人总是喜欢与人舌战不休，与人拍桌打椅，争得面红耳赤，嗓音嘶哑，而最后的结果只有一个：徒劳无益。因为即使他争赢了，但这种表面的胜利实无大益，而且会损伤对方的自尊，影响对方的情绪；若是争输了，当然自己也不会觉得光彩。所以，最好的策略就是避免与人争论。

卡耐基在人际关系上也有过失误。第二次世界大战刚结束的某一天晚上，他在伦敦参加一场宴会。宴席中，坐在他右边的一位先生讲了一段幽默故事，并引用了一句名言。那位健谈的先生说，他所引用的那句话出自《圣经》。

“他错了，”卡耐基回忆说，“我很肯定地知道出处。为了表现优越感，我很多事、很讨厌地纠正他。”他立刻反唇相讥：“什么？出自莎士比亚？不可能！绝对不可能！那句话出自《圣经》。”

我的老朋友法兰克·格孟坐在我左边,他研究莎士比亚的著作已有多年，于是我俩都同意向他请教。格孟听了，在桌下踢了我一下，然后说：“戴尔，你错了，这位先生是对的。这句话出自《圣经》。”

那晚回家的路上，我对格孟说：“法兰克，你明明知道那句话出自莎士比亚。”“是的，当然，”他回答，“《李尔王》第一幕第一场。可是亲爱的戴尔，我们是宴会上的客人。为什么要证明他错了？那样会使他喜欢你吗？为什么不给他面子？他并没问你的意见啊。他不需要你的意见。为什么要跟他抬杠？永远避免跟人家正面冲突。”

“永远避免跟人家正面冲突。”卡耐基谨记了这个教训。

小时候，卡耐基是个积重难返的杠子头，他和哥哥曾为天底下任何事物而抬杠。进入大学，他又选修逻辑学和辩论术，也经常参加辩论比赛。他曾一度想写一本这方面的书，他听过、看过、参加过，也批评过数千次的争论。这一切的结果，使他得到一个结论：天底下只有一种能在争论中获胜的方式，就是避免争论，要像躲避响尾蛇那样避免争论。

十之八九，争论的结果会使双方比以前更相信自己的正确性。你赢不了争论：要是输了，当然你就输了；如果赢了，还是输了。为什么？因为一个人即使口服，但心里并不服。

你不能辩论得胜。因为如果你辩论失败，那你当然失败了；如果你获胜了，你还是失败的。为什么？假定你胜过对方，将他的理由击得漏洞百出，并证明他是神经错乱，那又怎样？你觉得很好，但他怎样？你使他觉得脆弱无援，你伤了他的自尊，他要反对你的胜利。

波恩互助人寿保险公司为他们的推销员定了一个规则：不要辩论！真正的推销术，不是辩论，也不要类似于辩论。人类的思想不是通过辩论就可以改变的。

可能有人会说，真理只有一个，如果牺牲自己的正确主张而去同意对方的主张，那不是牺牲真理而去服从谬误了吗？其实不然，我们当然要拥护真理，我们当然不可以牺牲真理去服

从那些不合理的主张，然而，在某种场所，虽然表面上你是牺牲真理而去迁就对方，实际上真理并不会因此而动摇。

事实上，避免争论可以节省你的大量时间和精力，使你投入到完善和实践你的观点的工作中去，完全没有必要浪费太多的精力去干那种没有结果也毫无意义的事情。少去了面红耳赤的争论，只会使双方相互尊重，从而增进友谊，有利于思想交流和意见的交换。

通常，我们可以从以下几方面来避免与人争论：

1.欢迎不同的意见

当你与别人的意见始终不能统一的时候，这时就要求舍弃其中之一。人的脑力是有限的，有些方面不可能完全想到，因而别人的意见是从另外一个人的角度提出的，总有些可取之处，或者比自己的更好。这时你就应该冷静地思考，或两者互补，或择其善者。如果采取了别人的意见，就应该衷心感谢对方，因为有可能此意见使你避开了一个重大的错误，甚至奠定了你一生成功的基础。

2.不要相信直觉

每个人都不愿意听到与自己不同的声音。每当别人提出与你不同的意见时，你的第一个反应是要自卫，为自己的意见进行辩护并竭力地去寻找根据。这完全没有必要，这时你要平心静气地，公平、谨慎地对待两种观点（包括你自己的），并时刻提防你的直觉（自卫意识）对你做出正确抉择的影响。值得一提的是，有的人脾气不大好，听不得反对意见，一听见就会暴躁起来。这时就应控制你的脾气，让别人陈述自己的观点，不然就未免显得气量太小了。

3.耐心把话听完

每次对方提出一个不同的观点，不能只听一点就开始发作。要让别人有说话的机会。这样一是尊重对方，二是让自己更多地了解对方的观点，好判断此观点是否可取，努力建立了解的桥梁，使双方都完全知道对方的意思，不要弄巧成拙，否则的话，只会增加彼此沟通的障碍和困难，加深双方的误解。

4.仔细考虑反对者的意见

在听完对方的话后，首先想的就是去找你同意的意见，看是否有相同之处。如果对方提出的观点是正确的，应放弃自己的观点，而考虑采取他们的意见。一味地坚持己见，只会使自己处于尴尬境地。因为照此下去，你只会做错。而到那时，给你提意见的人会对你说："早就跟你说了，还那么固执，知道谁是对的了吧！"这时，自己怎么下台？所以为避免出现这种情况，最好是给对方一点时间，把问题考虑清楚，而不要诉诸争论。建议当天稍后或第二天再交换意见。这使双方都有时间把所有事实都考虑进去，以找出最好的方案。

这时就应进行一下反思："反对者的意见，是完全对的，还是有部分是对的？他们的立场或理由是不是有道理？我的反应到底是有益于解决问题，还是仅仅会减轻一些挫折感？我的反应会使我的反对者远离我还是亲近我？我的反应会不会提高别人对我的评价？我将会胜利还是失败？如果我胜利了，我将要付出什么样的代价？如果我不说话，不同的意见就会消失了吗？这个难题会不会是我的一次机会？"

5.真诚对待他人

如果对方的观点是正确的，就应该积极地采纳，并主动指出自己观点的不足和错误的地方。这样做有助于解除反对者的武装，减少他们的防卫，同时也缓和了气氛。同时要明白，对方既然表达了不同的意见，表明他对这件事情与你一样的关心。因而不要把他们当作防卫的对象，不能因为提出了不同的意见就把他们当作“敌人”，反而应该感谢他们的关心和帮助。这样，本来也许是反对你的人也会变成你的朋友。

所以，你要说服对方，就请遵循说服的第一个原则：唯一能从争辩中获得好处的办法是避免争辩。

必要时刻，**向对方适当提出挑战**

对有些事情，当我们靠批评惩罚或者表扬的手段解决不了的时候，我们可以考虑这样一种策略——给他人提出一种挑战，然后让他们自我面对。这也许比我们手拿鞭子紧随其后的效果要好得多。因为他们更清楚自己眼下的处境，更明白自己应该怎么去做。

史考伯曾说过：“要使工作能圆满完成，就必须激起竞争，提出挑战，激起超越他人的欲望。”史考伯是这么说的，也是这么做的。

有一次，查尔斯·史考伯到下面一家工厂去，工厂经理反映说他的员工一直无法完成他们分内的工作。

他说：“我向那些人说尽好话，我又发誓又诅咒，我也曾威胁要开除他们，但一点用也没有，还是无法达到预定的生产效率。”

当时日班已经结束，夜班正要开始。史考伯要了一根粉笔，然后他问最靠近他的一名工人：“你们这班今天制造了几部暖气机？”“6部。”史考伯不说一句话，在地板上用粉笔写下一个大大的阿拉伯数字6，然后走开。

夜班工人进来时，他们看到了那个“6”字，就问这是什么意思。

“大老板今天到这儿来了，”那位日班工人说，“他问我们制造了几部暖气机，我们说6部。他就把它写在地板上。”

第二天早上，史考伯又来到工厂。夜班工人已把“6”擦掉，写上一个大大的“7”。

日班工人早上来上班时，看到了那个很大的“7”字。原来夜班工人认为他们比日班工人强，是吗？好吧，他们要向夜班工人还以颜色。他们努力地加紧工作，那晚他们下班时，留下一个颇具威胁性的“10”字。情况显然逐渐好转。

不久之后，这家产量一直落后的工厂终于比其他工厂生产得更多。

足见，史考伯将“向对方适当提出挑战”的策略运用得如此恰到好处。其实，这招在政治领域同样适用。如果没有人向他提出挑战，西奥多·罗斯福可能就不会成为美国总统。

当时，罗斯福作为义勇骑兵队的一员刚从古巴回来，就被推举出来竞选纽约州州长。结果，反对党发现他不是该州的合法居民，罗斯福吓坏了，想退出。但这时，托马斯·科力尔·普列特提出挑战。他突然转身面对罗斯福，大声喊道："圣璜山的这位英雄，难道只是一名懦夫？"罗斯福在这一激将之下继续奋斗下去，其余的事情就已成历史了。一个挑战不只改变了他的一生，而且也影响了一个国家的命运。

挑战的巨大力量，这个道理史密斯也知道。

当史密斯担任纽约州州长时，就遇到过这样一个问题。"猩猩监狱"是一个臭名昭著的监狱，没有狱长，许多黑幕及丑恶的谣言在狱中汹涌传出。史密斯需要一位强有力的铁一般强硬的人去治理这个监狱，他召来了劳斯。

"去照顾'猩猩'如何？"当劳斯在他面前的时候，他愉快地说，"他们那里需要一个有经验的人。"

劳斯窘了，他知道"猩猩监狱"的危险，那是一个不讨好的差使。受政治变化的影响，狱长一再更换，有一位任职只有3个星期，他在考虑他的终身事业。那值得他冒险吗？

史密斯看出了他的犹豫，往后一倚，微笑着说："青年人，我不怪你害怕，那不是一个太平的地方，那里确实需要一个大人物去治理。"

正是史密斯提出了这样一个挑战，劳斯喜欢尝试需要一个大人物的工作，所以他去了，并成为在那儿任职最久的、最著名的狱长。他所著的《在"猩猩"的两年里》售出了几十万册。他曾应邀在电台讲话，他在"猩猩"生活的故事被拍成了数十部电影。他的"人道化"做法促使许多监狱进行改革。

提出挑战是任何成功者都喜爱的一种竞技，一种表现自己的机会；提出挑战是证明自身价值、争强斗胜的机会。正如卡耐基所说的那样："光用薪水是留不住好员工的，还要靠工作本身的竞争……"每个成功的人都喜爱竞争和自我表现的机会，以证明自己的价值。

所以，如果你要使有精神、有勇气的人接受你的想法，就请记住这个说服的重要原则——提出挑战。

用商量的口吻向对方提建议，**柔中取胜**

任何人都是有自尊、讲面子的，所以在说服他人的过程中，多用与他商量的口气给他提建议，少下命令，这样不但能避免伤害别人的自尊，而且会使他们觉得你平易近人，进而乐于接受你的建议，与你友好地合作。

张先生在工商界赫赫有名，他很懂得这个道理。据说他从不用命令式的口吻去说服别人，他要别人遵照他的意思去工作时，总是用商量的口气去说。譬如有人会说："我叫你这么做，你就这么做。"他从不这么说，而是用商量的口气说："你看这样做好不好呢？"假如他要秘书写一封信，他把大意和要点讲了之后，再问一下秘书："你看这样写是不是妥当？"等秘书写好请他过目，他看后觉得还有要修改的地方，又会说："如果这样写，你看是不是更好一些？"他虽然处于发号施令的地位，可是却懂得别人是不爱听命令的，所以不用命令的口气。

张先生的这种做法，使得每个人都愿意和他相处，并乐于按他的意愿做事。所以，当我们要说服某个人时，最好也多用建议的口吻。

肖恩是一所职业学校的老师，他有一个学生因故迟到了，肖恩以非常严厉的口吻问道：“你怎么能浪费大家的时间？不知道大家都在等你吗？”

当学生回答时，他又吼道：“你回去吧，既然不想听我的课，以后也不用来了。”

这位学生是错了，不应该不先打个招呼，耽误了其他同学上课。但从那天起，不只这位学生对肖恩的举止感到不满，全班的学生都与他过不去。

他原本完全可以用不同的方式处理这件事，假如他友善地问：“你有什么事情要处理吗？问题解决了吗？”并说：“如果你这样有事情不事先通知，大家的课程也都耽误了。”这位学生一

定很乐意接受，而且其他的同学也不会那么生气了。

所以，要说服他人最好别用命令的口吻，不然不但达不到你想要的说服效果，还可能使事情越弄越糟。多使用建议的口吻，通过这种方法，人们便会很愿意改正他们的错误，而且维护了对方的自尊，使他们认为自己很重要，并配合你的工作，而不是反抗你。

巧妙提问，让对方只能答“是”

在说服他人赞同自己的过程中，巧妙提问也是实现目的的一种重要手段。卡耐基就曾经举了一个有趣的例子。

假设有两人在一间屋子里，你站在或坐在房间里，而他在房间外。你希望他从房间外走到房间里。

不妨来做这个游戏。在游戏中，你问他问题。每次你问他一个问题，如果他答“是”，他就向房间里迈进一步；如果每次你问问题，而他回答“不是”，他就向外退一步。

如果你想让他从房间外走到房间里，你最好的策略是不断地问他一系列他只能回答“是”的问题。你必须避免提出可能导致他回答“不是”的问题。

通过使用“只能回答‘是’”的问题，你就可以轻而易举地做到这一点。一些封闭性问题，人们对它们的回答99.9%是肯定的。你让某人越多地对你说“是”，这个人就越可能习惯性地顺从你的要求。

比如，回想一位你经常同意其意见的朋友，你往往已经习惯于做肯定的表示。因此当这个人想劝说你做某事时，即使他还没有完全讲完他的请求，你往往已经决定这么去做。

你肯定也认识你通常不同意其意见的人。此人的特点是经常听到你说“不”。当这个人开始要求你做某事时，你就会同多数人一样，在他还没有讲完他的请求之前，你就已经在琢磨用什么理由来说“不”，以便拒绝他的请求。

这些相近的倾向说明，让你想说服的人形成对你说“是”的习惯是多么的重要。反过来也是如此。如果一个人已经习惯性地对你说“不”，不同意你的看法，你想成功地说服他的可能性几乎为零。

提出“只能回答‘是’”的问题有个好办法，就是问你知道那个人会做肯定回答的事情。如果你愿意的话，你可以在问话里加上以下词语，如：

“是这样吧？”

“对吧？”

“你会同意吧？”

一位推销员问一位可能的买主：“你想买这件设备的关键是其费用，是吧？”价格无疑是关键的，因此，这样的问题通常会带来“是”的回答。或许就这样开始了让可能的买主对推销员养成做肯定回答的习惯。

换句话说，这位推销员可以问一位可能的顾客：“设备的价格对你来说很重要吧？”这也是一个封闭型“只能回答‘是’”的问题。对这样一个问题，几乎人人都会回答“是”。

当一位雇员想提醒同伴开始进行一个项目时，这位雇员可能提出这样“只能回答‘是’”的问题：“我们需要尽快完成这个项目，是吧？”这里，一个明确的声明“我们需要尽快完成这个项目”跟着一个“只能回答‘是’”的问题——“是吧”，它要求得到一个“是”的回答。

这种“只能回答‘是’”的问题已被反复证明是非常有用的。

让对方觉得那是**他的主意**

你是否对自己的想法比对别人给你提供的想法更有信心？如果是的，那你为何要将自己的意见强加于人呢？因为如果你的意见确实正确，事实终会证明这一点；如果你的意见不对，你非得强加于人，别人要么不大愿意接受，要么接受后对自己产生不利的后果，那你的意见不成了一种罪过吗？所以我们何不采取一种更好的策略：只向他人提供自己的看法，而由他最后得出结论！

没有人喜欢被迫购买或遵照命令行事。如果你想赢得他人的合作，就要征询他的愿望、需要及想法，让他觉得是出于自愿。

美国陆军上校爱德华·荷斯的例子，用在此处，就是很好的证明。

陆军上校爱德华·荷斯，曾在威尔逊总统时期，在许多重要事件上发挥相当的影响力。威尔逊十分倚重荷斯，其重要性有时比其他阁员有过之而无不及。

荷斯是用什么方法去影响威尔逊总统的呢？他后来曾透露过这个秘密，那是经由亚瑟·史密斯在《星期六邮报》上发表出来的：

“我比较了解总统的脾气个性之后，就比较知道该如何改变他的想法。”荷斯说道，“要想改变威尔逊总统的观念，最好是在无意间把一个观念深植在他脑海里。当然，这不但要先引起他的兴趣，而且要不违背他的利益。我也是在无意间发现这个方法的。因为有一次我在白宫同他讨论一个政策，他本来相当反对我的看法，但几天之后，在一个晚宴上，他却向别人提出我的意见，只是那时已变成他的看法。”

荷斯是个聪明人，不在乎由谁来表达那个意见。荷斯要的是结果，所以他便让威尔逊觉得那是他自己的看法，甚至连众人也觉得如此。

一次，卡耐基正计划前往加拿大的纽布伦克省去钓鱼划船，便写信给观光局索取资料。一时间，大量信件和印刷品让他不知该如何选择。后来，加拿大有个聪明的营地主人寄来一封信，内附许多姓名和电话号码，都是曾经去过他们营地的纽约人，并希望卡耐基打电话询问这些人，便可详细明了他们营地所提供的服务。

卡耐基在名单上发现了一个朋友的名字，便打电话给那位朋友，询问种种事宜。最后，又打了个电话通知营地主人他到达的日期。

卡耐基说：“有许多人想尽办法向我推销他们的服务，但有一个却让我推销了我自己。那个营地主人赢了。”

确实如此，没有人喜欢他是被强迫购买或遵照命令行事。我们宁愿出于自愿购买东西，或是按照我们自己的想法来做事。我们很高兴有人来探询我们的愿望、我们的需要，以及我们的想法。

众所周知，西奥多·罗斯福在担任纽约州州长的时候，他一方面和政治领袖们保持良好的关系，另一方面又强迫他们进行一些他们十分不高兴的改革。很多人都不解，他究竟是怎么做到的呢？看完下面的内容，相信你会找到答案的。

当某一个重要职位空缺时，他就邀请所有的政治领袖推荐接任人选。“起初，”罗斯福说，“他们也许会提议一个很差劲的党棍，就是那种需要‘照顾’的人。我就告诉他们，任命这样一个人不是好政策，大家也不会赞成。”

“然后他们又把另一个党棍的名字提供给我，这一次是个老公务员，他只求一切平安，少有建树。我告诉他们，这个人无法达到大众的期望。接着我又请求他们，看看他们是否能找到一个显然很适合这一职位的人选。他们第三次建议的人选，差不多可以，但还不太好。接着，我谢谢他们，请求他们再试一次，而他们第四次所推举的人就可以接受了，于是他们就提名一个我自己也会挑选的最佳人选。我对他们的协助表示感激，接着就任命那个人，还把这项任命归功于他们。”

记住，罗斯福尽可能地向其他人请教，他让那些政治领袖们觉得，他们选出了适当的人选，完全是他们自己的主意。无独有偶，发生在皮尔医师身上的一个例子也正好说明了这一点。

皮尔医师在纽约布鲁克林区的一家大医院工作，医院需要新添一套X光设备，许多厂商听到这一消息，纷纷前来介绍自己的产品，负责X光部门的皮尔医师因而不胜其扰。

但是，有一家制造厂商则采用了一种很高明的技巧。他们写来一封信，内容如下：

我们的工厂最近完成了一套新型的X光设备。这批机器的第一部分刚刚运到我们的办公室来。它们并非十全十美，你知道，我们想改进它们。因此，如果你能抽空来看看它们并提出你的宝贵意见，使它们能改进得对你们这一行业有更多的帮助，那我们将深为感激。我知道你十分忙碌，我会在你指定的任何时候，派我的车子去接你。

"接到信真使我感到惊讶。"皮尔医师说道，"以前从没有厂商询问过他人的意见，所以这封信让我感到了自己的重要性。那一星期，我每晚都忙得很，但还是取消了一个约会，腾出时间去看了看那套设备，最后我发现，我愈研究就愈喜欢那套机器了。没有人向我兜售，而是我自己向医院建议买下那整套设备。"

被尊为圣人的老子曾说过："江海所以能为百谷王者，以其善下之，故能为百谷王。是以欲上民，必以言

下之；欲先民，必以身后之。是以圣人处上而民不重，处前而民不害。”

所以，如果你要说服别人，你应该遵守说服的又一大原则：让别人觉得那是他们的主意。

容忍对方的反感，让他不再反感

你以前可能会常常见到这样的情况：直到昨天和你关系还一直很好的同学，今天早上见面后却如同陌路，原因是“你背地里向杰克说我的坏话”。如果你想说服他与你重归于好，他当然不会理你，而且会把脸扭过去，把背朝向你，以示“报复”。他会认为“我一直把你当成我的好朋友，你却……平时我对你那么好，你却……”而感到委屈和痛苦，因此会对你产生反感，妨碍你的说服顺利进行。尤其是在小学生中，这种情况尤甚。在成年人的世界里，有时不会把对对方的反感这么直接地表示出来，但是因为他心存反感，往往会使你的说服以失败而告终。如果他心存反感，你即使求他做点儿小事，他也会说“我太忙”“我感觉不能胜任”等来拒绝你的请求。

如果你想要说服的对方在内心深处对你存在着反感时，会如何表现出来呢？成人与小孩不同，所以表现形式也比较复杂。首先，由于说服者与被说服者之间的关系不同，反感的表现形式也不同。例如下属对上司感到反感时，因为不便明确表现出来，只好压抑在心底。

还有，社会地位低者对社会地位高者进行说服时，对方只是随意地附和，并不向说服者吐露真心，或者使用极端客气的语言。这一般都是心中怀有反感的表现，这种反感会妨碍你的说服。当上司劝说下属应打起精神努力工作时，部下只是口头上响亮地回答“是”，但是实际上并没什么改进，这一般都表示内心对上司有反感。当对方在谈话中根本不提你的名字时，有时也表示对你有反感。

相反，当上司对下属有反感时，即当社会地位高的人对社会地位低的人有反感时，大部分情况下不会将反感压抑在心底，而是直接表现出来。例如，谈到主题时，故意岔开话题；谈话当中突然离席，让对方久候；假装正在思考问题，将视线转移到别处；更有甚者，根本不听你的谈话，一个人看起报来。当对方采取忽视你的人格的态度时，可以认为说服工作很难进行了。此外，在不可用社会的优劣关系来衡量的家庭关系中，有时孩子对于父母的劝告会强词夺理，采取完全拒绝的态度，也是孩子对父母怀有反感的表现。

那么，在想说服对方时，原本处于平等地位、没有任何瓜葛的双方，为什么会出现反感与被反感的现象呢？首先可以说，当你辜负了对方对你的期望时，他会对你产生反感。例如，对方一直认为你是他最值得信赖的朋友，而且你也知道对方对你很信任，但是在某种情况下，你辜负了他对你的信任，他便会对你有反感。

对以上所说的下属与上司的关系而言，当下级辜负了上级或上级辜负了下级的期望时，即当出现了“我受到了对方的藐视”这种情况时，对方心理上就会产生反感。时间久了，反感的情绪逐渐压抑在心底，就会在内心深处形成反感意识。

人们往往想忘掉那些不愉快的感情，如反感等情绪。这样，被压抑的观念就会自然地留存在心中，支配人的行动。但是，对方对说服者的这种无意识的反感，在说服者对他进行说服时，就会不自觉地表现出来。

而且反感往往是“个人感情”起主要作用的。例如，“他很傲慢”这种反感如果在你的心中已形成了印象，就容易让你认为“既然他如此对我，我说他傲慢，别人也不会指责我”，使你觉得自己很有道理。这样的“感情逻辑”，如从说服者的立场给予冷静的观察，往往会发现它是毫无理论根据的。但是，又不能因为没有理论根据，就指责他的反感是没有道理的。

1991年11月3日夜，美国新一届总统大选揭晓。当选总统的克林顿在竞选总部楼前对他的支持者们的聚会上即兴演说，先是言辞恳切地感谢昨天还在互相唇枪舌剑、猛烈攻击的主要政敌——现任总统布什，感谢布什从一名战士到一位总统间为美国做出的出色贡献，并呼吁布什和另一位对手佩罗及其支持者与他团结合作，在他未来的4年重造美国、全面振兴美国的大变革中继续忠诚地服务于祖国。

而远在异地的布什则打电话祝贺克林顿成功地完成了一场“强有力的竞选”，还调侃地告诫克林顿：“白宫是个累人的地方。”并保证他本人和白宫各级人士将全力以赴地与克林顿的班子合作，顺利完成交接工作。

竞选的成功与失败，对于他们来说欢乐与悲哀都是不言而喻的。但在事实面前，他们都保持了高度的理智，表现了适度的宽容和超然的风度。

事实上，不能容忍的人是愚昧的，他们只晓得向来如此，现在也应该如此，所以他拼命反抗和破坏一切新的环境、新的事物、新的思想和新的人物。对于新的事物、新的环境，我们要努力研究，以求达到能够了解的目的；若是好的、对的，我们便应该吸取、学习。这是最正当最科学的方法，也正是容忍的方法。

为什么人们会对懂得宽容的人产生好感呢？让我们来看看其中的道理。从心理学的角度来看，宽容就是通过信赖、信任、赞扬、鼓励等方法，促使双方之间的关系变得更为融洽。其实，每个人都希望和他人分享自己的喜、怒、哀、乐，每个人的潜意识里都希望得到他人的宽容。正因为他人的宽容满足了自己此种需求，所以才会对对方产生好感，从而愿意与对方合作。

既然我们都明白宽容能带来这么多好处，那么为何我们自己却无法以宽容之心待人？这其中的问题又在哪里？为什么我们在期望别人了解自己的同时，自己却吝于了解别人呢？这是值得我们好好思考和注意的问题。

第十篇

将心比心，让对方与自己合作的策略

“乐道人之善”，悦纳他人的第一步

在日常的人际交往中，不知你是否遇到过这样的情况：一名新来的同事也没招你惹你，但你就是看他不顺眼，一旦他有什么过错，你就会毫不留情地指责他；而你的朋友最近因为儿子的事情烦恼不堪，找你请你爸爸帮忙让他儿子进某所重点中学，鉴于多年的友谊，你很快就答应了，并在很短的时间就帮他办成了……类似的事例很多。为什么你对同事和朋友有截然相反的态度呢？

社会是由各种各样的人组成的，这些人会有不同的思想、性格、兴趣爱好与生活习惯。有的人热情开朗，有的人沉静稳重，有的人性子急躁，有的人心胸狭窄……面对这么多不同性格的人，我们应该怎样使他们乐于按照你的意愿行事呢？

要想改变他人的行为，首先应该悦纳他人。悦纳他人，就是要满怀热忱地和他们相处，容忍并且诚心地尊重别人与自己不同的性格、兴趣和生活方式，还要主动地了解他们的性格特征，熟悉他们的生活习惯，在这个基础上创造和谐融洽的人际环境。

有人同事关系紧张常常是因为不喜欢同事的个性而产生一些恩怨纠纷，在工作上不能很好地合作，甚至互相为难。反之，对于跟自己合得来的人，则不惜牺牲原则，给予种种方便。正确的态度应该是抛弃个人的成见，即使对某位同事有不好的看法，不喜欢与他私下相处，也应该在工作上保持合作，绝不故意为难。最好还要在工作上多关心他，帮助他解决困难，同心协力做好工作。另外，对私下交情好的同事和朋友，也不能放弃原则，姑息迁就他们的缺点与错误。这既是对朋友负责，也是对自己负责。倘若我们能够这样做，日久天长，就必定可以得到别人的信任，并确立自己的威信，建立良好的人际关系，使他人乐于听从自己的意见。

悦纳他人还应该做到“乐道人之善”。“金无足赤，人无完人”，对待同事、朋友，要多看他们的长处，多学他们的优点，不能看自己是“一朵花”，看别人就是“满身疤”。我们经常会见到这样一种人：他对自己所做的工作一点一滴都记在心头、挂在嘴上，挑别人的毛病也绝无遗漏，说起来头头是道，而对自己的毛病、别人的长处则一概缄口不语。这种人往往为人们所不齿，被称为“不团结因子”。乐道人之善，一方面要注意不能因为自己比别人做的工作多一点或能力强一点，就沾沾自喜，瞧不起别人；另一方面还要善于发现别人的优点、长处，对他人的工作成绩多加褒扬。这样，不仅显示出了自己虚怀若谷的风度，有益于团结，而且对自己的成长与进步也会大有好处。当然，对别人应该实事求是、恰如其分，如果不顾事实或夸大事实，就可能适得其反。

从思路开始，**让别人追随你的思想**

很多时候，无论是演讲、宣传，还是竞选、谈判，我们总希望别人能跟着自己的思路走。可是，每个人都有独立的思维，想要改变他人的想法，让对方按照你的思路来思考问题，是何等的不容易！

不过，要解决这个难题，靠强制性命令来实现是不太可能的，而是需要一些有效的心理技巧来一步步地影响他们。下面有几种方法值得参考。

1.“6+1”法则

在沟通心理学上有一个重要的“6+1”法则，用来说明这样一种现象：一个人在被连续问到6个做肯定回答的问题之后，那么第7个问题他也会习惯性地做肯定回答；而如果前面6个问题都做否定回答，第7个问题也会习惯性地做否定回答，这是人脑的思维习惯。利用这个法则，你如果需要引导对方的思路，希望对方顺从你的想法，你可以预先设计好6个非常简单、容易让对方点头说“是”的问题，先问这6个问题作为铺垫，最后再问一个最重要和关键的问题，这样对方往往会自然地点头说“是”。

2.问封闭式问题

封闭式问题是与开放式问题相对的一类问题，这类问题的答案往往是“是”或“不是”，“有”或“没有”等，答案只是有限的几个选择。封闭式问题与开放式问题有不一样的作用，封闭式问题可以用来得到你预先设想的答案，例如，你问对方“你有没有结婚？”对方的回答可能是“有”或“没有”，这两个答案都是你事先可以预见的，你可以事先就想好如果他回答“有”，你如何继续提问；如果他回答的是“没有”，你又该怎么继续提问。预先设计好的一系列的封闭式问题，可以非常有效地引导对方的思路。

3.提示引导

提示引导是一种语言模式，用来影响对方的潜意识，使对方不知不觉地转移思路。这种语言模式的基本思路是：先用语言描述对方的身心状态，然后用语言引导对方的思考。例如，你可以说“当你开始听我介绍这个房子的时候，你就会觉得住在这个房间里会很舒服”，“当你考虑买这辆车的时候，你就会想到带着你的太太和孩子开这辆车兜风是多么开心的事情”，等等，这些都是提示引导的语言模式，其中“当……你就会……”是标准的句式，“当”后面是描述对方的身心状态，“你就会”后面是你引导对方进入的状态或思路。

4.目的架构

目的架构式谈话就是在一开始就与对方明确这次谈话双方共同的目的，这会很快地将对方的思路引向真正有价值、有利于解决问题的地方。例如，两辆车发生追尾事故，车子都有了破损，两辆车的司机都很气愤，往往一下车就吵架。如果其中一位能使用目的架构，问对方：“这位先生，你觉得我们现在最重要的是解决问题呢，还是要吵架呢？”这个问题指出了两名司机重要的不是要吵架，而是要解决问题，然后继续各自的行程。那么双方的争吵可能会立即终止，因为目的架构将对方的思路完全从争吵的状态引到了解决问题上面来。

知道了以上这些技巧，我们就没必要再纸上谈兵了。你不妨在今后的实际生活

中应用一下这些巧妙的方法，让对方顺从你的思路，从而达到你的目的。

改变他，先迎合他的自尊心

心理学家认为，尊重是每一个人的心理需要。不管先天条件如何、财富的多少、地位的高低，任何人都需要得到别人的尊重。因而，要想使他人乐于改变，最重要的就是迎合他人的自尊心。

美国心理学家曾做过一个实验，证明了尊重对人产生的巨大影响。

为了调查研究各种工作条件对生产效率的影响，美国西方电器公司霍桑工厂一个大车间的六名女工被选为实验的被试对象。实验持续了一年多，这些女工的工作是装配电话机。

第一个时期，让她们在一个一般的车间里工作两星期，测出她们的正常生产效率。

第二个时期，把她们安排到一个特殊的测量室工作五星期，这里除了可以测量每个女工的生产情况外，其他条件都与一般车间相同，即工作条件没有变化。

接着进入第三个时期，改变了女工们工资的计算方法。以前女工的薪水依赖于整个车间工人的生产量，现在只依赖于她们六个人的生产量。

第四个时期，在工作中安排女工上午、下午各一次5分钟的工间休息。

第五个时期，把工间休息延长为10分钟。

第六个时期，建立了六个5分钟休息时间制度。

第七个时期，公司为女工提供一顿简单的午餐。

在随后的三个时期每天让女工提前半小时下班。

第十一个时期，建立了每周工作五天的制度。

最后一个时期，原来的一切工作条件全恢复了，重新回到第一个时期。

心理学家是想通过这一实验来寻找一种提高工人们生产效率的生产方式。的确，工作效率会受到工作条件的影响，然而，出乎意料的是，不管条件怎么改变，如增加或减少工间休息、延长或缩短工作日，每一个实验时期的生产效率都比前一个时期要高，女工们的工作越来越努力，效率越来越高，根本就没关注过生产条件的变化。

想必你一定在好奇，这是为什么呢？

之所以会这样，一个重要的原因就是女工们感到自己是特殊人物，受到了尊重，引起了人们极大的关注，因而感到愉快，便遵照老板想要她们做的那样去做。正是因为受到了重视和尊重，所以她们工作越来越努力，每一次的改变都刺激着她们去提高生产效率。

尊重是人的一种高级需要。人与人有差异，在财富、地位、学识、能力、肤色、性别等许多方面各有不同，但在人格上是平等的。维护自己的自尊是人类心中最强烈的愿望，因此，满足尊重的需要对人来说十分重要。很多时候，人们为了获得尊重，会通过追求流行、讲究时髦、用高档商品、买名牌服装等手段来体现自己的价值。

拿破仑当年创建了法国荣誉军团勋章，为士兵发放了15000枚十字勋章，给18位将军授予了“法国元帅”的称号，并将自己的军队称为“宏伟之师”。人们批评他在给身经百战的军人颁发“玩具”，拿破仑答道：“人类就是被这种玩具统治着的。”

拿破仑使用了授予他人头衔和权威的技巧，即是尊重他人，迎合他人的自尊心，这种方法在你身上也能发挥作用。

布下“最后通牒”的陷阱，让他不得不屈服

在谈判中，有些谈判者支出架子准备进行艰难的拉锯战，而且他们也完全抛开了谈判的截止期。此时，你的最佳防守兼进攻策略就是出其不意，发出最后通牒并提出时间限制。这一策略的主要内容是：

在谈判桌上给对方一个突然袭击，改变态度，使对手在毫无准备且无法预料的形势下不知所措。

对方本来认为时间挺宽裕，但突然听到一个要终止谈判的最后期限，而这个谈判成功与否又与自己关系重大，不可能不感到手足无措。由于他们很可能在资料、精力、思想、时间上都没有充分准备，在经济利益和时间限制的双重驱动下，会不得不屈服，在协议上签字。

美国汽车大王亚科卡在接管濒临倒闭的克莱斯勒公司后，觉得第一步必须先压低工人工资。他首先降低了高级职员工资

的10%，自己也从年薪36万美元减为10万美元。随后他对工会领导人讲：“17元每小时的活有的是，20元每小时的活一件也没有。”

这种强制威吓且毫无策略的话语当然不会奏效，工会当即拒绝了他的要求。双方僵持了一段时间，始终没有进展。后来亚科卡心生一计，一日他突然对工会代表们说：“你们这种间断性罢工，使公司无法正常运转。我已跟劳工输出中心通过电话，如果明天上午8点你们还未开工的话，将会有一批人顶替你们。”

工会谈判代表一下傻眼了，他们本想通过再次谈判，从而在工薪问题上取得新的进展，因此他们也只在这方面做了资料和思想上的准备。没曾料到，亚科卡竟会来这么一招！被解聘，意味着他们将失业，这可不是闹着玩的。工会经过短暂的讨论之后，基本上完全接受了亚科卡的要求。

亚科卡经过一年旷日持久的拖延战都未打赢工会，而出其不意的一招竟然奏效了，而且解决得干净利落。

所谓“最后通牒”，常常是在谈判双方争执不下、陷入僵持阶段，对方不愿屈服以接受交易条件时所采用的一种策略。实践证明，如果一方根据谈

判内容限定了时间，发出了最后通牒，另一方就必须考虑是否准备放弃机会，牺牲前面已投入的巨大谈判成本。

美国底特律汽车制造公司与德国谈判汽车生意时，就是运用了最后通牒策略而达到了谈判目标。当时，由于双方意见不一致，谈判近一个多月没有结果，同时，别国的订货单又源源不断。这时，美国底特律汽车制造公司总经理下了最后通牒，他说："如果你还迟迟不下定决心的话，5天之后就没有这批货了。"眼看所需之物将被抢购殆尽，德方不由得焦急起来，立刻就接受了谈判条件，于是，一场持久的谈判才告结束。美国这家公司使用的就是最后通牒法，迫使对方最终屈服。

可见，在某些关键时刻，最后通牒法还是大有裨益的。但是，该方法并非屡试不爽，一旦被对方识破机关，最后通牒的威力可能会反作用到自己身上来。这里有一个范例。

美国通用电气公司在与工会的谈判中采用"提出时间限制"的谈判术长达20年。这家大公司在谈判开始的时候，使用这一方法屡屡奏效。但到1969年，电气工人的挫败感终于爆发。他们料到谈判的最后结果肯定又是故技重演，以提出时间限制相要挟，在做了应变准备之后，他们放弃了妥协，促成了一场超越经济利益的罢工。

发"通牒"一定要注意一些语言上的技巧，要把话说到点子上。

第一，出其不意，提出最后期限，对谈判者提出要求时必须语气坚定，不容通融。

运用此道，在谈判中首先要语气舒缓，不露声色，在提出最后通牒时要语气坚定，不可使用模棱两可的话语，使对方存有希望，以致不愿签约。因为谈判者一旦对未来存有希望，想象将来可能会给自己带来更大的利益时，最后就不肯签约。故而，坚定有力、不容通融的语气会替他们下定最后的决心。

第二，提出时间限制时，所提时间一定要明确、具体。

在关键时刻，不可说“明天上午”或“后天下午”之类的话，而应是“明天上午8点钟”或“后天晚上9点钟”等更具体的时间。这样的话会使对方有一种时间逼近的感觉，使之没有心存侥幸的余地。

第三，发出最后通牒的言辞要委婉。

必须尽可能委婉地发出最后通牒。最后通牒本身就具有很强的攻击性，如果谈判者言辞激烈，极易伤害对方的感情，对方很可能由于一时冲动铤而走险，一下子退出谈判，这对双方均不利。

吹毛求疵，让对方让步的“常规武器”

在商务谈判中，谈判者如能巧妙地运用吹毛求疵策略，会迫使对方降低要求，做出让步。买方先是挑剔个没完，提出一大堆意见和要求，这些意见和要求有的是真实的，有的只是出于策略需要的吹毛求疵。

吹毛求疵谈判方法在商贸交易中已被无数事实证明，不但行得通，而且卓有成效。有人曾做过试验，证明双方在谈判开始时，倘若要求越高，则所能得到的也就越多。因此，许多买主总是一而再、再而三地运用这种战术，把它当作一种“常规武器”。

有一次，某百货商场的采购员到一家服装厂采购一批冬季服装。

采购员看中一种皮夹克，问服装厂经理：“多少钱一件？”

“500元一件。”

“400元行不行？”

“不行，我们这是最低售价了，再也不能少了。”

“咱们商量商量，总不能要什么价就什么价，一点儿也不能降吧？”

服装厂经理感到，冬季马上到来，正是皮夹克的销售旺季，不能轻易让步，所以很干脆地说：“不能让价，没什么好

商量的。”采购员见话已说到这个地步，没什么希望了，扭头就走了。

过了两天，另一家百货商场的采购员又来了。

他问服装厂经理：“多少钱一件？”回答依然是500元。

采购员又说：“我们会多要你的，采购一批，最低可多少钱一件？”

“我们只批发，不零卖。今年全市批发价都是500元一件。”

这时，采购员不急于还价，而是不慌不忙地检查产品。过了一会儿，采购员讲：“你们的厂子是个老厂，信得过，所以我才到你们厂来采购。不过，你的这批皮夹克式样有些过时了，去年这个式样还可以，今年已经不行了。而且颜色也单调，你们只有黑色的，而今年皮夹克的流行色是棕色和天蓝色。”他边说边看其他的产品，突然看到有一件衣服的口袋有裂缝，马上对经理说：“你看，你们的做工也不如其他厂精细。”他仍边说边检查，又发现有件衣服后背的皮子不好，便说：“你看，你们这衣服的皮子质量也不好，现在顾客对皮子的质量要求特别讲究。这样的皮子质量怎么能卖这么高的价钱呢？”

这时，经理沉不住气了，并且自己也对产品的质量产生了怀疑，于是用商量的口气说：“你要真想买，而且要得多的话，价钱可以商量。你给个价吧！”

“这样吧，我们也不能让你们吃亏，我们购50件，400元一件，怎么样？”

“价钱太低，而且你们买的也不多。”

“那好吧，我们再多买点，买100件，每件再多30元，行了吧？”

“好，我看你也是个痛快人，就依你的意见办！”于是，双方在微笑中达成了协议。

同样是采购，为什么一个空手而回，一个却满载而归？原因很简单，后者采用了吹毛求疵策略，他让对方变得理亏，同时又让对方觉得他很精明，是内行，绝不是那种轻易被蒙骗的采购，从而只好选择妥协。

再来看看谈判专家库恩先生是怎样将他的花招带入日常生活中的，他可谓将吹毛求疵演绎到了极点。

有一次，他到一家商店买冰箱，营业员走上前来询问他需要的冰箱规格，并告诉他该冰箱每台售价为485.95美元。库恩先生走近冰箱左看右看，然后对营业员说：“这冰箱外表不够光滑，还有小瑕疵。你看这儿，这点小瑕疵好像还是个小划痕，有瑕疵的东西一般来说都是要降价的呀！”接着，库恩先生又问营业员：“你们店里这种型号的冰箱共有几种颜色？可以看看样品吗？”营业员马上引他看了样品，库恩先生看完后选择了现在店里没有的颜色。他解释说：“这种颜色与我家厨房里的颜色很相配，而其他颜色则会令人感到不协调。颜色不好，价钱还那么高，如果不重新调整一下价格，我只好另选商店购买了，我想别的商店可能有我需要的颜色。”库恩先生打开冰箱门，看过后问营业员：“这冰箱附有制冰器吗？”营业员回答说：“是的，这冰箱一天24小时都可为你制造冰块，而每小时只需2分钱电费。”库恩先生听后大声地说：“这太不好了！我的孙子有慢性喉头炎，医生说绝对不能吃冰。你可以帮我把这个制冰器拆下来吗？”营业员回答说：“制冰器无法为您拆下来，这是冰箱的一个重要组成部分。”库恩先生接着说：“我知道了，但是这个制冰器对我来说毫无用处，却要我为此付钱，这太不合理了，价格不能再便宜点吗？”

经过他的百般挑剔，冰箱的价格只得一降再降。

总的来说，吹毛求疵的目的无非是迫使卖主降低价格，使自己拥有尽可能大的讨价还价余地，同时也给对方一个印象，证明自己不会轻易被人欺骗，以削弱甚至打消对方想坚持某些立场的念头，或使卖主在降低价格时，能够对其上级有所交代。如果你能巧妙地运用此策略，无疑会为你增益不少，但注意一定要把话说到位。

发挥“**独立性**”魅力，让别人永远依赖你

我们先来看一个著名的故事。

美国石油大亨老洛克菲勒是这样教育孩子的：有一天，他把孩子抱上一张桌子，鼓励他跳下来，孩子以为有爸爸的保护，就放心地往下跳。谁知往下跳的时候，爸爸却走开了，小洛克菲勒摔得很重，坐在地上大哭起来。这时，老洛克菲勒语重心长地对儿子说：“孩子，不要哭了，以后要记住，凡事要靠自己，不要指望别人，有时连爸爸也是靠不住的！从现在就开始学会独立地生活吧！”

洛克菲勒家族中的孩子，从小就不准乱花钱，每一个孩子可支配的少量零花钱也要记账。在学校读书时，一律在学校住宿，大学毕业后都是自己去找工作。直到他们在社会中锻炼到能经得起风浪以后，上一辈人才把家产逐步交给他们。

正是因为洛克菲勒家族注重培养孩子的独立生活能力，才使孩子养成独立、自强的习惯，所以洛克菲勒家族历经几个世纪而依然繁盛如初。

要知道，依赖别人会产生不少危害。诸如，想办一件事不敢独立去做，总是想跟他人一块去做；遇事没有主见，总是等待别人做出决定；不相信自己，不敢讲出自己的见解，怕得不到人们的认可；对领导唯命是从，让干啥就干啥，只求生活平稳、少烦恼，等等。

可反过来想，如果能减少对别人的依赖，而让别人依赖你，这是一种制胜的智慧。当人们习惯于依赖你的时候，他们依靠你去获得他们想要的幸福和财富，便会对你毕恭毕敬、彬彬有礼。他们对你的依赖性越大，你的自由空间也就会越大。

至于如何培养自己的独立性，并表现得既不夸张也不张扬，同样是一种技术。

平时你要树立独立的人格，培养自主的行为习惯。要用坚强的意志来约束自己，无论做什么事都有意识地不依赖父母或其他人，同时自己要客观看待自己，不断开动脑筋，把要做的事的得失利弊考虑清楚，也就能妥善、独立地处理事情了。

要注意树立人生的使命感和责任感。一些没有使命感和责任感的人，生活懒散，消极被动，常常跌入依赖的泥潭。而具有使命感和责任感的人，都有一种实现抱负的雄心壮志。他们严格要求自己，做事认真，不敷衍了事、马虎草率，具有一种主人翁的精神。这种精神是与依赖心理相悖逆的。所以，你要学会选择这种精神，从而树立自我的主体意识。

当然，你也可单独地或与不熟悉的人办一些事，如做短期外出旅游，这样做是为了锻炼独立处事能力。自己单独地办一件事，完全不依赖别人，无论办成或办不成，对你都是一种人

格的锻炼。与不熟悉的人外出旅游，是由于不熟悉，出于自尊心和虚荣心，你不会依赖他人，事事都得自己筹划，这无形之中就抑制了你的依赖心理，促使你选择自力更生，有利于培养你独立的人生品格。

培养了自己的独立性，无论在生活中、学习中，还是在工作中、创业中，你都可以用你的独立表现出你的能力，从而让他人需要你、依赖你。

但请注意，不要仅仅因此便感到自负，感到满足。饮尽井水的人往往最终离井而去，橘子被榨干汁水后往往由金黄变为渣泥。一旦我们可以提供的利益被人们榨尽，而他们也已经发现了新的替代品，他们将不再对我们有丝毫的依赖心理，我们的处境将变得非常尴尬甚至危险。经验告诉我们一条最重要的教训是：维持别人对我们的依赖心理，但永远不要完全满足其需求。让自己更加成功、更加充实、更加无法替代，同时，永远不要让别人得到我们的全部。

用“我错了”，让他人心悦诚服接受批评

法国著名作家拉罗什富科曾说过：“没有什么人比那些不能容忍别人错误的人更经常犯错误的。”确实，我们在生活中，总会发现周围的人犯这样或那样的错误。于是，如何做到批评但又不伤害他人，成了与人交往中很重要的一门学问。

也许你会说，“批评还不容易，直接告诉他‘你错了’或

‘你某些地方做得不对’，很简单嘛。”然而，我们都知道，人是有自尊的动物，很少有人不会主动去维护自己的意见和看法，因此，几乎没有谁在听见“你错了”三个字时内心仍能非常平静。大家往往会为来自他人的批评指责闷闷不乐，冲动的人甚至可能当即暴跳如雷、反唇相讥。

千万不要小看“你错了”这样直截了当的三个字，在人际交往中，破坏力最强的莫过于这三个字了。它不会带来任何好的效果，只会造成一场不快、一场争吵，甚至会使朋友变成对手，使情人变成怨偶。在我们肆无忌惮地用它指责别人错误的同时，几乎意识不到，这样做是会给别人的心中留下疤痕的。

从人性角度来说，做错事的人只会责怪别人，而不会责怪自己——我们都是如此。这不是度量的问题，而是人性的问题，只有极少数人能够克服人性的弱点而使度量大到能接受批评的程度。

那么，想批评别人的时候，我们采用什么方式好呢？被誉为“20世纪最伟大的心灵导师”戴尔·卡耐基曾指出，想对他人表达“你错了”的批评意图，不妨先承认“我错了”，这对疏通关系和解决问题更有好处。

有一位著名的作家用主动认错的方式赢得了读者的尊重。

在长达20年社会纪实体裁小说写作之后，他尝试着变换风格，推出了一部侦破类新作，这让许多读者无法接受。

一名愤怒的读者甚至写信给他，言辞非常激烈，指责他根本不该转型。其中很多语句有偏颇，看得出这位读者对小说艺术的理解并不深入。但这位作家并没有恼羞成怒，而是非常认真地写了一封回信，在信中，他只字不提这位读者的不礼貌和认识上的浅薄，只是很诚恳地承认自己并不适合悬疑推理题材的写作，他很感谢读者的意见，希望以后能够经常互相交流看法。

这个故事让我们深刻体味到“你错了”会为你树立新的敌人，而“我错了”却可能帮你赢得新的朋友。可以想象，那名激动的读者看到回信后，一定会心生惭愧——为自己的粗鲁无礼，为作家的谦逊大度。在一个胸襟宽广、能够认识自己的错误、敢于向别人承认错误的人面前，任何问题都将迎刃而解，任何矛盾都将烟消云散。

现实往往就是如此。当我们说对方错了时，他的反应常让我们头疼；而当我们承认自己也许错了时，就绝不会有这样的麻烦。这样做，不但会避免所有的争执，而且可以使对方跟你一样宽宏大度，承认他也可能弄错。

指出对方错误时，他也许并不明白你的用意——是为了贬低他、抬高你自己，还是为了他好？因此，你应该尽量让他明白批评他是你的好意。讲话时态度一定要谦和诚恳，用语不能激烈，否则对方就会以为你在教训他；也不必过于委婉，否则他会认为你惺惺作态。

此外，指正别人还要选择适当的场合和时机。原则上讲，要在对方情绪比较稳定时指出他的不足之处，人在情绪不稳定时可能什么也听不进去。最好避开第三者，以一对一的方式进行，以免让他产生当众出丑的感觉。在大庭广众下指出别人的错误，除了会为自己多树立一个敌人外，别无任何作用。

多用“所以”少用“但是”，对方易接受你的谈判

为了使讲话的内容充分展开，首先要给对方留下这样的印象，即谈判的对手和自己谈论的是同一个内容。双方在发言中多少有点矛盾时，也应这样对人家说：“我和部长之间只是表达方式和所处的地位不同，其实说的都是一回事。”把话引导到双方共同的目标上来，共同努力寻找到达这一目的的最短路线。

相反，彼此耿耿于怀，各朝各的方向发表议论，双方在心理上都会有一种蒙受了损失的感觉，于是相互抱怨自己损失的那一部分让对方赚去了。我们并不希望这样，因此必须给对方留下双方是为了共同的利益而坐在一起的印象，本着“我赚你也赚”的精神进行商谈。

故此，对话中应该尽量避免使用转折连词，这种词使用过多，无论你怎么解释也会形成一种相互对立的氛围。即使对方反驳自己，也不能用“但是”来接受。不管人家说些什么，一定要用“所以”“正因为如此”等顺接连词来对付。

人际关系的发展不见得那么规范、那么完善。有些表达写进文章里显得文理不通，但在口头对话中往往没有什么异样的感觉。比如有两个女高中生在谈话，你站在客观的立场上听起

来有些驴唇不对马嘴，可她们在那么一种特定的气氛里却能一直聊下去。两者之间的谈话不必100%吻合，其中即使有30%对不上，关系也能够融洽起来。所以，在理论上应当使用转折连词的地方，即使你用了顺接连词，谈话仍然可以继续，内容也没有意外地发生变化。比如对方在指出缺点时问道：“这种场合，你们应当如何处理？”这时可以回答：“没什么，正在考虑对策。”也可以回答：“所以，正在考虑对策。”两者的意思都讲得通，但以后者为好，因为它给人留下的印象是我们双方都在朝着同一个目标努力。

经过各种考验并能够从跌倒的地方很快地站起来的人，往往都善于使用顺接连词。不想心甘情愿地接受对方的意见时也用“所以”开头把自己的意见坚持讲下去的人，应该说是强者。如果在讲话过程中，无论受到怎样的攻击也不改变自己的论点，用转折连词来迎接对方的挑战，那么，谈判就可能在不知不觉之中误入了歧途。

要知道，谈判的最高境界就是让谈判双方走向双赢。谈判就像分“蛋糕”，自己分得一定利益，同时要让对方知道他也能分得“一块”，这样“蛋糕”才能越做越大，在谈判方向上你才能一直占据主导地位。

第十一篇

给人台阶，保护他人面子的策略

心领神会，替别人遮掩难言之隐

生活中，我们经常会遇到这样一些人，他们有一些难以启齿的想法，或者是为自己做了一件不光彩的事情而悔恨，或者是因为寻求帮助而不得。这个时候你就要做一个善解人意的人，看透了他人的这些想法也不要说出来，或者以一种很巧妙的方式帮他们遮掩过去也不枉是一种明智之举。

郑武公的夫人武姜生有两个儿子：长子是难产而生，取名为寤生，相貌丑陋，武姜心中深为厌恶；次子名叫段，成人后气宇轩昂，仪表堂堂，武姜十分疼爱。武公在世时武姜多次劝他废长立幼，立段为太子，武公怕引起内乱，就是不答应。

郑武公死后，寤生继位为国君，是为郑庄公。封弟段于京邑，国中称为太叔段。这个太叔段在母亲的怂恿下，竟然率兵叛乱，想夺位，但很快被老谋深算的庄公击败，逃奔共国。庄公把合谋叛乱的生身母亲武姜押送到一个名叫城颍的地方囚禁了起来，并发誓说："不到黄泉，母子永不相见！"意思就是要囚禁他母亲一辈子。

一年之后，郑庄公渐生悔意，感觉自己待母亲未免太残酷了点，但又碍于誓言，难以改口。这时有一个名叫颍考叔的官

员摸透了庄公的心思，便带了一些野味以进贡为名晋见庄公。

庄公赐其共进午餐，他有意把肉都留了下来，说是要带回去孝敬自己的母亲：“小人之母，常吃小人做的饭菜，但从来没有尝过国君桌上的饭菜，小人要把这些肉食带回去，让她老人家高兴高兴。”

庄公听后长叹一声，道：“你有母亲可以孝敬，寡人虽贵为一国之君，却偏偏难尽一份孝心！”颍考叔明知故问：“主公何出此言？”庄公便原原本本地将发生的事情讲了一遍，并说自己常常思念母亲，但碍于有誓言在先，无法改变。颍考叔哈哈一笑说：“这有什么难处呢！只要掘地见水，在地道中相会，不就是誓言中所说的黄泉见母吗？”庄公大喜，便掘地见水，与母亲相会于地道之中。母子两人皆喜极而泣，即兴高歌，儿子唱道：“大隧之中，其乐也融融！”母亲相和道：“大隧之外，其乐也泄泄！”颍考叔因为善于领会庄公的意图，被郑庄公封为大夫。

每个人都有难言之隐，包括平时那些高高在上的人，这时作为一个旁观者要善于心领神会，替人遮掩难言之隐，这也不失为一种高明的做人之道。

发生冲突时学会**给人面子**

在与人发生冲突时不把话说绝，能体现一个人宽容大度的高尚品格。在正常情况下，人们的度量大小是很难表现出来的。而当与别人发生了冲突，使你难以容忍的时候，能否容人就能表现得一清二楚了。这时只有那些思想品格高尚的人，才会保持头脑清醒，做出宽容的姿态，不把话说绝，避免两颗本已受伤的心再受到进一步的伤害。

事实上，发生冲突后，双方肯定谁心里都不痛快，很容易失态，口出恶言，把话说绝了。这样的痛快只能是一时的，受伤害的是双方长远的关系和自己的声誉。所以，即使有了再大的矛盾，我们也应该把握住一点，就是不把话说绝，给对方也给自己一个台阶下。

一位顾客在商场里买了一件外衣之后，要求退货。衣服她已经穿过一次并且洗过，可她坚持说“绝对没穿过”，要求退货。

售货员检查了外衣，发现有明显的干洗过的痕迹。但是，如果直截了当地向顾客说明这一点，顾客是绝不会轻易承认的，因为她已经说过“绝对没穿过”，而且精心地伪装过。于是，售货员说：“我很想知道是否你们家的某个人把这件衣服错送到干洗店去过，我记得不久前在我身上也发生过同样的事情。我把一件刚买的衣服和其他衣服堆在一块，结果我丈夫没注意，把这件新衣服和一堆脏衣服一股脑地塞进了洗衣机。我觉得可能你也会遇到这种事情，因为这件衣服的确看得出洗过的痕迹。您不信的话，咱们可以跟其他衣服比一比。”

顾客心虚，知道无可辩驳，而售货员又为她的错误准备了借口，给了她一个台阶下，于是她顺水推舟，乖乖地收起衣服走了。

有的人会说：“发生矛盾，我就打算和他绝交了，把话说绝了又怎么样？”真是这样吗？要知道，暂时分手并不等于绝交，友好分手还会为日后可能出现的和好埋下伏笔。有时朋友间分手绝交并非是彼此感情彻底决裂，而是因一时误会造成的。如果大家采取友好分手的方式，不把话说绝，那么有朝一日误会解除了，很可能重归于好，使友谊的种子重新绽放出绚丽的花朵。在这方面不乏其例。

17世纪初，丹麦天文学家弟谷·布拉赫和德国的天文学家开普勒共同研究天文学，两个人建立了亲密的友谊。后来，开普勒受妻子的教唆，丢下研究课题，离开了弟谷。然而弟谷并没有因此而指责开普勒，还宽大为怀，写信做解释。不久，开普勒终于明白自己误听了谗言，十分惭愧，写信向弟谷道歉，并回到已病重的弟谷身边。两个人言归于好，再度合作，终于出版了《鲁道夫星表》，他们的名字得以载入科学史册。

从这个事例可以看出，他们之所以能恢复友谊并共同做出成就，是与弟谷当时采取友好分手方式有直接关系的。所以说，不把话说绝实在是一种交际美德，值得提倡。

有的人不明白这个道理，他们一和别人发生冲突就取下策而用之，谩骂指责，与人反目成仇，把话说得很绝以解心头之恨。这样做痛快倒是痛快，但他们没有想到，在把别人骂得狗血喷头的同时，也暴露了自己人格上的缺陷。人们会从这样的情景中看到，他对别人居然如此刻薄，如此不留情面，翻脸不认人，从而会离他远远的，以免惹“祸”上身。

遭遇尴尬，**要给他人台阶下**

在别人遭遇窘境的时候，交际高手不但会尽量避免因自己的不慎而使别人下不了台，而且还会在对方可能不好下台时，巧妙及时地为其提供一个“台阶”。这是因为他们在帮助别人“下台”时，掌握了恰当的方法。

1.顺势而为送台阶

依据当时当场的势态，对对方的尴尬之举加以巧妙解释，使原本只有消极意味的事件转而具有积极的含义。

全校语文老师来听王老师讲课，校长也亲临指导。课上，王老师重点讲解了词的感情色彩问题。在提问了两位同学取得良好效果后，接着提问校长的儿子：“请你说出一个形容×××的美丽的词或句子。”

或许是课堂气氛紧张，或许是严父在场，也可能兼而有之，校长的儿子一时语塞，只是站着。

空气凝固，校长的脸上现出了尴尬的脸色。王老师便随机应变地讲道：“好，请你坐下，同学们，这位同学的答案是最完美的，他的意思是说这个人的美丽是无法用文字和语言来形容的。”听课者都发出了会心的微笑。

这一妙解为校长儿子尴尬的“呆立”赋予了积极的意义，使他顺利下了台阶，而王老师本人和校长也自然摆脱

了难堪。

2.挥洒感情造台阶

故意以严肃的态度面对对方的尴尬举动，消除其中的可笑意味，缓解对方的紧张心理。

第二次世界大战时，一位德高望重的英国将军举办了一场祝捷酒会。除上层人士之外，将军还特意邀请了一批作战勇敢的士兵。酒会自然是热烈隆重，谁想一位从乡下入伍的士兵不懂酒席上的一些规矩，捧着面前的一碗供洗手用的水喝了，顿时引来达官贵人、夫人、小姐的一片讥笑声。那士兵一下子面红耳赤，无地自容。此时，将军慢慢地站起来，端起自己面前的那碗洗手水，面向全场贵宾，充满激情地说道："我提议，为我们这些英勇杀敌、拼死为国的士兵们干了这一碗。"言罢，一饮而尽，全场为之肃然，少顷，人人均仰脖而干。此时，士兵们已是泪流满面。

在这个故事里，将军为了帮助自己的士兵摆脱窘境，恢复酒会的气氛，采用了将可笑事件严肃化的办法，不但不讥笑士兵的尴尬举动，而且将该举动定性为向杀敌英雄致敬的严肃行为。乡下士兵不但尴尬一扫而尽，而且获得了莫大的荣誉，成为在场的焦点人物。

总之，人人都有下不来台的时候。学会给人台阶下，既可以缓解紧张难堪的气氛，使事情得以正常进行，又能够帮助尴尬者挽回面子，增进彼此的关系。要达到这样的目的，我们应学会使用以上技巧。

打圆场要让双方都满意

在别人发生矛盾争论的时候，夹在中间是比较尴尬的。作为争论的局外人，我们应当善于打圆场，让矛盾得到及时化解。但是在打圆场的时候，一定要注意一个问题，就是要不偏不倚，让双方都认为你没有偏向，都表示满意。否则，只能是火上浇油，还不如不说。

一名中年男子在一个生意红火的面摊等了半天才有了位置，要了一份自己常吃的面。一会儿面端了上来，男子伸嘴想先尝一口汤。可能汤的味道刺激了他的呼吸道，随着“啊嚏”一声，他的唾液和着面汤喷在了对面一位顾客身上和面碗里。那位顾客愣了一下才反应过来，“唰”地站起来吼道：“你怎么乱打喷嚏！”

中年男子也被自己的不雅之举惊呆了，赔过礼后缓过神来，对老板脱口而出一个建议：“我告诉你不要辣椒的，你的面里怎么会有辣椒味道？你赔我的面钱，我赔人家的面钱。”老板问伙计，伙计也很委屈，他明明没有放辣椒的。

结果顾客、老板还有围观群众七嘴八舌，说得不亦乐乎。最后老板感觉这样下去不是个事，就主动打圆场，对着厨房间大手一挥，说：“算啦，再下两碗面，钞票全免了，只要大家不翻脸，和气生财嘛！”

两位顾客这才平静下来，都表示可以接受。从此他们和老板之间成了好朋友。

可见，适时打圆场，作用可真的是非同一般。

清末的陈树屏口才极好，善解纷争。他在江夏当知县时，张之洞在湖北任督抚，谭继询任抚军，张谭两人素来不和。一天，陈树屏宴请张之洞、谭继询等人。当座中谈到长江江面宽窄时，谭继询说江面宽是五里三分，张之洞却说江面宽是七里三分，双方争得面红耳赤，本来轻松的宴会一下子变得异常尴尬。

陈树屏知道两位上司是借题发挥，故意争闹。为了不使宴会大煞风景，更为了不得罪两位上司，他说："江面水涨就宽到七里三分，而落潮时便是五里三分。张督抚是指涨潮而言，而谭抚军是指落潮而言，两位大人都说得对。"

陈树屏巧妙地将江宽分解为两种情况，一宽一窄，让张谭两人的观点在各自的方面都显得正确。张谭两人听了下属这么高明的圆场话，也不好意思争下去了。

有时候，争执双方的观点明显不一致，而且也不能"和稀泥"。这时，如果你能把双方的分歧点分解为事物的两个方面，让分歧在各自的方面都显得正确，这必定是一个上乘的好办法。

某学校举办教职员工文艺比赛，教师和员工分成两组，根据所造的道具自行编排和表演节目，然后进行评比。表演结束后，没等主持人发话，坐在下面的人就已经分成两派，教师说教师的好，员工说员工的好，各不相让。

眼看活动要陷入僵局，主持人灵机一动，对大家说："到底哪个组能夺第一，我看应该具体情况具体分析。教师组富有创意，激情四溢，应该得创作奖；员工组富有朝气，精神饱满，应该得表演奖。"随后宣布两个组都获得了第一名。

这位主持人心里明白，文艺比赛的目的不在于决出胜负，而在于丰富大家的娱乐生活，加强教职员工的交流，如果为了名次而闹翻，实在得不偿失。于是，在双方出现矛盾的时候，主持人没有参与评论孰优孰劣，而是强调双方的特色并分别予以肯定，最后提出解决争议的建议，问题自然就解决了。

在与人交往的过程中，有些场合下，双方因为彼此不同意对方的观点而争执不休时，作为圆场的人就应该理解双方的心情，找出各方的差异并对各自的优势都予以肯定，这在一定程度上能满足双方自我实现的心理。这时再提出建议，双方就容易接受了。

诙谐地对待他人的错，也让自己过得去

不知道你是否发现，大度诙谐很多时候比横眉冷对更有助于问题的解决，对他人的小过以诙谐的方法对待，实际上就是一种糊涂处世的态度。

20世纪50年代，台湾的许多商人知道于右任是著名的书法家，于是他们纷纷在自己的公司、店铺、饭店门口挂起了署名于右任的招牌，以示招徕。其中确为于右任所题的极少，半真半假的居多，完全假的也时有所见。

一天，于右任的一个学生急匆匆地来见老师，说："老师，我今天中午去一家平时常去的羊肉泡馍馆吃饭，想不到他们居然也挂起了以您的名义题写的招牌。青天白日，明目张胆地欺世盗名，您老说可气不可气！"正在练习书法的于右任

“哦”了一声，放下毛笔然后缓缓地问：“他们这块招牌上的字写得好不好？”

“好个啥子哟！”学生叫苦道，“也不知道他们在哪儿找了个书生写的，字写得歪歪斜斜，难看死了。下面还签上老师您的大名，连我看着都觉得害臊！”

“这可不行！”于右任沉思道。

“我去把那幅字摘下来！”学生说完，转身要走，但被于右任喊住了。

“慢着，你等等。”

于右任顺手从书案旁拿过一张宣纸，拎起毛笔，“唰唰唰”在纸上写下些什么，然后交给恭候在一旁的学生，说：“你去把这幅字交给店老板。”

学生接过宣纸一看，不由得呆住了。只见纸上写着笔墨流畅、龙飞凤舞的几个大字——“羊肉泡馍馆”，落款处则是“于右任题”几个小字，并盖了一方私章。整个书法可称漂亮之至。

“老师，您这……”此学生大惑不解。

“哈哈。”于右任抚着长髯笑道，“你刚才不是说，那块假招牌的字实在是惨不忍睹吗？我不能砸了自己的招牌，坏了自己的名声！所以，帮忙帮到底，还是麻烦你跑一趟，把那块假的给换下来，如何？”

“啊，我明白了，学生遵命。”转怒为喜的学生拿着于右任的题字匆匆去了。这样，这家羊肉泡馍馆的店主竟以一块假招牌换来了大书法家于右任的真墨宝，喜出望外之余，未免有惭愧之意。

面对矛盾，一般最直接的做法就是强行去争，争来争去，互不相让，结果就不那么妙了。实际上，在聪明人看来，低头不单是缓和矛盾，也能化解矛盾，强争只有在极端的情况下才能解决矛盾，而在多数情况下只能激化矛盾。在很多事情上，糊涂一点、包容一些，不但自己过得去，别人也会过得去，产生矛盾的基础不复存在，矛盾自然就化解了。彼此能够相安，岂不更好？

在交际中，我们在争取拥有的同时，也要懂得适时糊涂、适当包容。有时候看似糊涂的做法，诙谐对待他人的错，不仅是让别人过得去，往往也是让自己过得去。

巧妙暗示，远远胜过当面指责

在交际应酬中有很多事，起因复杂，因此办起事来更复杂。许多时候我们清楚，真理是站在自己这一边的，但这并不意味着有了道理就可以把事办成。

莫比尔是一所大学的老师，他有一个学生因非法停车而堵住了一个学院的入口，他冲进教室，以一种非常凶悍的口吻问道："是谁的车堵住了车道？"当车主回答时，这位老师吼道："你马上给我开走，否则我就把它绑上铁链拖走。"

这位学生是错了，车子不应该停在那儿。但从那一刻起，不只这位学生对莫比尔的举止感到愤怒，全班的学生都尽量地做些事情以造成他的不便，使得他的工作更加不愉快。

莫比尔原本可以用完全不同的方式处理的。假如他友善一点："车道上的车是谁的？"并建议说，"如果把它开走，那别的车就可以进出了。"这位学生一定会很乐意地把它开走，他和他的同学也就不会那么生气了。

在做事的过程中，即使自己是对的，别人绝对是错的，我们也会因为让别人丢脸而毁了一切。一生具有传奇色彩的法国飞行先锋和作家安托安娜·德·圣苏荷依写过："我没有权利去做或说任何事以贬抑一个人的自尊。重要的并不是我觉得他怎么样，而是他觉得他自己如何。伤害他人的自尊是一种罪行。"

这种巧妙暗示的方法，使人们易于改正他的错误，又保护了人们的自尊，使他自以为很重要，使他希望和你合作把事情办好，而不是反抗或抵触。

英国一家大超市的经理伊尔奇每天都到他的连锁店去巡视一遍。有一次他看见一名顾客站在台前等待，没有一人对她稍加注意。那些售货员呢？他们在柜台远处的另一头挤成一堆，彼此又说又笑。身为经理的他当然对这一情况很不满意，一定要纠正这种不负责任的行为。但伊尔奇并没有直接地指责那些在上班时间闲谈的售货员，他采取了巧妙暗示、保全员工面子的方法处理了这件事。他不说一句话，默默地站在柜台后面，亲自招呼那位女顾客，然后把货品交给售货员包装，接着他就走开了。售货员当然看到了这个情况，自责的他们从此以后再也没有发生类似情况。

伊尔奇没有直接指责员工的不负责，而是亲自去为顾客服务，让员工自己意识到自己的失职，间接地纠正了员工的错误。

卡尔·兰福在佛罗里达州奥兰多市当了许多年的市长。他时常告诉他的部属，要让民众来见他，他宣称施行“开门政策”。然而他社区的民众来拜访他时，都被他的秘书和行政官员挡在门外了。

最后，这位市长找到了解决的办法。他把办公室的大门给拆了，他的助手们知道了这件事，也只好接受了。从此之后，这位市长真正做到了“行政公开”。

与人交往、相处、合作的时候，如果别人做事的方法不符合你的要求，你不能当面指责，这只会引起对方的反抗，容易把事搞砸。而巧妙地暗示对方注意自己的错误，则可以轻松地把事情处理好。

第十二篇

人情世事，礼尚往来稳固自身社会地位

以诚动人，抓住他人心

人与人之间如果建立感情，靠的是以诚服人、以情服人、以理服人、以德服人，这是感情、知识和心智力量使然。情感的力量是情感的认知和共鸣，知识的力量能使人们信服观点的论证，心智的力量则能使人们接受辩手本身，并进而在有意无意中相信和支持你的论证与反驳。

正如一位诗人所言："动人心者，莫过于情。"抓住了对方的心，与对方交谈也就成功了一半。

如果为人真诚，说话之前先有了真诚的心，那么即使是"笨嘴拙舌"也是没有什么关系的。有太多的事例一再说明，在与人交流时表达真诚要比单纯追求流畅和精彩更重要。

1915年，小洛克菲勒还是科罗拉多州一个不起眼的人物。当时，发生了美国工业史上最激烈的罢工，并且持续达两年之久。愤怒的矿工要求科罗拉多燃料钢铁公司提高薪水，小洛克菲勒正负责管理这家公司。由于群情激奋，公司的财产遭受破坏，军队前来镇压，因而导致不少罢工工人被射杀。

那种情况，可说是民怨沸腾。小洛克菲勒后来却赢得了罢工者的信服，他是怎么做到的呢？原来小洛克菲勒花了好几个星期结交朋友，并向罢工代表发表了一次充满真情的演说。那次的演说可谓不朽，它不但平息了众怒，还为他自己赢得了不少赞誉。演说的内容是这样的：

"这是我一生当中最值得纪念的日子，因为这是我第一次有幸能和这家大公司的员工代表见面，还有公司行政人员和管理人员。我可以告诉你们，我很高兴站在这里，有生之年都不会忘记这次聚会。假如这次聚会提早两个星期举行，那么对你们来说，我只是个陌生人，我也只认得少数几张面孔。上个星期以来，我有机会拜访整个附近南区矿场的营地，私下和大部分代表交谈过，我拜访过你们的家庭，与你们的家人见过面，因而现在我不算是陌生人，可以说是朋友了。基于这份互助的友谊，我很高兴有这个机会和大家讨论我们的共同利益。由于这个会议是由资方和劳工代表所组成，承蒙你们的好意，我得以坐在这里。虽然我并非股东或劳工，但我深觉与你们关系密切。从某种意义上说，也代表了资方和劳工。”

这样一番充满真诚的话语，可能是化敌为友最佳的途径。假如小洛克菲勒采用的是另一种方法，与矿工们争得面红耳赤，用不堪入耳的话骂他们，或用话暗示错在他们，用各种理由证明矿工的不是，那结果只能是招惹更多怨恨和暴行。

真诚就像一颗种子，你细心维护它，有一天它就会结出让你惊喜的果实。你真挚待他人，他人也会真挚待你，甚至你敬人一尺，人必回你一丈。但是，我们不能够把付出真情当做某种本小利大的低风险投资，使别人觉得你的“真情”只是一种交易的筹码，而算计的权利全在你的手中。

一个旅游团不经意走进了一家甜品店，参观一番后，并没有购买任何甜品的打算。临走的时候，服务员没有抱怨旅游团，相反，他却更加热情，把一盘精美的可可糖捧到了他们面前，并且柔声慢语：“这是我们店刚进的新品种，清香可口，甜而不腻，请您随便品尝，千万不要客气。”如此盛情，使顾客不知不觉进入了糖果店营造的一种双方好似亲友的氛围之中。恭敬不如从命，既然领了店家的“情”，又岂能空手而归呢？旅游团成员觉得不买点什么，确实有点过意不去。于是每人买了一大包，在服务员“欢迎再来”的送别声中离去。

如果这位服务员使这个旅游团的成员感到他的热情只是一种算计，那么结果只有一种可能，就是：你越是热情，我越是拒绝。

每一句话都是心里话，而不是把装出来的热情做得不露痕迹，从而在打动自己的同时打动对方。我们所要强调的是，真情，重在自然流露，在乎本性天成，不能仅仅作为一种方法或者策略。

真诚待人，展现人格魅力，这也是吸引他人的一种方法，它是某些人的特质。一个真诚的人，一个具有人格魅力的人，即使不能舌绽莲花，也可以赢得众多人的认可而建立更多的情谊。

关键时刻拉人一把，悄悄地把人情送出去

“患难之交才是真朋友”，这话大家都不陌生。人的一生不可能一帆风顺，难免会碰到失利受挫或面临困境的情况，这时候最需要的就是别人的帮助。一旦这个时候你伸手相助，便将让对方记忆一生，日后对方会对你加倍报答。所以，关键时

刻拉别人一把，等于为自己的人情账户存入一笔巨款。

人情储蓄，不仅仅是在欢歌笑语中和睦相处，更是要在困难挫折中互相提携。有的人在无忧无虑的日常生活中，还能够和朋友嘻嘻哈哈地相处，一旦朋友遇到困难、遭到不幸，他们就冷落疏远了朋友，友谊也就烟消云散了。这种只能共欢乐不能同患难的人，不仅是无情的，更是愚蠢的。因为他们的自私，会让自己的人情储蓄为零，会让自己日后的人际关系道路越走越窄。

所以，当朋友遇到了困难的时候，我们应该伸出援助的双手。当朋友生活上艰窘困顿时，要尽自己的能力，解囊相助。对身处困难之中的朋友来说，实际的帮助比甜言蜜语强一百倍，只有设身处地地急朋友所急，想朋友所想，才体现出友谊的可贵，让这份交情细水长流。

当朋友遭遇不幸的时候，如病残、失去亲人、失恋等，我们要用关怀去温暖朋友那冰冷的心，用同情去安抚朋友身上的创伤，用劝慰去平息朋友胸中冲动的岩浆，用理智去拨散朋友眼前绝望的雾障。

当朋友犯了错误的时候，我们应该表示理解并尽可能地给予帮助。一般来说，朋友犯了错误，自己感到羞愧，脸上无光。有些人常担心继续与犯了错误的朋友相交会连累自己，因此而离开这些朋友，其实这种自私的行为很不可取。真正的朋友有福不一定同享，但有难必定上前同担。

当朋友遭到打击、被孤立的时候，我们应该伸出友谊的双手，去鼓励对方、支持对方。如果在朋友遭到歪风邪气打击的时候，我们为了讨好多数人而保持沉默，或者反戈一击，那我们就成了友谊的可耻叛徒。正如巴尔扎克的《赛查·皮罗多盛衰记》中所说的："一个人倒霉至少有这么一点好处，可以认清楚谁是真正的朋友。"一个好朋友常常是在逆境中得到的。假如朋友在遭到打击、被孤立的时候，你能够理解他、支持他，坚决同他站在一起，那么他一定会把你视为一生的挚友，会为找到一个真正的朋友感到高兴。更重要的是，将来某一天如果你需要他的帮助，甚至你有难时没有向他求助，他都会心甘情愿地为你两肋插刀。

总之，人情的赢得往往在关键的时刻，即别人处于困顿的时刻。只要你在关键时刻伸手拉他一把，你就获得了他的好感，为日后储蓄了一笔人情资金。

交往次数越多，心理距离越近

有心理学家曾做过这样一个实验：

在一所中学选取了一个班的学生作为实验对象。他在黑板上不起眼的角落里写下了一些奇怪的英文单词。这个班的学生每天到校时，都会瞥见那些写在黑板角落里的奇怪的英文单词。这些单词显然不是即将要学的课文中的一部分，但它们已作为班级背景的一部分被接受了。

班上学生没发现这些单词以一种有条理的方式改变着——一些单词只出现过一次，而一些却出现了25次之多。期末时，这个班上的学生接到一份问卷，要求对一个单词表的满意度进

行评估，列在表中的是曾出现在黑板角落里的所有单词。

统计结果表明：一个单词在黑板上出现得越频繁，它的满意率就越高。心理学家有关单词的研究证明了曝光效应的存在，即某个刺激的重复呈现会增加这个刺激的评估正向性。与“熟悉产生厌恶”的传统观念相反，曝光效应表明某个事物呈现次数越多，人们越可能喜欢它。

在人际交往中，要得到别人的喜欢，就得让别人熟悉你，而熟识程度是与交往次数直接相关的。交往次数越多，心理上的距离越近，越容易产生共同的经验，使彼此了解和建立友谊，由此形成良好的人际关系。例如教师和学生、领导和秘书等，由于工作的需要，交往的次数多，所以较容易建立亲近的人际关系。

由此可见，简单的呈现确实会增加吸引力，彼此接近、常常

见面的确是建立良好人际关系的必要条件。

当然，任何事物都是辩证的，不是绝对的，我们应该承认交往的次数和频率对吸引的作用，但是不能过分夸大其对交往的作用。俗话说“距离产生美”，任何事情都存在一个度的问题。有些心理学家孤立地把研究重点放在交往的次数上，过分注重交往的形式，而忽略了人们之间交往的内容、交往的性质，这是不恰当的。实际上，交往次数和频率并不能给我们带来预想的结果，有时反而会适得其反。

互惠，让他知道这样做对他有利

一位心理学教授做过一个小小的实验：

他在一群素不相识的人中随机抽样，给挑选出来的人寄去了圣诞卡片。虽然他也估计会有一些回音，但却没有想到大部分收到卡片的人都给他回了一张。而其实他们都不认识他啊！

给他回赠卡片的人，根本就没有想到过打听一下这个陌生的教授到底是谁。他们收到卡片，自动就回赠了一张。也许他们想，可能自己忘了这个教授是谁了，或者这个教授有什么原因才给自己寄卡片。不管怎样，自己不能欠人家的情，给人家回寄一张，总是没有错的。

这个实验虽小，却证明了互惠在心理学中的作用。它是人类社会永恒的法则，是各种交易和交往得以存在的基础，我们应该尽量以相同的方式回报他人为我们所做的一切。

如果一个人帮了我们一次忙，我们也应该帮他一次；如果一个人送了我们一件生日礼物，我们也应该记住他的生日，届时也给他买一件礼品；如果一对夫妇邀请我们参加了一个聚会，我们也一定要记得邀请他们到我们的一个聚会上来。

由于互惠的影响，我们感到自己有义务在将来回报我们收到的恩惠、礼物、邀请等。人与人之间的互动，就如坐跷跷板一样，不能永远固定某一端高、另一端低，就是要高低交替，一个永远不肯吃亏、不肯让步、不与别人互惠的人，即使真正赢了，讨到了不少好处，从长远来看，他也一定是输家，因为没有人愿意和他玩下去了。

中国古代讲究礼尚往来，也是互惠的表现。这似乎是人类行为不成文的规则。

一个人向朋友请教一件事，两人聚会吃饭，那么账单就理所当然应由请教人的这个人付，因为他是有求于人的一方。如果他不懂这个道理，反而让对方付，就很不得体。

在不是很熟悉的朋友之间，你求别人办事，如果没有及时地回报，下一次又求人家，就显得不太自然。因为人家会怀疑你是否有回报的意识，是否感激他对你的付出。及时地回报，可以表明自己是知恩图报的人，有利于相互之间继续交往。

而且如果不及时回报，会给你带来一些麻烦。你一直欠着这个情，如果对方突然有一件事反过来求你，而你又觉得不太好办的话，就很难拒绝了。俗话说："受人一饭，听人使唤。"可以说，为了保持一定的自由，你最好不要欠人情债。

当然，在关系很亲密的朋友之间，就不一定要马上回报，那样可能反而显得生疏。但也不等于不回报，只是时间可能拖得长一些，或有了机会再回报。

朋友间维护友谊遵循着互惠定律，爱情之间也是如此。其实世上没有绝对无私奉献的爱情，不像歌里和诗里表现的那样，爱情也是讲求互惠互利的，双方需要保持一个利益的平衡。如果平衡被严重打破，就可能导致关系破裂。

强者也要装脚痛，更好地处理人际关系

强者有时也要装脚痛，让你更好地处理人际关系。作为弱者的一方，他心里希望看到强大的对手遭遇挫折。所以，作为强者来说，在某些时候，某些场合假装踢到“铁板”，收敛一下自己的锋芒，也是很有必要的。

张某和李某二人是大学同班同学，二人无话不谈，彼此都没有秘密，因此班上同学说他们二人是“难兄难弟”，而他们二人也以彼此间的友情而自豪，并且相当珍惜。大学毕业后，二人仍然保持联系。几年过后，二人的工作分别换了，也先后结了婚，仍然来往频繁。

后来张某一度落魄，李某则不时给予温情。

过了五六年，张某东山再起，站在一个李某根本无法企及的位置。但自此之后，二人关系淡了，张某找李某，李某总是借故逃避。为什么如此？张某十分纳闷。

张某和李某在校时感情甚好，步入社会时仍能维持一定

的关系，原因有两个：一是二人出身背景相近，彼此都感受不到对方的“压力”，因此能融洽相处。如果二人中一为豪门世家，一为寒门子弟，恐怕就不是这个样子。二是初入社会，彼此“成就”差不多，“压力”尚未形成，因此还能维持相处的热情。不过，人是好“比”的，“比”的目的是建立自己在同行中的地位，因此，绝大多数人不会去和不同行业者比，不会去和不同年龄者比，不会去和职业差太多者比，总是会和同班同学比，和同行比，和同阶层比；能“比”对方“高”“好”“多”，自己就会有一种自我满足。大学生从学校毕业后，前几年看不出先后，但七八年、十多年之后，成就的高下就出现了，所以大学毕业后几年，同学会还办得起来，十年后就不容易办了，因为前几年大家都差不多，十年后成就有了差距，自认没有成就的就不想参加了。

张某和李某的问题也是出在“比”这个字。

本来李某认为他是可以超越张某的，所以他也不吝给予落魄中的张某温情，谁知张某反而在几年后超越了李某，让李某很不是滋味。李某过去的乐观破灭，心理受到了“估算错误”的打击，

同时也有了成就比较上的压力，一时无法调适，所以和张某疏远。其实，强者偶尔装装“脚痛”，表现得隐晦一点，会让弱者在心理上多少得到一些平衡，双方的关系也就不会陷入僵局。

这种现象包含着嫉妒、羡慕的心理，基本上是属于维护自我尊严的防卫性行为，但有时也不无转成攻击性行为的可能。

所以，当一个人突然在事业上走在同行的前面，第一个影响就是原来的朋友突然少了。不过，这些突然疏远了的朋友也有可能在过一段时间之后和你重新建立关系——反正也比不上你，不如和你保持接触，以免失去一条可贵的人缘。

女孩子也会有这种情形，而且可能表现得更为直接强烈。例如某位女孩嫁了一位人人羡慕的对象，那么她的“闺中密友”也有可能很快流失，因为她们受不了她的“幸运”而生她的“闷气”。

不过，这也是一件无可奈何的事，友情诚可贵，但为了追求自己的更高成就，也不必过分地勉强。

有些时候，如愿意在弱者面前显示你“脆弱”的一面，表现谦卑，会让对方心理平衡一些，至少在处理人际关系这方面不会让你束手无策，面临尴尬的境地。

故意让人占点便宜，**人情积少成多**

积少成多的道理大家都非常清楚，一点一点积累，最后收获很多。其实，在人情储蓄的诸多方法中，积少成多也是非常重要的一种。具体就是：时不时地故意让别人占你一点小便宜。

陈老与纪伯是邻居，某天夜里，纪伯偷偷地将隔开两家的竹篱笆，向陈家移了移，以便让自己的院子宽一点。不过由于是深夜，纪伯只移动了一点点。陈老虽然看到了这些，但他故意视而不见。

第二天夜里，纪伯又偷偷地将竹篱笆向陈家移了一些，不过仍然进行得比较吃力。陈老看在眼里，在纪伯走后，他将篱笆又往自己这边移了一丈，使纪伯的院子更宽敞了。

第三天一早，纪伯发现后，很是惭愧，不但还了侵占陈家的地，而且还将篱笆往自己这边移了一丈。

陈老故意让纪伯占点小便宜，纪伯却因陈老的谦让感到内疚，产生了“以小人之心度君子之腹”的感觉，认为自己欠了陈老的一个人情债。每当他想起此事时，总是会想法报答陈老。

人情债就是这样，一点一点地放，虽然每次看上去很少，但经过积累，对方最终欠你的就多了，日后对你的报答当然也不会太少。这一点，不仅在日常交际中非常重要，在经商中同样重要。

徐先生在广州开了一家海鲜酒楼，叫南海渔村，最后经营上遇到了问题。

一天，他在同一街上看到两家时装店，一家生意兴旺，另一家却相当冷清。什么原因呢？他走进那家旺店一看，原来店里除了高档货外，还有几款特价服装。

他受到了启发，于是就创出了“海鲜美食周”的点子——每天有一款海鲜是特价的，售价远远低于同行的价格。当时，基围虾的市场价格为500克38元，徐先生把它们降到28元。不仅如此，结账时，他还将每位顾客消费的元以下的零钱全部抹掉。有些常客几乎三天两头就过来买，他仍然次次见零钱就抹掉，有些常客开玩笑地说：“你长期这样给我抹钱，都抹掉几斤大虾了！”而徐先生每次都是一笑而过。

不出所料，这两招一举成功，很多食客就冲着那一款特价海鲜，走进了南海渔村大门。降低价格，原来是准备亏本的，但由于吃的人多，每月销出几吨基围虾，结果不但没亏本，反而赚了钱。

自此以后，南海渔村门庭若市，顾客络绎不绝。

徐先生作为饭店的经营者，之所以能够成功，就是在人的“贪便宜”“好尝鲜”的本性上做足了文章。因为贪便宜，一看到原本38元一斤的基围虾跌到28元一斤，于是人们便蜂拥而至抢便宜货，再加上老板大方地抹掉零钱，酒楼自然就出了名，大把的钱也就自然流入徐老板的腰包。

足见，积少成多放人情债的方式多么受人们欢迎，更重要的是它在顺畅人际关系方面非常奏效。

当然，让别人占点便宜并不是要大家随时随地都去吃亏。吃亏是有学问、有讲究的。我们要学会吃亏，要吃在明处，至少你应该让对方心中有数。这样才能让别人觉得欠你人情，以后你若有求于他，他才会全力以赴。

帮助别人就是在帮助自己

罗曼·罗兰曾说过：“只要还有能力帮助别人，就没有权利袖手旁观。”没错，永远不要吝惜对别人的帮助，在帮助别人的同时，你也正是在帮助你自己，你将从中不断收获幸福和快乐。

有一个盲人，在夜晚走路时手里总是提着一个明亮的灯笼。别人见了觉得非常奇怪，问他：“你自己根本看不见，为什么还要打着灯笼走路呢？”盲人回答道：“这个道理很简单，这个灯笼当然不是为了给我自己照路，而是为别人提供光明，帮助别人看清道路。也只有这样，别人才能看见我，不会撞到我身上，我的安全才有保证。”

当盲人无私地为他人着想、方便他人时，恰恰帮助了自己，给自己带来了方便。如果每一个人都能够像盲人这样学会帮助别人、关心别人，我们这个世界一定会变得更加美好。

帮助别人就是帮助自己，有时，仅仅只是举手之劳，却解决了人家的大麻烦、大问题，我们又何乐而不为呢？你也许会说，帮助别人需要耗费你大量的精力、体力，耽误你的时间，但要知道，你的付出不仅能助他人一臂之力，而且能给对方带来力量和信心，使他们有更大的勇气去战胜困难。特别是当一个人遇到挫折、处于逆境之中时，如果我们能热情相助，那将犹如雪中送炭，别人也定会有“滴水之恩，当涌泉相报”的感激。“危难中见真情”，很多人在受到别人真诚的帮助后，总能以更真诚的感激报答别人，你为他人所做的一切将为你赢得尊重、感激、信任等弥足珍贵的感情。

古往今来，人与人之间的交往实质是一种平等互惠的关系，也就是说，你对别人怎么样，别人就会怎样对你。你帮助我，我就会帮助你，正所谓“投之以桃，报之以李”，一个人只有大方而热情地帮助和关怀他人，他人才会给你帮助。所以你要想得到别人的帮助，自己首先必须帮助别人。

有些时候，我们在帮助别人的同时，还能收获到意外的利益。

在一场激烈的战斗中，上尉忽然发现一架敌机向阵地俯冲下来。照常理，发现敌机俯冲时要毫不犹豫地卧倒。可上尉并没有立刻卧倒，他发现离他四五米远处有一个小战士还站在那儿。他顾不上多想，一个鱼跃飞身将小战士紧紧地压在了身下。此时一声巨响，飞溅起来的泥土纷纷落在他们的身上。上尉拍拍身上的尘土，回头一看，顿时惊呆了：刚才自己所处的那个位置被炸成了一个大坑。

显而易见，上尉的善意之举不仅救了小战士的性命，而且也意外地让自己免于牺牲之灾。这种帮助，不正是一种双方的共赢吗？

最后，我们帮助别人的时候，还能给自己带来精神上的欢愉和满足，这本身也是一件值得自豪的事。但是我们要懂得照顾他人的心情，悄无声息地帮助他，让他感觉到自己并没有处于困难之中，并不是处于弱者的地位，这样他们才会欣慰地接受你的帮助。

把“双赢牌”蛋糕做大

三个人打牌，虽然互为对手，但假若两方合作也能赢牌，出牌时不如就让对方一分，对方才可能在关键的时候让你一分，使双方获益。正如作家刘墉所说：“合作失败的人常拆伙，因为彼此责难。合作成功的人，也常拆伙，因为各自居功。直到拆伙之后，发现势单力薄了，再回头合作，关系才变得比较稳固。”

随着科学技术向纵深方向发展，社会分工越来越精细，人通常难以成为全能型的人物，因此就需要与他人合作，并在合作中寻求取胜之道。

很久以前，有一个有钱的员外，他有五个心不齐的儿子。他们做事的时候都自己管自己，从来不互相帮助。

后来，老员外得了重病，临死之前，他把五个儿子叫到床前，又叫人拿来一大把筷子，分给五个儿子。他分给老二、老三、老四、老五每人一根筷子，把剩下的一大把筷子都给了老大，然后说：“你们把手上的筷子都折断吧！”老二、老三、老四、老五没费多少力气就折断了筷子，老大使出了全身的力气，都没把筷子折断。老员外说：“你们看，一根筷子很容易被人折断，一把筷子就不容易被人折断了。如果你们不齐心合力，就会像一根筷子一样很容易被人折断；如果你们齐心合力，就会像一把筷子一样，不容易被人折断，做事情就容易成功。”

五个儿子都懂得了这个道理，从此以后，做事齐心协力，把事情做得很成功。

在人生牌局中，你必须学会与别人合作，弥补自己的不足，取长补短，从而达到双赢。

有这样一个生意人，他收购玉米再卖给别人，从中赚取差额，第一年赚了一大笔钱，尝到了甜头之后，第二年还做收购玉米的生意，但是第二年的生意很冷清，一方面是由于很难找到愿意将玉米卖给他的农民，另一方面是找不到愿意买他的玉米的客户。原来第一年做生意的时候，他不但对那些卖给他玉米的农民在价钱上克扣、短斤少两，让农民赚得很少，而且在向那些客户卖玉米的时候也非常刁钻。所以打过一次交道后，不论是农民还是客户都不愿意再跟他合作了。

如果一个人在与别人打交道的时候只顾自己赢利，势必会让别人心生不快。所以，人要在得到东西的同时付出东西，把"双赢牌"蛋糕做大。

双赢是现代社会所倡导的一种合作方式，做事情的时候，多考虑别人的利益，站在别人的角度考虑问题，不仅能够赢得对方的信赖和好感，还能为今后的合作打下基础。如果处处为对方着想，就能够获得更多的合作伙伴，自己今后的发展之路就会更宽。

第十三篇

适时变通，

棘手事件处理游刃有余

不按规则就是一种规则

在规则之下，人们往往形成一种思维定式。这时，如果打破这种思维定式，不按规则出牌，往往会出奇制胜，占得上风。

隆美尔是纳粹德国的著名将领，在第二次世界大战中参加和指挥过进攻波兰、西欧、北非和抗击诺曼底登陆等重要战役。1941年到1943年间，他担任北非德国远征军司令，曾多次打败占有优势的英军。由于他作战机警狡诈，善于出奇制胜，被称为“沙漠之狐”。

1941年3月的一天，意属的北非利比亚首府的黎波里政府大楼前广场上，正举行隆重的阅兵式。隆美尔在众人的簇拥下，不时向强大的装甲部队挥手致意。1940年12月，退守埃及的英军向意军发起反击，毫无准备的意军措手不及，一溃千里，北非告急。希特勒应墨索里尼之邀，派隆美尔率这支以坦克为主的部队远征非洲。

检阅持续了数小时，坦克一批批从检阅台前开过，发出震耳欲聋的轰鸣，经过主要街道和围观的人群，向东开往前线。几天后，英军侦察机在黎波里以东发现了隆美尔的坦克群，五六百辆摆成一片，指挥车、加油车在其间穿来绕去。很显然，强大的德军坦克兵团正在途中补给，似乎对英军的大规模进攻迫在眉睫。情报由英国在黎波里的谍报人员和侦察机迅速传到设在开罗的英军中东司令部。固守阿格拉前线的英军心慌意乱，与隆美尔军队刚一接触便溃不成军。隆美尔大军穷追猛打两个星期，前进800英里，包围了英军在北非的战略据点托卜鲁克，进逼埃及。

其实，英军上了隆美尔的当。1941年春，希特勒正筹划大举入侵苏联，能调往北非的坦克极为有限。在黎波里的大规模检阅，正是隆美尔的疑兵之计。他让当时仅有的第二装甲师的一个坦克团在检阅台前环绕着反复经过，虚张声势骗过了英国间谍。而侦察机发现的坦克群，绝大部分是假的，有些是经过精心伪装的卡车，有些则是木头和纸板搭成的模型。狡猾的“沙漠之狐”就是这样以假乱真，欺骗了英国人。

时隔不久，退守埃及的英军获得大批增援，开始向德军发起代号为“战斧作战计划”的反攻。英军这次信心十足，不仅因为他们摸清了隆美尔非洲军的真正实力，而且紧急援助北非的200多辆坦克中，大部分是被誉为“坚不可摧”的马蒂尔达重型坦克。德军当时装备用的37毫米反坦克炮对这种坦克无能为力。

6月15日，成群的马蒂尔达坦克直扑濒临地中海的哈勒法亚山口。这是通往利比亚的唯一通道，由德军把守。攻下此山

口，英军即可解托卜鲁克之围，直下利比亚，大败德军。哈勒法亚山口前一马平川，马蒂尔达坦克喷着火舌，涌向山口，德军的坦克火力微弱，胜利眼看唾手可得。突然，德军阵地前一阵连续巨响，冲在最前面的五辆英军坦克立即瘫痪在火海里。

后面的未及撤退，一排炮弹打来，又有六辆顿时报销。哈勒法亚山口前激战三天，英军共损失马蒂尔达坦克91辆，“战斧作战计划”就此破产。

德军使用的究竟是什么火炮，英国人百思不得其解。一名被俘的英军少校要求看看击毁坦克的秘密武器，结果让他大跌眼镜，隆美尔利用德军88毫米高射炮进行平射，摧毁了英军这些“坚不可摧”的庞然大物。少校面对88毫米高炮愤怒地高叫：“太不公平了，你们竟用打飞机的高射炮来打我们的坦克！”

“沙漠之狐”隆美尔在阅兵时让坦克绕过去，用高射炮打坦克，都是没按武器使用的“规则”做事，结果把英军打得晕头转向。

这告诉我们，学会适当的变通，让对手永远猜不透我们在想什么，永远不能跟上我们的节奏，打破他们的规则，这样往往更容易实现目标。

冷眼静观，抓住隐藏于常规中的机遇

如今，很多人抱怨自己怀才不遇，遇不上机会。在这世界上，难道真的没有机会吗？

对于聪明人来说，世界到处都是门路，机遇就隐藏在变通之中。上天赋予我们每个人独特的能力，聪明人将其充分利用，最终成为强者；弱者却未能依靠自己的能力尽享美好人生，而是一味依赖外界的帮助，使本来摆在眼前的机会悄悄溜走。许多人认为自己贫穷，实际上他们有许多机会，只是需要他们在平时转变一下思路，在打破常规中发掘机会。

据统计，在美国东部的大城市中，至少94%的人第一次挣大钱是在家中，或在离家不远处，而且是为了满足日常的、普通的需求。对于那些看不到身边机会，一心以为只有远走他乡才能发迹的人，不啻是当头一棒。

哈佛的阿加西兹教授曾讲过一个农夫的故事。这个农夫有一处几百英亩的农庄，里面尽是些石头和不值钱的树，他决定把农庄卖掉去从事更赚钱的煤油买卖。他开始关注煤层和煤油油藏，并进行了长时间的研究。他把农庄以200美元的价格卖掉，然后跑到200英里外的地方开展新业务。不久，买下农庄的人在农庄里发现了大量煤油，而以前那个农夫却还在异乡钻研煤油买卖，且一无所获。

上面这个例子中，买下农庄的人就是发现了身边隐藏的机遇，最终发家致富。

保罗·迪克刚刚从祖父手中继承了美丽的“森林庄园”，就被一场雷电引发的山火化为灰烬。面对焦黑的树桩，保罗欲哭无泪，年轻的他不甘心百年基业毁于一旦，决心倾其所有也要修复庄园，于是他向银行提交了贷款申请，但银行却无情地拒绝了他。接下来，他四处求亲告友，依然是一无所获……

所有可能的办法全都试过了，保罗始终找不到一条出路，他的心在无尽的黑暗中挣扎。他知道，自己以后再也看不到那郁郁葱葱的树林了。为此，他闭门不出，茶饭不思，眼睛熬出了血丝。

一个多月过去了，年逾古稀的外祖母获悉此事，意味深长地对保罗说："小伙子，庄园成了废墟并不可怕，可怕的是你的眼睛失去了光泽，一天天地老去。一双老去的眼睛，怎么可能看得见希望呢？"

保罗在外祖母的劝说下，一个人走出了庄园，走上了深秋的街道。他漫无目的地闲逛着，在一条街道的拐角处，他看见一家店铺的门前人头攒动，他下意识地走了过去。原来，是一些家庭妇女正在排队购买木炭。那一块块躺在纸箱里的木炭忽然让保罗眼睛一亮，他看到了一线希望。

在接下来的两个多星期里，保罗雇了几名烧炭工，将庄园里烧焦的树加工成优质的木炭，分装成箱，送到集市上的木炭经销店。结果，木炭被一抢而空，他因此得到了一笔不菲的收入。不久，他用这笔收入购买了一大批新树苗，一个新的庄园又初具规模了。几年以后，"森林庄园"再度绿意盎然。

一场天灾使家业毁于一旦，但由于保罗能够慧眼识机遇，使他成功地化险为夷，重新崛起。

把一块固体浸入装满水的容器，人人都会注意到水溢了出来，但从未有人想到浸在水盆中的固体的体积等同于溢出的水的体积这一道理，只有阿基米德注意到这一现象，并提出了计算不规则物体体积的简易方法。在欧洲，没有一位水手不曾对大西洋彼岸充满遐想，但只有哥伦布大胆地驶入茫茫大海，发现了新大陆。从树上落下的苹果不计其数，但只有牛顿领会到苹果落地是受到地心引力的支配。

有人到一位雕塑家家中参观，看到众神之中有一位脸被头发遮住、脚上长着翅膀的雕像，便问："他叫什么名字？"

雕塑家答道："机会之神。"

"为什么他的脸不露出来？"

"因为当他到来时，人们很少认识他。"

"为什么他的脚上长着翅膀？"

"因为他很快就会离去，而一旦离去，就不会被追上。"

"机会女神的头发长在前面，"一位拉丁诗人也说过，"后面却是光秃秃的。如果抓前面的头发，你就可以抓住她；但如果让她逃脱，那么即使主神朱庇特本人也抓不到她。"

不要坐等机会，越善于从司空见惯的事物中变通，你利用的机会就越多，创造的新机会也就越多，成就非凡的可能性也就越大。对于懒惰的人来说，再好的机会也一文不值；对于勤奋的人来说，再普通的机会也仿佛千载难逢。

记住：机会总是隐藏在周围琐碎的小事里，抱怨是没有用的，让思想变通一下，把握住每一个可能的机会，再平凡的你也能做出不平凡的事来。

懂得变通退避，趋福避祸

在不利的形势下，善于变通、果断退避，是一个人心怀博大、大智若愚的具体体现。一个人在客观条件不允许继续前进，或再前进时就危及自身的情况下，就应当自觉地、主动地退避。

历史和现实都一再表明，善于退与善于进，具有同等的谋略价值。只善于进而不善于退的人，绝非高明之人，而只有把两者有机地结合在一起并加以灵活运用的人，才称得上高明，才能趋福避祸。

明朝年间，在江苏常州地方，有一位姓尤的老翁开了个当铺，很多年了，生意一直不错。某年年关将近，有一天尤翁忽然听见铺堂上人声嘈杂，走出来一看，原来是站柜台的伙计同一个邻居吵了起来。伙计连忙上前对尤翁说："这个人前些时候典当了一些东西，今天空手来取典当之物，不给就破口大骂，一点道理都不讲。"那人见了尤翁，仍然骂骂咧咧，不认情面。

尤翁却笑脸相迎，好言好语地对他说："我晓得你的意思，不过是为了度过年关。街坊邻居，区区小事，还用得着争吵吗？"于是叫伙计找出他典当的东西，共有四五件。尤翁指着棉袄说："这是过冬不可少的衣服。"又指着长袍说："这件给你拜年用。其他东西现在不急用，不如暂放这里，棉袄、长袍先拿回去穿吧！”

邻居拿了两件衣服，一声不响地走了。当天夜里，他竟突然死在另一个人家里。为此，死者的亲属同这个人打了一年多官司，害得那家人花了不少冤枉钱。

原来这个邻人欠了人家很多债，无法偿还，走投无路，事先已经服毒，知道尤家殷实，想用死来敲诈一笔钱财，结果只得了两件衣服。他只好到另一家去扯皮，那家人不肯相让，结果就死在那里了。

后来有人问尤翁说：“你怎么能有先见之明，向这种人低头呢？”尤翁回答说：“凡是蛮横无理来挑衅的人，他一定是有所恃而来的。如果在小事上争强斗胜，那么灾祸就可能接踵而至。”人们听了这一席话，无不佩服尤翁的聪明。

按常理，人们都会与故事中无理的邻居吵起来，但尤翁偏偏没有。他认为邻人蛮横无理地挑衅，必事出有因，所以打破常规，故意笑颜避开争端，这就是巧妙避祸的智慧。

不过，讲究趋福避祸之道并不是说一看前方有危险，便急忙后退，一退再退，以致放弃原来的目标、路线，改变方向、道路（而这个方向、道路与原来坚持的方向、道路已有本质的区别），如果这样那就是知难而退了，就不具谋略价值，而是逃跑主义了。所以，在趋福避祸的问题上也要分清勇敢与怯懦、高明和愚笨。一般来说，要做到这一点，就必须具备较高的修养，善于克制、约束自己。

所以，隐避不是消极地避凶就吉，而是要懂得变通，暂时收敛锋芒，隐匿踪迹，养精蓄锐，伺机而动。

有备用方案就不会措手不及

做人做事必须要有“备用方案”——为自己多考虑几条安全通道。但要想在人与人之间不偏不倚又游刃有余，没有一定的平衡技巧是行不通的。因此，在对待比较复杂的人际关系问题上，多准备几手，适度中立，方能有备无患。

人在职场会遇到很多种情况，拥有“备用方案”会让你游刃有余。下面是美国职员克多尔讲的关于自己的一个很好的例子：

“您好，”我对老总说，“昨天我交给您的文件签了吗？”老总转动眼睛想了想，然后装模作样翻箱倒柜地在办公室里折腾了一番，最后他耸了耸肩，摊开两手无奈地说：“对不起，我找过了，我从未见过你的文件。”如果是刚从学校毕业的我，我会义正词严地说：“我看着您的秘书将文件摆在桌子上的，怎么会找不到呢？您可能将它卷进废纸篓了！”可我现在才不会这样说呢。既然老总能睁眼说瞎话，我又何必与他计较呢？我要的是他的签字。于是我平静地说：“那好吧，我回去找找那份文件。”于是，我下楼回到自己办公室，把电脑中的文件重新调出再次打印，当我再把文件放到杰克先生面前时，他连看都没看就签了字。其实他比我更清楚文件原稿的去向，但我却一点都不生气。

是的，用自己的“备用方案”，在关键时刻解决问题让自己从困境中走出来，这就是我们在与上司发生冲突时的解决方式。不要在冲突发生以后一走了之，因为在新环境里还会出现老问题，到那时你又怎样呢？也不要为了争一口气大闹一场，因为吵闹不能解决问题，反倒有可能断送了前途。在职场中，谁是谁非并不重要，即便你的上司错了，你也要开动脑筋为上司找一个台阶下，这样才能尽早解决问题。

拥有“备用方案”能让你在关键时刻摆脱困境，从而避免那些无谓的争论。世上最大的空耗之一就是与人反复争论。正如卡耐基所说：“争论的结果是使双方比以前更相信自己绝对正确。要是输了，当然你就输了；如果赢了，你还是输了，因为争论赢不了他的心。”因此，做人应当避开反复争论的空耗，在处理冲突的问题上应该冷静，绝不能像个孩子一样在冲突中放任自己，要运用自己的智慧和团队精神与上司及同事尽量合作，让他们发现你其实是个理想的合作伙伴，这样做的同时也就给自己创造了一个良好的工作空间。

是的，没有先期的计划和应对方案，就会让你手足无措，引发无谓的争论。有了“备用方案”，在关键时刻会让你从容应对并赢得先机。

总而言之一句话：凡事多想一步，多预备应急方案。

别人恶意诬陷，灵活应对胜过激进争辩

有些人为了达到个人的目的不惜造谣生事、诬陷诽谤，这种情况下，如果采用激进的争辩，往往得不到理想的结局，只有具有灵活的思维和准确的分析判断能力，才能够避免被人蒙蔽，做出正确的应对。

晋文公在位的时候，曾遇到过一起发生在自己身边的陷害案。

一天，一个侍从在御膳间端了一盘烤肉，恭恭敬敬地送到晋文公面前请其就餐。晋文公拿起餐刀正准备切肉，忽然发现肉上粘着不少头发。他立即放下手中的小刀，命人去找膳吏。

那个膳吏看到传召的侍从脸色不好，一路上不停地琢磨这次晋王召见的原因。究竟是刚送去的烤肉火功不够，还是烧烤时用料不当、口味欠佳呢？

他哪知道一见晋文公就遭到一阵责骂。晋文公气势汹汹地说道："你是存心想噎死我吗？为什么烤肉上有这么多头发？"

膳吏一听，原来发生了一件自己没有料到的祸事。虽然他明知道这件事里面有鬼，但在君王的气头上是不能辩白的，否则如果把握不好，很容易招致横祸。因此，膳吏急忙跪拜叩头，口中却似是而非、旁敲侧击地说道："请君王息怒，奴才真是该死。烤肉上缠着头发，我有三条罪责。我用最好的磨石把刀磨得比利剑还快，它切肉如泥，可就是切不断毛发，这是我的第一大罪过；我在用木棍去穿肉

块的时候，竟然没有发现肉上有一根毛发，这是我的第二大罪过；我守着炭火通红、烈焰炙人的炉子把肉烤得油光可鉴、吱吱有声、香味扑鼻，然而就是烤不焦、烧不掉肉上的毛发，这是我的第三大罪过。不过我还想补充一句，您是一位明察秋毫的贤明君主，您能不能把堂下的臣仆观察一遍，看看其中是否有恨我的人呢？”

晋文公觉得膳吏所言话外有音，所以对案情产生了怀疑。他立即召集属下进行追问，不出膳吏所料，果然找出了那个想陷害膳吏的侍从。晋文公下令杀了那个人。

三国时期，吴国国君孙亮的思维判断能力也非常令人折服。孙亮非常聪明，观察和分析事物都非常深入细致，常常能使疑难事物得出正确的结论，为一般人所不及。

一次，孙亮想要吃生梅子，吩咐黄门官去库房把浸着蜂蜜的蜜汁梅取来。这个黄门官心术不正而且心胸狭窄，是个喜欢记仇的小人。他和掌管库房的库吏素有嫌隙，平时两人见面经常发生口角。他怀恨在心，一直伺机报复。这次，可让他逮到机会了。他从库吏那里取了蜜汁梅后，悄悄找了几颗老鼠屎放了进去，然后才拿去给孙亮。

不出他所料，孙亮没吃几口就发现蜂蜜里面有老鼠屎，果然勃然大怒：“是谁这么大胆？竟敢欺侮到我的头上，简直是要反了！”

心怀鬼胎的黄门官忙跪下奏道：“库吏一向不忠于职责，常常游手好闲、四处闲逛，一定是他的渎职才使老鼠屎掉进了蜂蜜里，既败坏主公的雅兴又有损您的健康，实在是罪不容恕，请您治他的罪，好好儿教训教训他！”

孙亮马上将库吏召来审问鼠屎的情况，问他道：“刚才黄门官是不是从你那里取的蜜呢？”

库吏早就吓得脸色惨白，他磕头如捣蒜，结结巴巴地回答说：“是……是的，但是我给他……的时候，里面……里面肯定没有鼠屎。”

黄门官抢着说：“不对！库吏是在撒谎，鼠屎早就在蜜中了！”

两人争执不下，都说自己说的是真话。

侍中官刁玄和张邠出主意说：“既然黄门官和库吏争不出个结果，分不清到底是谁的罪责，不如把他们俩都关押起来，一起治罪。”

孙亮略一沉思，微笑着说：“其实，要弄清楚鼠屎是谁放的这件事很简单，只要把老鼠屎剖开就可以了。”

他叫人当着大家的面把鼠屎切开，大家仔细一看，只见鼠屎外面沾着一层蜂蜜，是湿润的，里面却是干燥的。

孙亮笑着解释说：“如果鼠屎早就掉在蜜中，浸的时间长了，一定早湿透了。现在它却是内干外湿，很明显是黄门官刚放进去的。这样栽赃，实在是太不像话了！”

这时的黄门官早吓昏了头，跪在地上如实交代了陷害库吏、欺君罔上的罪行。

晋文公也好，孙亮也好，都告诉我们：对于形势复杂难以判断的事物只要全面分析、推理，开动脑筋想办法，不被表面现象所迷惑，不被事物的复杂性所吓倒，这样就能正确应对突然来临的因素。

客观世界里充满了矛盾，我们只有掌握了科学的思维方法，才能在错综复杂的矛盾面前立于不败之地。这一点，对于行走于社会的我们显得尤为关键。

以变制变，出路自现

从前，有一个出海打鱼的好手，他听说最近市场上墨鱼的价格最贵，就发誓这次出海只打墨鱼。然而很不幸，这次他打到的全是螃蟹，渔夫很失望地空手而归。当他上岸后才知道螃蟹的价格比墨鱼还要贵很多。于是，第二次出海他发誓只打螃蟹，可是他打到的只有墨鱼，渔夫又一次空手而归。第三次出海前，他再次发誓这次不管是螃蟹还是墨鱼都要，但是他打到的只是一些马鲛鱼，渔夫第三次失望地空手而归。可怜的渔夫没有等到第四次出海，就已经饥寒交迫地离开了人世。

变，是事物的本质特征。面对瞬息万变的社会，聪明的人有三种策略性思维：一是以不变应万变。如果没有实力的支撑，这只是一种最消极的态度。二是以变应变。这种策略其实也只能算作无奈的选择。比如说人家拿出了新产品，你跟在后面来个“东施效颦”；人家降价了，你慌不迭地也来个大甩卖，变来变去始终是被动应付，在这种情况下只要能够不被拖垮就已经是不错了，新局面是难以看到的。三是以变制变。一个“制”字，情况就大不一样了，它所反映出来的是一种主动进取的精神，是一种度势控变的能力，其效果是变反倒成了一种机遇，在变中获得新的发展。

在上面的故事中，如果渔夫第一次就打些螃蟹拿回来卖掉，最起码可以保证吃饱穿暖；如果他能在第二次打些墨鱼拿回来卖掉，那以后的一段时间中，可以不用为饿肚子而犯难；如果他第三次出海捕些马鲛鱼拿回来卖掉，也可以填饱肚子。如果他能够以变制变，也就不会到最后被饿死。

由此可见，当今社会瞬息万变，一个人要想在生活中过得顺心，就必须具有灵活应变的能力。在生活中是这样，在商战中亦是这样。市场竞争，风云多变，只有灵活应变、全面兼顾，才能掌握主动权。这是一种经营之道，更是一种生存之道。

在一家大公司的CEO招聘会上，有200多个人落选，只有一个人被相中了。

这家公司在招聘时，为了考察应聘者的随机应变能力出了这样一道题：如果在一个下大雨的晚上，你下班开车路过一个车站，看见车站里有3个人：一个人是曾经救过你命的医生，一个是生命垂危的病人，一个是你做梦都心爱着的人。请问，在你的车只能坐两个人的情况下，你会选择谁来坐你的车？

在那些应聘者当中，有的人说选老头，先把老头送进医院再说；有的人选择医生，因为这位医生曾经救过他的命，把医生送到医院再叫救护车救那个老头；有的人选心爱的人……这些答案都被考官们一一否定了。

直到有个年轻人进门后，仔细地看了看题，然后抬起头自信地说："我会把车交给医生，让他送老者去医院抢救，至于我，会陪着心爱的人一起等车。"考官们听后，露出了高兴的笑容，这个年轻人被录取了。

世上的事，常常是风云突变，叫人难以把握。因此，我们很难知道未来是什么样子，很难知道明天我们将面临什么困难，也就经常陷入进退两难的困境。为了在困境中做出明智的决策，我们就要运用正确的策略性思维，以变应变，根据实际情况合理安排。只有做到了"因利而制权"，伺机而动，才能让自己有更大的发展。

第十四篇

危机化解，打消心结，改善关系

暗箭来袭，你不妨将计就计

人生在世，难免会在有意、无意之间得罪人，而成为他人的眼中钉。如果对方咽不下这口气，摆明对阵的态势，还比较容易应付；如果是阴险小人，他们往往会在暗地里突施冷箭，就真的叫人伤脑筋了。

俗话说："明枪易躲，暗箭难防。"明枪对阵，胜败之间看实力，如果被打败了，也无话可说；至于暗箭来袭，则防不胜防，如果被暗算，实在太冤枉了。因此如何攻防就要靠智慧了。

一般说来，会被暗算，是因为自己的实力比对方强，对方不敢明着来，只好躲在暗处放冷箭。如果你应对不当，真的很容易因此中箭落马，摔得灰头土脸。

明朝时，有位御史下乡巡察。由于他与巡察地区的某位县令先前曾有过过节，这位县令早就心存报复的念头。眼看机会

来了，于是县令便安排一位自己最信任的侍从前去充当御史的临时护卫，以便找机会捣鬼。

由于侍从刻意用心服侍御史，没多久便获得了御史相当程度的信任。信任当然会让人疏于防备，也是下手的最好机会。这个时候，县令便指使侍从将御史放在印箧中的官印偷走，准备让御史吃不了兜着走。

官印是何等重要的东西，御史发现官印丢失后，相当紧张，怀疑必定与该县令有关系。不过碍于欠缺证据，所以也不能说什么，更不敢大肆张扬把事情搞大，只好假装生病，闷在行馆里苦思对策。

过了几天，恰巧县里一位颇有名气的书生前来探访。由于御史早就耳闻这位书生的才智，所以便请他到房内，关起门来，把官印丢掉的事对他仔细说了一遍，看看他有没有比较好的办法可以帮帮忙。

书生听完之后，便出了一个主意，建议御史在半夜的时候派人偷偷地到厨房去放火。

一旦御史的行馆发生火灾，各级官员们一定都会火速跑来指挥救火。书生和御史趁着一片混乱的时候，将原本装着官印的印箧暂时托付给那位县令保管，说是为了预防官印在慌乱中丢失或遭到焚毁云云。

书生解释说，如果官印真的是那位县令所偷，趁着火灾将空的印箧托付给他，等于是将烫手山芋丢回给他，他绝对没有不将官印归回原位的胆量。因为丢失的责任在他身上，逃都逃不掉。

当天午夜，御史便照着书生的计划上演了一场“火烧御史行馆”的戏。趁着烈火熊熊燃烧之际，御史将保管官印的重责托付给那位县令。等大火扑灭之后，县令归还印箧。御史打开一看，发现官印果真安然地物归原位，一切似乎都印证了书生的设想。

此时此刻，对于那位书生的绝顶聪明，御史不禁又感激又佩服。据说，那位书生就是后来的一代名臣海瑞。

官印丢失，在古代就是杀头之罪。县令显然有置御史于死地的意图，御史吃下这口黄连，不仅有苦说不出，而且天天坐立不安，冷汗直流。还好，借着书生的聪明才智，御史将烫手山芋丢回给县令，在不动声色之间，完成了一次无声的绝地大反击。

人与人之间的对立，如果硬碰硬，或许很快就能见胜负，但也有可能两败俱伤，两者之间的耗损必然巨大，甚至没完没了。

如果能够“搭座桥”让对立的双方在意气与利害之间有个回旋的余地，在不动声色之间，创造既斗争又互有台阶可下的空间，或许还能缓解彼此的紧张关系。

而书生将烫手山芋丢回去的手法，放出“我并不是好惹的”信息，软中带硬，对手必然是五味杂陈，不能掉以轻心、任意挑衅了。

“背后鞠躬”，消除对方的敌意

在人际心理学中，有一种被称作“背后鞠躬”的劝说术。让第三者佯作无意地向对方道出你的善意或友好的想法，往往能够让彼此不睦的人际关系来个大转折。

有一次，有人在林肯总统面前搬弄是非，说外交部长埃德温·斯坦顿曾骂林肯是个该死的傻瓜。谁知，林肯听了以后不但没有生气，反而像闲话家常一般地说：“如果斯坦顿说我是个该死的傻瓜，那么我很可能真的是。因为他办事一向都很认真，他说的十有八九都是正确的。”林肯的这番话很快传到了斯坦顿的耳朵里，斯坦顿听到他人转述过来的这番话的时候，感动极了。他在第一时间跑到林肯面前，向林肯表示了自己崇高的敬意。

林肯正是利用“背后鞠躬”的方法使斯坦顿改变了态度。那么，为什么“背后鞠躬”能够取得这样的效果呢？

心理学家认为，与当面表达善意相比，“背后鞠躬”往往能产生更加显著的效果，主要原因有三方面：

（1）人际交往遵循“相悦定律”，即谁喜欢你，你往往就会对谁报以同样的好感。因此，当你向对方“鞠躬”的时候，往往能够换回对方的“鞠躬”。

（2）采用“背后”的方式，能够绕过对方的心理防备区。如果你亲口向对方表达善意，即使完全是出于真心的，也很有可能被对方冠以“无事献殷勤，非奸即盗”之名，进而对你所表达的善意产生排斥，甚至加重心理防备，使得你的善意完全失去效用。相反，如果信息是从第三者口中获得的，对方就不会怀疑其可信程度，因为对方会想：“什么好处也捞不着，他没有必要对我说谎。”因此，借由第三者向对方传递善意，能够使你的诚意显得更加真切、可信。

（3）防止对方的负面自我概念产生消极作用。在人际交往中，很有可能对方对你的敌意是出自于对你的羡慕或者嫉妒。在这种情况下，对方对自己的自我概念持负面态度，即认为自我形象不好，不值得他人喜爱。如果对方有这样一种心理，那么当你向对方说“你很好，我喜欢你”，对方很有可能认为你在消遣他，进而使关系更加恶劣。此外，心理学家还指出，当人具有正面或中性的自我概念时，会对他人的善意报以同样的善意。然而，当人具有负面的自我概念时，“相悦定律”的效果会大大降低。采用第三者转述的方式，就能够穿过对方的这两个消极关卡。因为，他面对的对象是第三者，而他在第三者面前是不会有负面自我概念的。

在生活中，如果对方的敌意不是源于彼此间的利害得失，那么，“背后鞠躬”策略通常能有效化解对方的敌意。总之，如果对方是因为讨厌你才敌对你，又或者是因为嫉妒你才敌视你，那么，借第三者的口传递“喜爱、友善”的信息，告诉对方你“钦佩他、羡慕他、尊敬他”，往往能够给彼此的关系带来转机，有效地化解对方的敌意，其效果定能让你大吃一惊。

巧妙自嘲，消除双方的尴尬，让你赢得更多

卡耐基曾经说过，掌握神奇机智的语言应变技巧，无论是对演讲还是对于谈判来说，都具有重要的作用。而自嘲就是这样一种神奇机智的语言应变技巧。

自嘲，即自我嘲弄，也就是拿自身的缺点、不足或者生

理缺陷，甚至失误来开玩笑，对自己的丑处、羞处不仅不予遮掩、躲避，反而将之暴露在高倍显微镜下，然后巧妙地调侃、戏弄和贬损自己。所以，没有豁达、乐观、幽默的心态和胸怀，是无法做到的。

一个真正懂得自嘲的人，是不会事事较真、较劲的。当遇到突发事情，陷入尴尬的境地时，适当地调侃自嘲，不仅能避免尴尬、化解窘境，还能拉近人们彼此的心理距离，让你在人际交往中游刃有余。因为，用自己来开玩笑，既使人觉得亲近，又以降低自己为代价，抬高了别人，可以消除嫌隙，获取他人的好感。

晋朝时，有一次，大臣满奋陪同晋武帝，坐在靠近北窗的地方。满奋生性怕风，而北窗是用琉璃制成的。虽然琉璃的质地很密，根本不透风，但看起来却是一点也不挡风的样子。虽然只是心理作用，但满奋还是很怕被北风吹着了，当着皇帝的面，又不好开口换个座位，显得局促不安。

晋武帝看他的神态，知道他是怕风，便告诉他不会透风，没有关系。满奋很不好意思，自嘲说："臣就像南方的水牛，怕热怕惯了，看见月亮也疑心是太阳，不由得喘起粗气。"这便是成语"吴牛喘月"的出处。

满奋以水牛比作自己，把自己的过分紧张形容得十分形象，表现了坦诚忠实的品格，因此得到了皇帝的信赖和好感。其实在这里，满奋就是因为很好地运用了自嘲，所以巧妙地化解了窘境，打破了尴尬，还赢得了别人的信赖。

自我嘲弄，并非真的把自己贬低得一文不值。把自己的失误和缺点显露出来，是以退为进之计，是一种不较劲的豁达和幽默，是在玩笑自己。在不伤害别人的情况下，逗笑别人，打破僵局，化解了彼此的尴尬和敌意。

春节刚过，又是坐公交的高峰期。小涛在公共汽车站等车时，由于惯性挤了一个中年人一下。正当小涛开口准备说“对不起”时，那位中年人却早已愤怒了：“猪年才到，就这么拱，要拱到年头，那还不把这站台拱个大洞啊！”车上的乘客顿时爆发出一阵笑声。小涛一听，急了：“怪，狗年都过了，怎么还乱叫！”这一下，乘客笑得更欢了。就这样，两人你一言我一语地不停对骂，纵使乘务员和好心的乘客几次劝说都无济于事。这时，小涛心想再这样骂下去和那中年人非动手不可，于是自嘲道：“唉，大哥，到底是你比我多吃了几年盐，过的桥比我走过的路都多，你比我幽默，我认输！”小涛这么一说，那个中年人也很不好意思。各给一个台阶下，一场火药味十足的对骂就这样被化解了。

俗话说，“巴掌不打自嘲人”。在人际交往中，如果双方都得理不饶人，结果必然是两败俱伤。如果一方愿意叫暂停，愿意和平谈判，战争就不会轻易爆发。即使爆发了，在还没有波及更大的危害范围之时，也会被遏制了。

不要事事较劲、较真，将自嘲融入我们生活的点滴之中，让我们的生活多一些轻松和宽容，架起人与人之间的心灵之桥，缩短人们彼此的心理距离。自嘲的转角处往往就是转机。

以低姿态化解别人对你的嫉妒

拿破仑曾经说："有才能往往比没有才能更有危险。人们不可能避免遇到轻蔑，却更难不变成被嫉妒的对象。"真正聪明的人懂得作低姿态，不会让自己惹火上身。

古人云："木秀于林，风必摧之。"就一般中国人而言，总是愿意大家彼此差不多，你好我也好，否则就会"枪打出头鸟"。在日常工作中，因为有特殊才能或特殊贡献而冒尖的人，往往容易成为受打击的对象。谁在哪一方面出人头地，便会受到人们的攻击、嘲讽、指责。更有甚者，由于嫉妒心重还可能给你使绊子，让你生活在一种无形的压力之下，时时处处都有障碍，让你人做不好，事干不成。莎士比亚曾经说过："妒妇的长舌比疯狗的牙齿更毒。"如果我们不能有效地化解别人对自己的嫉妒，很可能会在不知不觉中失去本该属于自己的天空，所以必要的时候低 下头，给别人的嫉妒心留出点空间，是你不得不做出的让步。一旦当你发现别人对你有嫉妒心理时，你可以采取以下几种方法化解：

1.向对方表露自己的不幸或难言之痛

当一个人获得成功的时候，有人却可能因此感到自己是个失败者，是不幸的，这构成了嫉妒心理产生的基本条件。此时，你若向嫉妒者吐露自己往昔的不幸或目前的窘境，就会缩小双方的差距，并且让对方的注意力从嫉妒中转移出来。同时会使对方感受到你的谦虚，减弱对方因你的成功而产生的恐惧，从而使其心理渐趋平衡。

2.求助于嫉妒者

一方面，在一些与自己并无重大利害关系的事情上故意退让或认输，以此显示自己也有无能之处；另一方面，在对方擅长的事情上求助于他，以此提高对方的自信心和成就感，并让对方感到你的成功对他并不是一种威胁。

3.赞扬嫉妒者身上的优点

你的成功使嫉妒者身上的优点和长处黯然失色，于是，一种自卑感便在其内心油然而生，以至于自惭形秽。这是嫉妒心理产生并且恶性发展的又一条件。因此，你适时适度地赞扬嫉妒者身上的优点，就容易使他产生心理上的平衡，感受到“人各有其能，我又何必嫉妒他人呢”。当然，你对嫉妒者的赞扬必须实事求是，态度要真诚，否则，他会觉得你在幸灾乐祸地挖苦自己，结果不但达不到消除其对自己嫉妒的目的，还可能挑起新的战火。

4.主动出击相互接近法

嫉妒常常产生于相互缺乏帮助，彼此又缺少较深感情的人中间。大凡嫉妒心强的人，社交范围很小，视野不开阔，只做“井底之蛙”，不知天外有天。只有投入到人际关系的海洋里，才能钝化自私、狭隘的嫉妒心理，增加容纳他人、理解他人的能力。因此，相互主动接近，多加帮助和协作，增进双方的感情，就会逐渐消除嫉妒。傲慢不逊的大人物是最令人嫉妒的。试想，如果一个大人物能利用自己的优越地位来维护他的下属的利益，那么他就能筑起一道防止嫉妒的有效堤坝。

5.让嫉妒者与你分享欢乐

“独乐乐，与人乐乐，孰乐？”

在取得成功和获得荣誉的时候，你不要冷落了大家，更不要居功自傲、自以为是。你可以真诚地邀请大家（其中包括嫉妒你的人）一起来分享你的欢乐和荣誉，这样有助于消除危害彼此关系的紧张空气。当然，如果嫉妒者拒绝你的善意，则不必勉强于他，要顺其自然。总之，“退一步海阔天空”，以低姿态化解别人对你的嫉妒，不仅是一种灵活，更是一种内涵和宽容。它可以消融人和人之间的壁垒，让你的成就在嫉妒的布景中得到映衬。能引起别人的嫉妒，说明了你的才华；能有效地化解这种嫉妒，则说明了你的聪明和美德。

面对刁难，学会**以谬制谬**

在与人交往的过程中，我们会遇到这样的情况：对方以蛮横之势，强词夺理，以不正当甚至荒谬的理由来反对我们，阻止我们的行动。这个时候，我们应变的最好方法就是以谬制谬，按照他们的逻辑、理论形成一种说法，去反诘对方，以子之矛攻子之盾，从而使对方的谬论不攻自破。

当你处在窘迫中时，必须明辨事理，从实际出发，有什么情况就采取什么行动，面对小人时不得不强悍一点。

在一次国际会议期间，一位西方外交官挑衅地对我国外交代表说：“如果你们不向美国保证，不用武力解决台湾问题，那么显然就是没有和平解决的诚意。”

面对这种挑衅性的无稽之谈，我国外交代表回答道：“台湾问题是中国的内政，采取什么方式解决是中国人民自己的事，不需要向他国做什么保证。”说到这儿他话锋一转，反问道：“请问，难道你们竞选总统也需要向我们做什么保证吗？”这种针锋相对的反诘，使对方无言以对。

对方迅即狡猾地把话题一转，又说：“阁下这次在西方逗留了一段时间，不知是否对西方有了一点开明的认识？”

我国外交代表淡然一笑，揶揄道：“我是在西方受教育的，40年前在巴黎受过高等教育，我对西方的了解可比你少不了多少，遗憾的倒是你对东方的了解可真是太少了。”

对方讨了个没趣，满脸窘态。

这位西方外交官所提出的理由本来就是一条强加于中国人头上的不合理的、荒谬的理由，不符合国与国之间平等相处的原则，不符合联合国“互不干涉内政”的国际法则，而西方外交官却强行刁难我国外交代表。面对这种强权霸道的作风，我国外交代表反诘而问，使他们无言以对，搬起石头砸了自己的脚。

这名西方外交官理屈词穷，又在文化修养方面进行人身攻击：“……不知是否对西方有了一点开明的认识？”言外之意是讥讽我国外交代表无知。对此，我国外交代表用同样的问题来揶揄对方：“遗憾的倒是你对东方的了解可真是太少了。”直言其事而且实事求是，嘲弄对方的浅薄狂妄，使“对方讨了个没趣，满脸窘态”，从而在气势上赢得了外交上的胜利。

我们再来看一下下面这个案例：

大学生亨利是个很正派的青年，有一次他却碰上了一件很尴尬的事情。这天傍晚，他走进有名的鲨鱼酒家，只见里面宾客云集，有一张桌子旁，只坐着一位年轻貌美的姑娘。亨利仔细打量了一下，从她华丽的衣着和傲慢的态度，判断出她出身豪门，是上流社会的人物。于是他走过去，彬彬有礼地问道：“这儿还有人坐吗？”“什么？到阿芙达旅馆去？”不料娇小姐竟大声喊起来。亨利有些慌乱，只好稳住神，继续低声解释：“不，不，您弄错了。我只是想问，这张桌子上除了您还有其他人吗？”“怎么，你说今天夜里就去吗？”娇小姐的叫声更尖厉了，而且显露出一种受侮辱的激动。

亨利明白了，这绝不是小姐的听觉出了毛病，这显然是她预谋好的举动。她这样喊叫，是要使其他人把亨利当成一个寻花问柳的浪荡子。果然，酒店里的人都转过头来，以愤怒而轻蔑的目光盯住亨利。他被弄得狼狈极了，只好红着脸赶紧到其他桌上找了一个空位子。过了一会儿，娇小姐主动凑到了亨利的桌前，她为亨利叫了杯白兰地，以嘲弄的口吻对亨利说："对不起，刚才我只是想看看您对意外情况的反应。"这回轮到敏捷的亨利大叫了，他说："什么？一个晚上就要一百美元？要价太高了！"想看别人对意外情况反应的娇小姐，这次该自己处理意外情况了。结果她也别无良策，只得在众人鄙夷的目光逼视下，灰溜溜地逃出了酒家。

亨利略施小技，使她在众人眼前扮演了一个尴尬的角色，喝下了自己酿造的一杯苦酒。

及时弥补失言，掌握社交的主动权

人们在生活中，总有说话不当的时候。这个时候，最重要的就是镇定自若、处变不惊，积极寻找补救措施，这也是一种处世的态度。

1976年10月6日，在美国福特总统和卡特共同参加的为总统选举而举办的第二次辩论会上，福特面对《纽约日报》记者马克斯·佛朗肯关于波兰问题的质问，作了"波兰并未受苏联控制"的回答，并说"苏联强权控制东欧的事实并不存在"。这一发言在辩论会上属明显的失误，当时立即遭到记者的反驳。但反驳之初佛朗肯的语气还比较委婉，意图给福特以改正的机会。他说："问这一件事我觉得不好意思，但是您的意思难道是在肯定苏联没有把东欧划为其附庸国？也就是说，苏联没有凭军事力量压制东欧各国？"

如果福特当时足够明智，就应该承认自己失言并偃旗息鼓。然而他觉得身为一国总统，面对着全国的电视观众认输，决非善策，于是继续坚持，一错再错，结果为那次即将到手的选举付出了沉重的代价。刊登这次电视辩论会的所有专栏、社论都纷纷对福特的失误作了报导，他们惊问："他是真正的傻瓜呢，还是像只驴子一样的顽固不化？"

卡特也乘机把这个问题再三提出，闹得天翻地覆。

在社会交往中，人们都免不了失言。尽管有各种各样的原因，但失言造成的后果或贻笑大方，或纠纷四起，甚至不可收拾。那么，能不能采取一定的补救措施或者纠正方法，以避免言语失误带来的难堪局面呢？回答是肯定的，比如用及时改口的方法。相比之下，里根就表现得很有策略。

一次，美国总统里根访问巴西。由于旅途疲乏年岁又大，在欢迎宴会上，他脱口说道："女士们，先生们！今天，我为能访问玻利维亚而感到非常高兴。"

有人低声提醒他说错了，里根忙改口道："很抱歉，我们不久前访问过玻利维亚。"

尽管他并未去玻利维亚，但当那些不明就里的人还来不及反应时，他的口误已经淹没在后来的滔滔大论之中了。这种将说错的地点时间加以掩饰的方法，在一定程度上避免了当众丢丑，不失为补救的有效手段。只是，这里需要的是发现及时、改口巧妙的语言技巧，否则要想化解难堪也是很困难的。

在较为正式的交际场合发生口误导致失言，这是令每一个人都感到尴尬的事。失言不但可能引起误会和不快，还有可能被对方抓住把柄，丧失在交际中的主动地位。其实，失言虽然不可避免，但是也并没有想象中的那么可怕。只要积累经验、掌握技巧，就能够在一定程度上挽回失言所带来的恶劣影响，甚至于产生出乎意料的特殊效果。为了使自己的错误能够及时得以补救，创造良好的人际关系和心境，最重要的是掌握必要的纠错方法。这就是补救失言辞令的应有之义。常用的纠错方法如下：

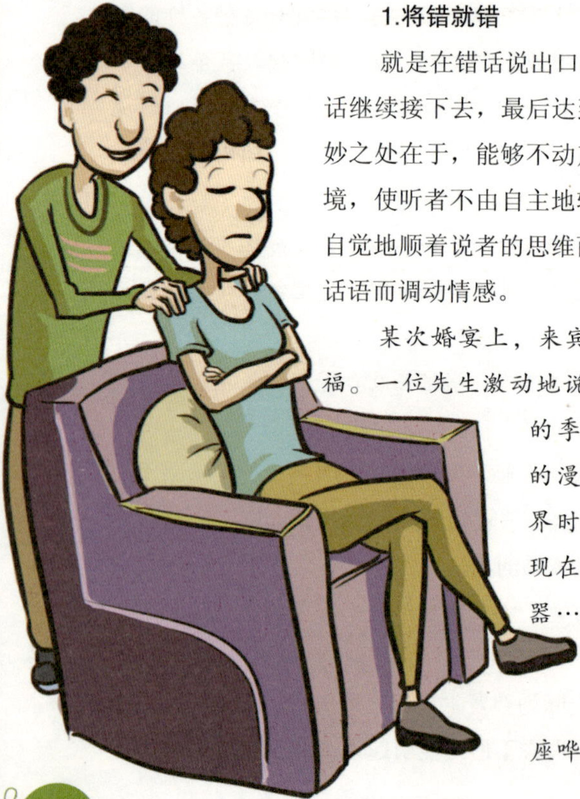

1.将错就错

就是在错话说出口之后，能巧妙地将错话继续接下去，最后达到纠错的目的。其高妙之处在于，能够不动声色地改变说话的情境，使听者不由自主地转移原先的思路，不自觉地顺着说者的思维而思考，随着说者的话语而调动情感。

某次婚宴上，来宾济济，争向新人祝福。一位先生激动地说道：“走过了恋爱的季节，就步入了婚姻的漫漫旅途。感情的世界时常需要润滑。你们现在就好比是一对旧机器……”其实他本想说“新机器”，却脱口说错，令举座哗然。一对新人的不满更是溢于言表，因为他们都各自离异，历尽波折才成眷属，自然以为刚才之语隐含讥讽。那位先生发觉出错，马上镇定下来，略一思索，不慌不忙地补充一句："已过磨合期。"此言一出，举座称妙。这位先生继而又深情地说道："新郎新娘，祝愿你们永远沐浴在爱的春风里。"大厅内掌声雷动，一对新人早已笑若桃花。

这位来宾的将错就错令人叫绝。错话出口，索性顺着错处续接下去，反倒巧妙地改换了语境，使原本尴尬的失语化作了深情的祝福，同时又道出了新人间的情感历程的曲折与相知。

2.移植法

就是把错话移植到他人头上。如说："这是某些人的观点，我认为正确的说法应该是……"这就把自己已出口的某句错误纠正过来了。对方虽有某种感觉，但是无法认定是你说错了。

3.引申法

迅速将错误言辞引开，避免在错中纠缠。就是接着那句话之后说："然后正确说法应是……"或者说："我刚才那句话还应作如下补充……"这样就可将错话抹掉。

4.词义别解

即在说错了的字、词上，利用汉语一词多义的特点加以巧妙别解以形成另外一种解释。

某位中年女演员穿着一件黑缎子面料制作的旗袍参加一个舞会，人们都对她赞不绝口。只有一位心直口快的姑娘说了句："穿这件旗袍老多了！"刚一出口，便觉失言，她从容地补上一句："真的，大街上穿这样的旗袍的老多了（东北方言，意为特别多），真漂亮！”果然，后边的话使女演员十分高兴。

在这里，姑娘聪明机智地把人显得“老多了”的意思用穿这样旗袍的人“老多了”的意思一替换，既挽回了败局，又间接称赞了对方很时髦，可谓匠心巧运。

5.半句道歉

“犹抱琵琶半遮面”之所以具有美感，是因为被琵琶遮掩的半面不为人所见，反倒给人留下了说不尽的朦胧与含蓄。同样，道歉的话也不必完全说出来，话留半句也会令自己摆脱难堪的窘境。比如，说了错话之后，见到对方不妨用“对不起，我刚才……”或者“真抱歉，我这脾气……”或者“我这人……对不起……”等这样的话，双方都心照不宣，说错者很容易在这种吞吞吐吐的情况下得到谅解。

失言后不可一味地死守自己的堡垒，那样极易导致自己惨败。但使用补错法应及时，若时过境迁，再使用以上补错法不仅于事无补，反而会增加别人的反感。必须注意的是，任何补救都要做到天衣无缝、不留痕迹，让人感到补得言之有理，无懈可击。千万不要牵强附会，或矫揉造作，这样反而会弄巧成拙，错上加错。

巧用谐音，反贬为褒，不失为一剂良策

谐音，是指利用语言的语音相同或相近的关系，有意识地使用语句的双重意义，言在此而意在彼。谐音的妙用，在于能让人把话说圆而摆脱困境，甚至化险为夷。因为许多字词在特

定场合中，用本音是一个意思，而用谐音则成了另一个意思。

据传，从前有个宰相，他有一个名叫薛登的儿子，生得聪明伶俐。当时有个奸臣金盛，总想陷害薛登的父亲，但苦于无从下手，便在薛登身上打主意。有一天，金盛见薛登正与一群孩童玩耍，于是眉头一皱，诡计顿生，喊道："薛登，你像个老鼠一样胆小，不敢把皇门边上的桶砸碎一只。"

薛登不知是计，一口气跑到皇门边上，把立在那里的双桶砸碎了一只。金盛一看，正中下怀，立即飞报皇上。皇上大怒，立刻传薛登父子问罪。

薛登父子跪在堂下，薛登却若无其事地嘻嘻笑着。皇上怒喝道："大胆薛登!为什么砸碎皇门之桶?"

薛登想了想，反问道："皇上，您说是一桶（统）天下好，还是两桶（统）天下好?"

"当然是一统天下好。"皇上说。

薛登高兴得拍起手来："皇上说得对!一统天下好，所以，我便把那只多余的'桶'砸掉了。"

皇上听了转怒为喜，称赞道："好个聪明的孩子！"又对宰相说："爱卿教子有方，请起请起！"

金盛一计未成，贼心不死，又进谗言道："薛登临时胡编，算不得聪明，让我再试他一试。"皇上同意了。

金盛对薛登嘿嘿冷笑道："薛登，你敢把剩下的那只也砸了吗？"

薛登瞪了他一眼，说了声"砸就砸"便头也不回，奔出门外，把皇门边剩下的那只木桶也砸了个粉碎。皇上喝道："顽童!这又如何解释?”

薛登不慌不忙地问皇上：“陛下，您说是木桶江山好，还是铁桶江山好?”

“当然是铁桶江山好。”皇上答道。

薛登又拍手笑道：“皇上说得对。既然铁桶江山好，还要这木桶江山干什么？皇上快铸一个又坚又硬的铁桶吧!祝吾皇的江山坚如铁桶。”

皇上高兴极了，下旨封薛登为“神童”。

谐音是一语双关的表现形式之一。在上面这个例子中，薛登之所以能够化险为夷，就在于他巧妙地运用谐音把话说圆了。

有时候出错是不好掩盖的，因为欲盖弥彰。这时候需要的是打破那种不快的气氛，让大家都能够释怀。用谐音把话说圆，就是让大家释怀的一种好方式。

第十五篇

拒人有方，委婉暗示令对方知难而退

拖延、淡化，不伤其自尊地将其拒绝

一般人都不太好意思拒绝别人，但在很多情况下，我们为了避免多余的困扰，对一些不合理或不合自己心意的事有必要拒绝，但怎样才能既不伤害对方自尊心又达到拒绝的目的呢？当对方提出请求后，不必当场拒绝，你可以说："让我再考虑一下，明天答复你。"这样，既使你赢得了考虑如何答复的时间，也会使对方认为你是很认真对待这个请求的。

某单位一名职工找到上级要求调换工种。领导心里明白调不了，但他没有马上回答说"不可能"，而是说："这个问题涉及好几个人，我个人决定不了。我把你的要求带上去，让厂部讨论一下，过几天答复你，好吗？"

这样回答可以让对方明白调工种不是件简单的事，这其中存在着不同可能，也使对方思想有所准备，比当场回绝的效果要好得多。

一家汽车公司的销售主管在跟一个大买主谈生意时，这位买主突然要求看该汽车公司的成本分析数字，但这些数据是公司的绝密资料，是不能给外人看的。可如果不给这位大买主看，势必会影响两家和气，甚至会失去这位大买主。这位销售主管并没有说“不，这不可能”之类的话，但他的话中婉转地说出了“不”。“这个……好吧，下次有机会我给你带来吧。”知趣的买主听过后便不会再来纠缠他了。

某位作家接到老朋友打来的电话，邀请他到某大学演讲，作家如此答复：“我非常高兴你能想到我，我将查看一下我的日程安排，我会回电话给你的。”

这样，即使作家表示不能到场的话，他也就有了充裕时间去化解某些可能的内疚感，并使对方轻松、自在地接受。

陈涛夫妻俩下岗后，自谋职业，利用政府的优惠贷款开了一家日用品商店，两人起早贪黑把这个商店办得红红火火，收入颇丰，生活自然有了起色。

陈涛的舅舅是个游手好闲的赌棍，经常把钱扔在麻将桌上，这段时间，手气不好又输了，他不服气，还想捞回本钱，又苦于没钱了，就把眼睛瞄准了外甥的店铺。一日，这位舅舅来到了店里对陈涛说：“我最近想买辆摩托车，手头尚缺五千块钱，想在你这借点周转，过段时间就还。”——他也知道用模糊语言。

陈涛了解舅舅的嗜好，借给他钱无疑是肉包子打狗，何况店里用钱也紧，就敷衍着说：“好！再过一段时间，等我有钱把银行到期的贷款支付了，就给你，银行的钱可是拖不起的。”

舅舅听外甥这么说，没有办法，知趣地走了。

陈涛不说不借，也不说马上就借，而是说过一段时间，等支付银行贷款后再借。这话含多层意思：一是目前没有，现在不能借；二是我也不富有；三是过一段时间不是确指，到时借不借再说。舅舅听后已经很明白了，但他并不心生怨恨，因为陈涛并没有说不借给他，只是过一段时间再说而已，给了他希望。

因此，处理事情时，巧妙地一带而过比正面拒绝更有效，且不伤和气。

通过暗示，**巧妙说“不”**

很多时候，我们不得不拒绝别人，但是怎样将这个难说的“不”说出口呢？暗示，是一种不错的选择。

美国出版家赫斯托在旧金山办第一张报纸时，著名漫画大师纳斯特为该报创作了一幅漫画，内容是唤起公众来迫使电车公司在电车前面装上保险栏杆，防止意外伤人。然而，纳斯特的这幅漫画完全是失败之作，发表这幅漫画会有损报纸质量，但如果不刊这幅画，怎么向纳斯特开口呢？

当天晚上，赫斯托邀请纳斯特共进晚餐，先对这幅漫画大加赞赏，然后一边喝酒，一边唠叨不休地自言自语：“唉，这里的电车已经伤了好多孩子，多可怜的孩子，这些电车、这些司机简直不像话……这些司机真像魔鬼，瞪着大眼睛，专门搜索着在街上玩的孩子，一见到孩子们就不顾一切地冲上去……”听到这里，纳斯特从坐椅上弹跳起来，大声喊道：

“我的上帝，赫斯托先生，这才是一幅出色的漫画！我原来寄给你的那幅漫画，请扔入纸篓。”

赫斯托就是通过自言自语的方式，暗示纳斯特的漫画不能发表，让纳斯特欣然地接受了意见。

另外，通过身体动作也可以把自己拒绝的意图传递给对方。当一个人想拒绝与对方继续交谈时，可以做转动脖子、用手帕拭眼睛、按太阳穴以及按眉毛下部等漫不经心的小动作。这些动作意味着一种信号：我较为疲劳、身体不适，希望早一点停止谈话。显然，这是一种暗示拒绝的方法。此外，微笑的中断、较长时间的沉默、目光旁视等也可表示对谈话不感兴趣、内心为难等心理。

一天，为了配合下午的访问行程，小王想把甲公司的访问在中午以前结束，然后依计划，下午第一个目标要到乙公司拜访。但是，甲公司的科长提出了邀请：“你看，到中午了，我们一起吃中午饭吧？”

小王与甲公司这位

科长平常交情不错，又是非常重要的客户，不能轻易地拒绝。但是，和这位爱聊天的科长一起吃中午饭，最快也要磨蹭到下午一点才能走。小王怎样才能不伤和气地拒绝呢？

答案就是在对方表示“要不要一起吃饭”之前，小王就不经意地用身体语言表示出匆忙的样子，如说话语速加快或自然地看看表等。但记住：这种时候千万不要提早露出坐立不安的神情，急得让人怀疑你合作的诚心。

巧妙地学会用暗示的方法拒绝别人，让对方明白你在说“不”，不仅能把事情办妥，而且不伤和气。

先说让对方高兴的话题，再过渡到拒绝

对于他人的话，人们总是会表现出情感反应。如果先说让人高兴的话，即使马上接着说些使人生气的话，对方也能以欣然的表情继续听。利用这种方法，可以拒绝不喜欢的对象。

有一个乐师，被熟人邀请到某夜总会乐队工作。乐师嫌薪水低，打算立即拒绝。但想起以往受过对方照顾，他不便断然拒绝。他心生一计，先说些笑话，然后一本正经地说：“如果能使夜总会生意兴隆，即使奉献生命，在下也在所不辞。”

此时夜总会老板自然还是一副笑脸，乐师抓住机会立刻板起面孔说：“你觉得什么地方好笑？我知道你笑我。你看扁我，不尊重我，这次协议不用再提，再见！”

这样，乐师假装生气，转身便走。老板却不知该如何待他，虽生悔意，但为时已晚。

因此，面对不喜欢的对象，要出其不意地敲他一下，以便拒绝对方。若缺乏机会，不妨参照上例，制造机会，先使对方兴高采烈，然后趁对方缺乏心理准备，脸上仍在笑嘻嘻时，找到借口及时退出，达到拒绝的目的。

一位名叫金六郎的青年去拜访本田宗一郎，想将一块地产卖给他。

本田宗一郎很认真地听着金六郎的讲话，只是暂时没有发言。

本田宗一郎听完金六郎的陈述后，并没有做出“买”或者“不买”的直接回答，而是在桌子上拿起一些类似纤维的东西给金六郎看，并说：“你知道这是什么东西吗？”

“不知道。”金六郎回答。

“这是一种新发现的材料，我想用它来做本田宗一郎汽车的外壳。”本田宗一郎详详细细地向金六郎讲述了一遍。

本田宗一郎共讲了15分钟之多，谈论了这种新型汽车制造材料的来历和好处，又诚诚恳恳地讲了他明年拟采取何种新的计划。这些内容使得金六郎摸不着头脑，但感到十分愉快。在本田宗一郎送走金六郎时，才顺便说了一句，他不想买他的那块地。

如果本田宗一郎一开始就将自己的想法告诉金六郎，金六郎一定会问个究竟，并想方设法劝说本田宗一郎，让他买下这块地。本田宗一郎不直接言明的理由正是如此，他不想与金六郎为此争辩什么。

拒绝对方的提议时，必须采用毫不触及话题具体内容的抽象说法。

日本成功学大师多湖辉说的这个故事发生在20世纪60年代

末的学生运动中。某大学的教室里正在上课时，一群学生运动积极分子闯了进来，使上课的教授手足无措。当着班上学生的面，教授想显示一点宽容和善解人意的风度，就决定先听一下学生讲些什么之后再去说服他们。

结果与他的善良想法完全相反，学生们乘势向他提出许许多多的问题，把课堂搅得一团糟，再也上不成课了。并且这之后只要他上课就有激进派的学生出现在课堂上，就这样毫无宁日地持续了一年。

从这一教训中，教授悟到一条法则，即若无意接受对方，最好别想去说服他，对方一开口就应该阻止他："你们这是妨碍教学，赶快从教室里出去，与课堂无关的事，让我们课后再说！"

假如再发生一次同样的事，教授能否应付？就算他显示出了拒绝的态度，学生也会毫不理会地攻击他吧！如果一点也不去听学生的质问，一开始就踩住话头，至少不会给对方可乘之机，也不致弄得一年时间都上不好课！

可见，拒绝之前先说点与拒绝无关的话，这种欲抑先扬的方式可以给人心里一个缓冲和铺垫，不至于让拒绝进行得很直接、僵硬。

艺术地下逐客令，让其自动退门而归

有朋来访，促膝长谈，交流思想，增进友情是生活中的一大乐事，也是人生道路上的一大益事。宋朝著名词人张孝祥在跟友人夜谈后，忍不住发出了"谁知对床语，胜读十年书"

的感叹。然而，现实中也会有与此截然相反的情形。下班后吃过饭，你希望静下心来读点书或做点事，那些不请自来的“好聊”分子又要扰得你心烦意乱了。他唠唠叨叨，没完没了，一再重复你毫无兴趣的话题，还越说越来劲。你勉强敷衍，焦急万分，极想对其下逐客令但又怕伤了感情，故而难以启齿。

但是，若你“舍命陪君子”，就将一事无成，因为你最宝贵的时间正在白白地被别人占有着。鲁迅先生说：“无端地空耗别人的时间，无异于谋财害命。”任何一个珍惜时间的人都不甘任人“谋财害命”。

那要怎样对付这种说起来没完没了的常客呢？最好的对付办法是：运用高超的语言技巧，把“逐客令”说得美妙动听，做到两全其美——既不挫伤好话者的自尊心，又使其变得知趣。要将“逐客令”下得有人情味，可以参考以下方法：

1.以婉代直

用婉言柔语来提醒、暗示滔滔不绝的客人：主人并没有多余的时间跟他闲聊胡扯。与冷酷无情的逐客令相比，这种方法容易被对方接受。

例一：“今天晚上我有空，咱们可以好好畅谈一番。不过，从明天开始我就要全力以赴写职评小结，争取这次能评上工程师了。”这句话的含义是：请您从明天起就别再打扰我了。

例二："最近我妻子身体不好，吃过晚饭后就想睡觉。咱们是不是说话时轻一点？"这句话用商量的口气，却传递着十分明确的信息：你的高谈阔论有碍女主人的休息，还是请你少来光临为妙吧。

2.以写代说

有些"嘴贫"（北京方言，指爱乱侃）的人对婉转的逐客令可能会意识不到。对这种人，可以用张贴字样的方法代替语言，让人一看就明白。有一位著名的科学家，在自家客厅里的墙上贴上了"闲谈不得超过三分钟"的字样，以提醒来客：主人正在争分夺秒搞科研，请闲聊者自重。看到这张字样，纯属"闲谈"的人，谁还会好意思喋喋不休地说下去呢？

根据具体实际情况，我们可以贴一些诸如"我家孩子即将参加高考，请勿大声喧哗""主人正在自学英语，请客人多加关照"等字样，制造出一种惜时如金的氛围，使爱闲聊者理解和注意。一般，字样是写给所有来客看的，并非针对某一位，所以不会令某位来客有多少难堪。

3.以热代冷

用热情的语言、周到的招待代替冷若冰霜的表情，使好闲聊者在"非常热情"的主人面前感到今后不好意思多登门。爱闲聊者一到，你就笑脸相迎，沏好香茗一杯，捧出瓜子、糖果、水果，很有可能把他吓得不敢贸然再来。你要用接待贵宾的高规格，他一般也不敢老是以"贵客"自居。

过分热情的实质无异于冷待，这就是生活辩证法。但以热代冷，既不失礼貌，又能达到“逐客”的目的，效果之佳，不言自明。

4.以攻代守

用主动出击的姿态堵住好闲聊者登门来访之路。先了解对方一般每天几点到你家，然后你不妨在他来访前的一刻钟先“杀”上他家门去。于是，你由主人变成了客人，他则由客人变成了主人。你从而掌握交谈时间的主动权，想何时回家，都由你自己安排了。你杀上门去的次数一多，他就会让你给黏在自己家里，原先每晚必上你家的习惯很快会改变。一段时间后，他很可能不再“重蹈旧辙”。以攻代守，先发制人，是一种特殊形式的逐客令。

5.以疏代堵

闲聊者用如此无聊的嚼舌消磨时间，原因是他们既无大志，又无高雅的兴趣爱好。如果改用疏导之法，使他有计划要完成，有感兴趣的事可做，他就无暇光顾你家了。显然，以疏代堵能从根本上解除闲聊者上门干扰之苦。

那么，我们该怎样进行疏导呢？如果他是青年，你可以激励他：“人生一世，多学点东西总是好的，有真才实学更能过上好生活，我们可以多学习学习，充实充实自己。”如果他是中老年，可以根据他的具体条件，诱导他培养某种兴趣爱好，或种花，或读书，或练书法，或跳迪斯科。“老张，您的毛笔字可真有功底，如果再上一层楼，完全可以在全县书法大奖赛中获奖！”这话一定会令他欣喜万分，跃跃欲试。一旦有了兴趣爱好，你请他来做客也不一定能请到呢！

巧踢“回旋球”，利用对方的话来拒绝他

拒绝不一定非要表明自己的意思，许多时候，利用对方的话来拒绝他，是更聪明的选择。只要合理地从对方的话语里引出一个合乎逻辑的相同问题，巧踢“回旋球”，让对方“哑巴吃黄连——有苦说不出”。

小李从旅游局一个朋友那里借了一架照相机，他一边走一边摆弄着，这时刚好小赵迎面走来了。他知道小赵有个毛病：见了熟人有好玩的东西，非得借去玩几天不可。这次看见了他手中的照相机又非借不可了。尽管小李百般说明情况，小赵依然不肯放过。

小李灵机一动，故作姿态地说：“好吧，我可以借给你，不过我要你不要借给别人，你做得到吗？”

小赵一听，正合自己的意思。他连忙说：“当然，当然。我一定做到的。”

“绝不失信。”小李还追加一句说。

“绝不失信，失信还能叫作人？”

小李斩钉截铁地说：“我也不能失信，因为我也答应过别人，这个照相机绝不外借。”

听到这，小赵也目瞪口呆了，这件事也只有这样算了。

有一大部分人会产生这样的想法：难道我们在现实生活中都非要拒绝别人不可吗？我们在拒绝他人时都要采用这些委婉的方法吗？其实这个问题问得恰到好处。

在现实生活中，关于拒绝他人，我们还要注意以下问题：

第一，在日常生活中，我们就应该真诚地对待朋友和同学，积极地帮助他们。每个人都应该明白一个简单的道理——“平时帮人，拒人才不难”，这种方法主要应用于那些的确违背我们意愿的事情。

第二，如果是由于自己能力或客观原因，我们应该坦诚相对，说明自己的实际情况，同时要积极帮对方想办法。

第三，对于某些情况，直接说“不”的效果更好，特别是对于那些违法乱纪的事情，应持坚决的态度来拒绝。对于那些可能引起误解的事情，也应该明确自己的态度，否则会“当断不断，反受其乱”。此外，由于拒绝不明可能会影响对方，也影响事情发展方向，也应该直截了当地拒绝它。

第四，即使我们掌握了一些比较好的方法，在一般的拒绝中，我们也应该语气委婉，最好还能面带微笑，这样既达到了自己拒绝他人的目的，又消除了由于拒绝给对方带来的不快。

顾及对方尊严，让他有面子地被拒绝，自尊之心，人皆有之。因此在拒绝别人时，要顾及对方的尊严。人们一旦投入社交，无论他的地位、职务多高，成就多大，无一例外地都关心外界对自己的评价。由于来自外界评价的性质、强度和方式不同，人们会相应地做出不同反应，并对交际过程及其结果产生积极或消极的影响。通常的规律是：尊之则悦，不尊则哀。也就是说，当得到肯定的评价时，人们的自尊心理得到满足，便会产生一种成功的情绪体验，表现出欢愉乐观和兴奋激动的心情，进而“投桃报李”，对满足自己自尊欲望的人产生好感和亲近力，采取积极的合作态度，交际随之向成功的方向发展；反之，当人们不受尊重、受到不公正的评价时，便会产生失落感、不满和愤怒情绪，进而出现对抗姿态，使交际陷入危机。

顾及对方的尊严是拒绝别人时必不可少的注意事项，有这样一个例子：

某校在评定职称时，由于高级职称的名额有限，一位年龄较大的教师未能评上。他听说了这一消息后就向一位负责职称评定的副校长打听情况。副校长考虑到工作迟早要做，便和这位老教师促膝交谈：

校长：“哟：老×，什么风把你给吹来了！”

老师：“校长，我想知道这次评高职我有希望吗？”

校长：“老×，先喝杯茶，抽支烟。我们慢慢聊，最近身体怎么样？”

老师：“身体还说得过去。”

校长：“老教师可是我们学校的宝贵财富，年轻教师还要靠你们带呢！”

老师：“作为一名老教师，我会尽力的。可这次评定职称，你看我能否……”

校长：“不管这次评上评不上，我们都要依靠像你这样的老教师。你经验丰富，教学也比较得法，学生反映也挺好。我想，对于一名教师来说，这一点比什么都重要，你说呢？”

老师：“是啊！”

校长：“这次评职称是第一次进行，历史遗留的问题较多，可僧多粥少，有些教师这次暂时还很难如愿，要等到下一次。这只是个时间问题。相信大家一定能够谅解。但不管怎样，我们会尊重并公正地评价每一位教师，尤其是你们这些辛辛苦苦工作几十年的老教师。”

老教师在告辞时，心里感觉热乎乎的，他知道自己这次评上高职的希望不大，但由于自身得到了别人的尊重，成绩受到了别人的肯定，他能接受那样的结果。用他对校长的话讲：“只要能得到一个公正的评价，即使评不上我也不会有情绪的，请放心。”

这位校长可谓是顾及别人尊严的典范，如果开始他就给这位老教师泼一桶冷水，那么后果就不堪设想了。

在社交场合上，无论是举止或是言语都应尊重他人，即使在拒绝别人的时候也要顾及对方的尊严。也只有这样，才能赢得别人的尊重。

贬低自己，降低对方期望值，顺势拒绝

用自我贬低的方法或者在玩笑的氛围中拒绝他人，不仅维护了别人的面子，也使自己全身而退。

比如朋友想邀你一起去玩电游，你就可以说："我们都是好朋友了，说出来不怕你们笑话，我学了几年一直玩得不像样，你们看了都会觉得扫兴，为了不影响你们的兴致，我还是不去为好。"又比如说，在同学聚会的时候，你确实不会喝酒，你可以说："我是爸妈的乖儿子，在家里面又没有什么地位，要是喝了酒，那回去后肯定会被我爸揍死的，甚至还会被我妈骂死，你们就饶了我吧。"同时，你还可以说一些其他的事例进行说明，或者找一些比较好的借口来增强这种自我贬低的效果。

在贬低自己的策略中，"装疯卖傻法"是一种特殊形式，即"表示自己无能为力，不愿做不想做的事"，也就是说："我办不到！所以不想做！"

根据心理学的调查发现，人们的确有在日常生活中故意装傻的现象。例如在上班族中，有20%的人曾对上司装过傻，而14%的人对同事装过傻。虽然这会导致评价降低，但令人惊讶的是，仍有一成以上的人是自己有意识地用了这个办法。

上班族会用到"装疯卖傻法"的场合有以下三种：

第一，不愿做不想做的事。

例如像是打杂般的工作、很花时间的工作，或单调的工作等。还有像公司运动会之类，公司内部活动的筹办委员也是其

中之一。像这种情形便有不少人会用“我不会呀”或“我对这方面不擅长”等理由，来把不想做的事巧妙地推掉。

第二，拒绝他人的请求。

当别人找上你，希望你能帮他的忙时，你很难直接说“不”吧！因此便以“我很想帮你，可是我自己也没有那个能力”的态度来婉转拒绝。拒绝别人这种事，很难直接以“我不愿意”这种态度来拒绝，而且还可能会让对方怀恨在心。因此，若是用能力，也就是自己无法控制的原因来拒绝（想帮你，可是帮不了）的话，拒绝起来便容易多了。

第三，降低对方的期望值。

一个人若能得到他人的高度期待，固然值得高兴，但压力也会随之而来。因为万一失败，受到高度期待的人，所带给其他人的冲击性会更大。

因此，借由表现出自己的无能，来降低期望值，万一将来失败，自己的评价也不会下降得太多；相反，如果成功，反而会得到预期之外的肯定。

“装疯卖傻法”有两种实行技巧：

1.表明自己无能为力

就像前面所说，这招便是表明“我没有能力做那件事，因此我不愿意做”的一种方法。根据工作的内容，“无能”的内容也有所不同。

例如：

（别人要求你处理电脑文书资料时）

“电脑我用不好，光一页我就要打一个小时，而且说不定还会把重要的资料弄不见！”

（别人要求你做账簿时）

“我最怕计算了，看到数字我就头痛！”

不过，如果所表明的“无能”的理由不具真实性，那可就行不通。例如刚才电脑处理的例子，如果是在电脑公司，说这种话谁信？后面那个例子，如果发生在银行，也绝对会显得很突兀。平常愈少接触到的工作，说这种话时，所获得的可信度也就愈大。所以要说“我没做过”“我做得不好”这些话的时候，这些话一定要具有可信度才行。

2.将矛头指向他人

这招是接着“表示无能”的用法之后，以“我办不到，你去拜托某某比较好”的说法，来将矛头指向他人的做法。

“我电脑没办法，不过小王对电脑很熟，你去拜托他看看怎么样？”

“我对计算工作最头大了，小芸应该做得来！”

像这样搬出一位在这方面能力比自己强的人，然后要对方去拜托他就行了。

不只能力的问题，像下面这个例子中的场合也能适用。

“我如果要做这件事，恐怕要花掉不少时间。小范好像说他今天工作分量不怎么多！”

只有在大家都知道那个人的确比较胜任时才能用这招。

这个办法有一个问题就是，可能会招致那个被你“转嫁”的人怨恨。想拜托人的人一定会说：“是某某说请你帮忙比较好！”对方也就会知道是你干的好事。这么一来，那个人心里一定会想：“可恶的家伙，竟然把讨厌的事推给我！”

尤其当需要帮忙的工作内容，是人人都不想做的事情的时候，惹来怨恨的可能性就愈高。所以，最好在多数人都知道“某某事情是某某最擅长的”这样的场合才用此招。

找个人替你说“不”，不伤大家感情

在拒绝他人的诸多妙法中，有一种比较艺术的方法就是推诿法。

所谓推诿法，就是以别人的身份表示拒绝。这种方法看似推卸责任，但却很容易被人理解：既然爱莫能助，也就不便勉强。

有个女孩子是个集邮爱好者，她的几个好朋友也是集邮迷。一天，有个小朋友向她提出要换邮票，她不同意换，但又怕小朋友不高兴，便对小朋友说：“我也非常喜欢你的邮票，但我妈不同意我换。”其实她妈妈从没干涉过她换邮票的事，她只不过是以此为借口，但小朋友听她这样一说，也就作罢了。

有时为了拒绝别人，可以含糊其词地推托：“对不起，这件事情我实在不能决定，我必须去问问我的父母。”或者是：“让我和孩子商量商量，决定了再答复你吧。”

这是拒绝的好办法，假装请出一个“后台老板”，表示能起作用的不是本人，这样既不伤害朋友间的感情，又可以使朋友体谅你的难处。

人处在一个大的社会背景中，互相制约的因素很多，为什么不选择一个盾牌来挡一挡呢？如：有人求你办事，假如你是领导成员之一，你可以说，“我们单位是集体领导，像刚才的事，需要大家讨论才能决定。不过，这件事恐怕很难通过，最好还是别抱什么希望，如果你实在要坚持的话，待大家讨论后再说，我个人说了不算数”。这就是推托其词，把矛盾引向了另外的地方，意思是我不是不给你办，而是我决定不了。请托者听到这样的话，一般都会打退堂鼓。

一个年轻的物资销售员经常与客户在酒桌上打交道，长此以往，他觉得自己的身体每况愈下，已不能再像以前那样喝太多的酒了。可应酬中又是免不了要喝酒的，怎么办呢？后来他想到一个妙计。每当客户劝他多喝点的时候，他便诙谐地说：“诸位仁兄还不知道吧，我家里那位可是一个母老虎，我这么酒气熏天地回去，万一她河东狮吼起来，我还不得跪搓衣板啊！”

他这么一说，客户觉得他既诚恳又可爱，自然就不再多劝了。

所以，如果难以开口的话，不妨采取这里所讲的方法，找一个人“替”你说“不”，这样所有的责任都可以推得一干二净，别人也不会对你有所抱怨。

第十六篇

宴请宾客，善应酬才能左右逢源

找个好理由：勾起对方的胃，打开应酬的门

宴请是求人最常用的一种手段，恰当的宴请可以为成功社交提供条件、奠定基础。

刘强是刚毕业的大学生，初入职场的他和办公室里元老级的同事总有些不合拍，连科长都说他有些木讷。办公室里的同事总能找到理由请客，科长也时不时欣然前往。而刘强更加被孤立，虽然他也在寻找请客的理由，以此期望拉近和大家的关系。

刘强没有女朋友，生日也还有半年多的时间，他实在找不到可以宴请大家的理由，又怕落个“马屁精”的称号。这天，刘强在路边的饭厅吃午餐，看到对面有个福利彩票销售点，很多人排着队在买彩票。马上灵光一闪，顿时想到一个好办法。

从那天，刘强开始买彩票，还有意无意将买来的彩票遗忘在办公桌上。刘强买彩票的消息，在同事间不胫而走。还没等大家把这个消息炒成办

公室最热门话题，刘强一天早上郑重地宣布自己获得2万元的一个奖。下班了，同事和科长被请进了饭店，酒足饭饱后，刘强从大家的眼神里看到了认可和友好的神情。

从此以后，他也渐渐融入了办公室这个大集体，上司和同事对他伸出帮助之手。就连他以后结婚分房的事，也是科长和同事鼎力相助的结果。而这一切要谢就得感谢那次虚拟的“中奖”啦。

可见，宴请别人一定要找个好理由，理由找好了，勾起了对方的胃，才能让对方欣然赴宴，从而打开应酬的大门，你的事情自然也就有希望了。

一般来说，宴请要根据办事的性质、对象而采取不同的方式发出邀请。如大多数学者、专家、领导等，工作忙、时间紧，对他们最好提前相约，以便他们做好工作调整、时间安排；如对某团体的要人，要公开邀请，甚至借助传播媒介，既能体现公正无私、光明磊落，又利于引起关注、促进宣传、扩大影响。

对别人发出邀请，或者采用开门见山式，例如，当你想邀请上级领导吃饭时，就可以直接说：“请问是徐经理吗？我们现在在某某酒楼吃饭，过来认识几个朋友吧，我们等你来啊。”这种方式既显示出了关系的亲近，活跃气氛，又能使求人办事变得很自然。

或者采用借花献佛式，例如："陈工！今天获奖名单公布了，我中奖了！走吧，我们去庆祝庆祝！"然后在酒宴上再提自己求他所办之事，那个时候他的酒都喝了，哪好意思不帮你？

或采用喧宾夺主式，例如："哦！你中午没有时间啊？没有关系，这样吧，下午我去订个位置，然后晚上你带上你的家人，我们一起去吃怎样啊？晚上我给你电话哦！"这样发出去的邀请，别人就很难再有借口推辞了。你也就有了接近对方，求其办事的机会。

所以，要想把事办成，就要找一个好理由宴请所求之人。

摸清主角，点菜如同"点秋香"

宴请应酬中，点菜是摆在众人面前一道严峻的选择题。如果菜品安排太少，会怠慢客人；反之安排太多，则会造成浪费，引起他人误解。所以，点菜是一个人饮食文化修养的集中表现，是一项复杂的工作，值得大家探讨。

作为请客者，若时间允许，应等客人到齐之后，将菜单供客人传阅，并请他们来点菜。当然，如果是公务宴请，要控制预算，请客者最重要的是要做好饭前功课，选择合适档次的请客地点非常重要。如果由请客者个人来埋单，客人也不太好意思点菜，都会让请客者来做主。

如果你的上司也在宴席上，千万不要因为尊重他，或是认为他应酬经验丰富，酒席吃得多，而让他来点菜，除非是他主动要求，否则他会觉得不够体面。

如果你是作为赴宴者出现在宴席上，在点菜时，不应该太过主动，而要让主人来点菜。如果对方盛情要求，你可以点一个不太贵、大家又不忌口的菜，最好征询一下同桌人的意见，特别是问一下“有没有哪些是不吃的”或是“比较喜欢吃什么”，要让大家有被照顾到的感觉。点菜后，可以请示“我点了菜，不知道是否合几位的口味”，“要不要再来点其他什么”，等等。

点菜水平的高低直接影响进餐的心情和氛围，在点菜时一定要心中有数，牢记以下三条原则：

（1）一定要看人员组成，人均一菜是比较通用的原则，如果是男士较多的宴会可适当加量。同时，要看菜肴组合。一般来说，一桌菜最好是有荤有素、有冷有热，尽量做到全面。如果桌上男士多，可多点些荤食；如果女士较多，则可多点几道清淡的蔬菜。

（2）若是普通的商务宴请，可以节俭些；如果这次宴请的对象是比较关键的人物，则要点上几个够分量、拿得出手的菜。

（3）点菜前要对价格了解清楚，点菜时不应该再问服务员菜肴的价格，或是讨价还价，这样不仅会让你在对方面前显得有点小家子气，而且被请者也会觉得不自在。

中餐宴席菜肴上桌的顺序，各地不完全相同，但一般普遍依循下列六项原则：先冷盘后热炒；先菜肴后点心；先炒后烧；先咸后甜；先味道清淡鲜美，后味道油腻浓烈；好的菜肴先上，普通的后上。而且，点菜也要遵循这个顺序。

此外，一般来说，入席后主人要先请主要客人点菜，其余的客人也要一一让到。客人往往不好意思点名贵的菜肴，于是，客人点完菜之后，全靠主人布局了。但在参加大型宴会时，菜肴是由主人事先安排好的。

宴请“地理学”，**选择地点有门道**

稍有经验的职场人都知道，一次成功的宴请，不仅要找到合适的理由让对方赴宴，更要选对合适的宴请地点，这样既可以勾起被邀请者的兴致，又可以让大家在愉悦的环境中享受宴请。

与人应酬之前，我们必须好好研究一下这种特定的“地理学”。通常，选择宴请的地点要根据主人意愿、邀请的对象、活动性质、规模大小及形式、商谈的内容等因素来确定。一场宴会，你所宴请的对象可能不止一个两个，要想让一种宴会环境满足所有与宴者的心理要求是很难的，这就要求我们尽量满足大多数与宴者的客观要求。

同时，确定宴请地点时还应注意以下问题：

（1）询问你的客人是否

有某些饮食方面的偏好，比如是否属于素食主义者或者是否爱吃鱼等，事前确保你选择的饭店符合客人的口味。

（2）选择大家都喜欢的地点就餐，重要的是让聚会中的每个人都有宾至如归的感觉。

（3）请熟悉的人去不熟悉的饭店，请不熟悉的人去熟悉的饭店。请熟人可以去以前没去过的饭店尝尝鲜、探探路等；而请不熟悉的和重要的客人要求对整个点菜、服务、质量等了然于胸，最好去熟悉的饭店。

（4）在确定宴请地点时，还要考虑周边环境、卫生、设施和交通状况等问题。

总之，选择应酬的场合是十分重要的，但并非一成不变，只要选择一个双方都适宜的地方，不论是办公室，还是酒楼、茶艺馆，都可以达到应酬的目的。

商务“概念饭”，吃得巧胜于吃得好

商务宴请虽然吃的是“概念饭”，但是用餐的地点和场合的选择是非常重要的，口味、环境、位置等都是应考虑的要素。宴请时间可根据主办方的实际需要而定，但也应该根据客人的档期妥善安排，同时还应考虑参加人员的风俗习惯。总之，订餐标准的高低，直接影响宴会质量的优劣。

1.对待老客户要讲究情绪的渲染

一般来讲，跟“朋友”客户吃饭没有那么多的讲究，选择中档餐厅就可以了，但务必要口味地道、环境卫生。同时，毕竟是生意上的合作伙伴，所以，在宴请时仍然要让对方感受到你的诚意。如果双方关系足够亲密，不妨邀请他到自己家中吃“家宴”，经济实惠，环境也肯定比餐厅要自由放松得多。对于双方来说，“家宴”更能加深了解和友谊，是简单却绝好的选择。

2.对待未来客户要讲究舒适

如果是对待未来客户，那么一定要讲究舒适。未来客户是生意场上的潜在客户，他们可能今天还不是你的财富来源，但是明天就可能让你赚到钱。对于潜在客户来说，接触、交往和交流显得更为重要。比如通过商务宴请，让双方放下戒备，敞开心扉。所以，定期宴请未来客户不失为一个好选择。

对于未来客户，尤其是不了解他对你将会有多大价值时，你可能不大愿意为宴请而抛重金，像对待重要客户那样讲究档次和排场。但是，在宴请的安排上也要真诚相待，档次不能过低，或者为了节约而选择环境差、卫生标准低、交通不便的场所。所选餐厅的位置最好有利于客户出行，不太好找的地点最好就不要去了。对于菜品，可以不太贵，但应力求做到新鲜和独特，比如尝试一下新开的风味餐馆，品尝新推出的菜品，都是经济实惠的选择。

此外，邀请客户共进商务餐，有些注意事项万万不可忽视。

（1）邀请：尽量不要邀请你的爱人，因为他不是所有人都认识，你会整晚都和客户相处。如果你跟你的爱人并非从事同一个职业，还是不要带另一半去了。

（2）迎客：如果你先到，那就应该让客户有宾至如归之感。进入酒店要以目光和手势示意客户，请他走在前面，同时可以配合语言提示：“刘经理，您先请！”

（3）点菜：客人一般不了解当地酒店的特色，往往不点菜，那么，你可以请服务生介绍本店特色，但切不可耽搁时间太久，过分讲究点菜反而让客户觉得你做事拖泥带水。点菜后，可以询问对方“不知道点的菜合不合您的口味”“有什么不合适的尽管说”“您看看还需不需要再来点儿别的”，等等。如果事前能与酒店打电话联络，提前拟定菜单，那就更周到了。

（4）结账：不要让客户知道用餐的费用，否则也是失礼的。因为无论贵贱，都是主人的心意。

结尾应酬好

俗话说，“编筐编篓，重在收口”。宴会也不例外。宴会虽然结束了，但这并不意味着你就可以完全放松下来了，还需要做好很多细节性的事情，才能让你的好形象留在宴请对象心里。有很多人就是因为不重视宴会结束时的几个小细节，因此使得自己之前费尽心思保持的好形象瞬间崩溃。

那么，宴会结束时应该注意哪些细节呢？

1.宴会结束的时间

一般说来，当主人把餐巾放在桌子上或者从餐桌旁站起身来，即表明宴会结束。只有看到这种信号以后，宾客才可以把自己的餐巾放下，站起身来。

正餐之后的酒会的告辞时间按常识而定，如果酒会不是在周末举行，那就意味着告辞时间应在晚间11时至午夜之间。若是周末，则可晚一些。除非客人是主人的亲密朋友，否则一般都不应在酒会的最后阶段还坐在那里。

2.离席的先后顺序

当宴会结束，离开餐桌时，不应把坐椅拉开就走，而应把椅子再挪回原处。男士应该帮助身边的女士移开坐椅，然后再把坐椅放回餐桌边。要注意，有些餐厅比较拥挤，贸然起身，或使手提包、衣服等掉落在地上，或是碰到人，打翻茶水、菜肴，失礼又尴尬！离席时让身份高者、年长者和女士先走，贵宾一般是第一位告辞的人。

3.热情话别

当宾客离去时，宴会主人应像迎接宾客一样地站在门口与他们一一握别。当宾客成群离去时，也应送至门口，挥手互道晚安，并应致意说："非常感谢各位的光临，真谢谢你们把宴会的气氛维持得这样好。"不要以时间过早挽留客人，如果是星期天晚上，你尤其不宜说："现在还早得很，你绝不能这么早走，

太不给我面子了！”要知道多数人次晨都要早起。对于迟迟还不离去的客人，他们明显地热爱这气氛，这时你可停止斟酒或停止供糖果瓜子等，以此暗示客人该是离去的时候了。

此外，有的主人为每位出席者备有一份小纪念品。宴会结束时，主人招呼客人带上。不过，除主人特别示意作为纪念品的东西外，各种招待品，包括糖果、水果、香烟等，客人都不能拿走。

敬酒分主次

宴请别人时，为了表示自己的诚意，就需要向别人敬酒。可敬酒是一门学问，敬对了人家高兴，捧你的场，买你的面子；敬错了，即便人家当时不翻脸，但事后弄不好就是要结怨的。

一般情况下，敬酒应以年龄大小、职位高低、宾主身份为序。我们要遵循先尊后长的原则，按年龄大小、辈分高低分先后次序摆杯斟酒。

另外，在同领导一起喝酒时，最大特点就是秩序，这跟开会一样，职务级别高的自然上座，然后按级别、所在部门依次落座。敬酒的次序仍依座位次序进行。做下属的在敬酒时是机遇与挑战并存：所谓机遇是零距离接触领导，是接近领导的绝好时机；所谓挑战是因为人一喝酒思维和平时就不一样，搞不好也是最容易得罪领导的时候。敬酒前一定要充分考虑好敬酒的顺序，分清主次，即使与不熟悉的人在一起喝酒，也要先打听一下身份或是留意别人如何称呼，这一点要心中有数，避免出现尴尬或伤感情。

敬酒时一定要把握好敬酒的顺序。有求于席上的某位客人，对他自然要倍加恭敬。但是要注意，如果在场有更高的身份的人或年长的人，则不应只对能帮你忙的人毕恭毕敬，要先给尊者、长者敬酒，不然会使大家都很难为情。

与此同时，酒宴是联络和增进感情的重要场所，通过向同级、上级或下级敬酒能够促进双方的情感交流，使彼此的关系更密切、更稳固。一般来说，如果敬酒本身真的能够达到这个目的的话，对方是不会轻易拒绝的。针对这种心理，在敬酒时你可以充满感情地强调一下自己与对方的特殊关系，使敬酒成为两人之间独特的情感交流方式。

再有，祝愿是对未来的美好期望，听到别人真诚的祝愿很容易让人快乐，可以结合被劝对象的实际情况来说一些良好的祝愿。如是生意人，可祝其“生意兴隆通四海，财源茂盛达三江”；若是老人，则可祝其“福如东海长流水，寿比南山不老松”；若是机关干部，则祝其“步步高升”；若是新婚夫妇，则可祝其“早生贵子，百年好合”；若在新年，则更多了，如“新春快乐、万事如意、阖家幸福”“祝你一帆风顺，二龙腾飞，三阳开泰，四季平安，五福临门，六六大顺，七星高照，八面来财，九九同心，十全十美，百事亨通，千世吉祥，万事如意”……

简而言之，酒杯对酒杯，心口对心口，滚烫的感情便挡也挡不住，交情也随着酒的醇香而逐渐加深。

把盏不想强欢笑，巧妙拒酒显风流

在举行宴会时，少不了这样一个场面：大家都乘兴举杯而饮。但由于每个人的酒量都有一定限度，如能喝得适量自然是有益无害的，但若过量则反而有害了。因此，面对对方的盛情相劝，被劝酒者还需巧妙地拒绝，否则自己就要遭罪了。

庞梅梅是公司的策划部经理，平时和客户打交道很多，许多公司安排的酒宴上都会安排她和市场部经理一起出席，以便和客户进一步沟通策划方案细节。刚开始参加这种酒宴的时候，客户每次敬酒，庞梅梅都不好意思拒绝，被客户灌醉，常常误了正事。市场部经理大为不满，庞梅梅自己也觉得委屈。

庞梅梅把这事向好友抱怨，好友却说她酒量不好就该拒绝，不能逞强，不仅对自己身体不好，还误了正事，出力不讨好。在酒宴久经沙场的好友就教了她几招拒酒法。在后来的酒宴中，庞梅梅就很少出现被灌醉的事情了。

可见，学会巧妙地拒酒，不但使自己免受肠胃之苦，而且不会让对方觉得你不给面子，更不至于伤了和气、坏了事情，真正达到“杯酒也尽欢”的和谐局面。

这里向大家介绍几种不错的拒酒方式：

1.提及过度喝酒的后果

作为被动者，当酒量喝到一半有余时，应向东道主或劝酒者说明情况。如：“感谢你对我的一片盛情，我原本只有三两酒量，今天因喝得格外称心，多贪了几杯，再喝就‘不对劲’了，还望你能体谅。”如此开脱以后，就再也不要喝了。这种实实在在地说明后果和隐患的拒酒术，只要劝酒者明白“乐极生悲”的道理，善解人意者就会见好就收。

2.注意身体健康

喝酒是为了交流情感，也是为了身心的愉悦。如果为了喝酒而喝酒，以至于折腾了身体、损害了健康，这是谁都不愿意看到的。因此，我们可以以身体不舒服或是患有某种忌酒的疾病（如肝脏不好、高血压、心脏病等）为理由拒绝对方的劝酒，这样对方无论如何是不好再强求了。

3.挑对方劝酒语中的毛病

对方劝我方喝酒，总得找个理由，而这理由有时是靠不住的。特别是一些并不太高明的劝酒者，其劝酒语中往往会有不少漏洞可抓。抓住这些漏洞，分析其中道理，最后证明应该喝酒的不是我方，而是对方，或者是其他人，总之到最后不了了之。只要这漏洞抓得准，分析得又有理有据，那么对方就无话可说，只好放弃了这位难对

付的“工作对象”。

4.以家人不同意为由

一般来说，以爱人的禁止为由拒酒往往容易让对方觉得你在找借口推托，这是因为他想象不到这个问题对你有多么严重。因此，你必须在拒酒时讲得真实生动，把自己不听“禁令”的后果展示一番，让对方感到让你喝酒真的是等于害了你，那么他也就停止劝酒了。可以说，把理由讲得真实可信是使用此方式拒酒的关键之处。你可以说：“我爱人一闻我满口酒气就和我翻脸。我不骗你，所以你如果是真为我着想，那我们就以茶代酒吧！”这样一说，对方也就无话可说了。

学会了以上四个拒酒术，你也就从此免除了酒精对你身体的深入荼毒，顺利达到“杯酒也尽欢”的境界，完成一次宾主尽欢的宴会应酬。

酒桌上，会听话更要会说话

酒作为一种交际媒介，在迎宾送客、结婚生子、朋友聚会、传递友情、求人办事等方面都发挥了独到的作用。在中国，几乎做任何事情都少不了要请客吃饭。

在酒桌上，大家伴随酒精的刺激，很容易情绪高涨而畅所欲言。每个人都有说不完的话题，真的、假的，虚的、实的，心里的、心外的，该说的、不该说的……弄不好都会毫无防备地倒出来。但正是因为毫无防备，所以有时能让有心人演绎出问题，甚至严重到要刀戈相向。

所以，无论是宴请他人，还是自己赴宴，探索一下酒桌上说话的“奥妙”都是很有必要的。总体来讲，在酒桌上说话时，以下几点必须注意：

1.说话紧扣宴会主题

一般说来，一个酒宴总有一个中心话题。一旦开始祝酒，要沿着一个中心话题，尽量要让大家都能举起酒杯，最好还要把你所祝愿的那个人或那些人的名字准确无误地、牢牢地记在脑子里。你的主题可以着眼于被祝愿的人的成就或品质、一件事情的重要意义、伙伴们的乐事、个人的成长或集体工作的益处，等等。

2.独乐不如共乐，忌窃窃私语

大多数酒宴宾客都较多，所以应尽量多谈论一些大部分人能够参与的话题，得到多数人的认同。由于个人的兴趣爱好、知识面不同，因此话题不要太偏，避免出现唯我独尊、神侃无边的现象，而忽略了众人。特别是尽量不要与人贴耳小声私语，给别人一种神秘感，这样往往会让人产生“就你俩好”的嫉妒心理，影响宴会的效果。

3.语言诙谐幽默

酒桌上可以显示出一个人的才华、学识、修养和交际风度，有时一句诙谐幽默的语言会给别人留下很深的印象，使人无形中对你产生好感。但是在一些正式场合还是需要有所顾忌，如“客人喝酒就得醉，要不主人多惭愧”，“喝酒不喝白，感情上不来”，“量小非君子，无毒不丈夫”，“人在江湖走，哪能不喝酒”，“宁可胃上烂个洞，不叫感情裂条缝”等内容，虽然语言诙谐，或许能起到调节宴会气氛的效果，但因为格调不高，还是不用为妙，否则只能让在座人士对你的印象大打折扣。

4.在交谈中察言观色

要想在酒桌上得到大家的赞赏，就必须学会在交谈中察言观色。因为与人交际就要了解人心，只有左右逢源，才能演好酒桌上的角色。

总之，在酒桌上把话说好才能办成事，不顾后果的胡言乱语只会坏事。

想让他心安，女人也要懂得**为自己埋单**

马云年轻漂亮，在同事的介绍下，开始和男士约会。这位男士是在政府部门工作的公务员，因为不是周末，第一次约会时，马云选在了离公司比较近的餐厅，她想反正大家都要吃晚饭的。那位男士也很随和，点菜的当口，把菜单放在了马云面前，让马云点自己喜欢吃的菜，马云照做了。席间，他们谈得很愉快，埋单的时候，价格似乎高了些。但男士很爽快地把单买了，然后彼此问了以后的联系方式。第二次约会是周末下午，在茶坊坐下后，不知不觉又到了晚饭的时间，马云提议一起吃晚饭，菜还是马云点。结账时，马云心想男女朋友吃饭应该由男士埋单，所以就没有掏钱，最后还是男士结的账。

然而，两天后，男方的介绍人拐弯抹角地说了一大堆理由。最后，马云听出来了，是男方嫌她太会用钱，太不体谅男士了。马云心里感到莫大的委屈：男女吃饭，男人埋单不是天经地义的吗?

女士不要认为男人埋单是天经地义，更不要在吃完饭后心安理得地等男人付账。处于情感世界中的男女双方，埋单时更需要一种默契。有时候是男士付账，体现出一种大度、一种关切；有时候是女士解囊，巾帼不让须眉，表达了一种体贴、一种追求男女平等的自信。当女人可以随意为自己埋单的时候，这种感觉一定会好过让任何一位男士为你埋单。

如今的女人已经愈来愈有经济能力为自己埋单，并且能够帮男人埋单。但是女人在与男人的相处当中，仍然还是会很在乎埋单时男人的表现。并非是每个女人都想花男人的钱，只是这时候比较容易看出这个男人是不是有实力、是不是有风度、是不是善解人意。虽然金钱不是爱情的杠杆，但男人肯不肯在你身上花钱，绝对可以掂量出他爱你究竟有多少。反过来，在埋单时，男人还可以打量一下女人，看看她有多少善良厚道，有多少分寸尺度，有多少善解人意。

总之，不管怎样，女人都应该将心比心，在适当的时候为自己埋单，因为没有哪一个男人愿意永远心甘情愿为你埋单，同时也为自己赢得更多的尊重，获取更多的机会。

第十七篇

求人办事，活用心理策略获取对方帮助

让自己看起来**自信**

要想让别人重视自己，就要有一些让人信任的表现。

1.你要显得充满信心

为了使你显得出类拔萃，你可以常用肯定的表情，常微笑而不常皱眉，常开怀大笑而不常阴险冷笑。说话时不要吞吞吐吐，因为这让人觉得你不够坦率，欠缺潇洒。要常提对方的姓名，给人亲切感。让别人多谈自己，这是人们最喜欢的话题，对方也会因此而喜欢你。要学会尊重别人，要同情别人的困境，不要使别人难堪。要学会不嫉妒别人，显示你有宽阔的胸怀。会调侃自己是对自己有信心的表现。平常要多运动，使你精神饱满、头脑灵活。你还要相信自己一定会成功，这样不会甘心一辈子只当个小角色。要注意服饰，例如配上鲜艳的领带，配点小装饰，都让人觉得你很醒目。要让自己身上散发似有似无的某种清香，例如刮完胡子后，搽点润肤水。人的嗅觉是很灵敏的，而且对人的感觉影响比较大，所以你身上若散发出某种清香，可给人留下深刻印象。走路时要抬头挺胸，显得很自信。讲问题时可以卖卖关子，别一下捅破，让别人来问你。有条件的话学一门专长，如精通某一段历史、会演奏某种乐器等都是出众的本钱。最起码你要说话清楚，别让人觉得你老是喃喃自语，也别常带口头语。

2.要诚恳地对待别人

你要知道，实话也会伤人，所以说实话也要讲究技巧。要信守诺言，尽量不言而无信。前提是许诺要慎重，不轻易放弃原则。要有自己的见解，若人云亦云，别人不会认为你很真诚。要平等待人，无论是谁都要给予尊重，如果你对上司摇头摆尾，对下属却摆出一副冷面孔，人家会怎么看你？不要装模作样，这很容易被人看穿。要以本色示人，不要怕承认缺点，敢于面对自己的弱点，最易赢得别人的信赖。

3.不要让人觉得你正处在紧张的状态中

要克服紧张，首先要弄清自己在什么场合容易紧张，例如走进正在开会的房间、在上司面前等。你可以故意多到这种场合去，习以为常则见怪不怪了。或者练一套放松体操，坚持每天上床前练习，必有收效。也可以在手腕上套一根橡皮圈，感到自己又要紧张了，悄悄拉几下。

如果要克服紧张时的习惯动作，先要知道自己的习惯动作是什么。习惯动作都是无意识的，不知不觉中做出来的，所以必须留意才能察觉。还要弄清在什么情况下容易出现这种动作。然后再有意识地克服这种习惯性动作。同时克服自己的习惯性动作要有毅力，别指望长期养成的习惯一朝一夕就可以改掉。

4.注意细节修饰

你还必须注意服装配饰等的细节问题。如果一套笔挺的西装，里边却有一个肮脏的衣领，对方一定不会感到舒服。袜子也是一样，你坐着与人谈话时，脚会不自觉地伸出去或跷上来，袜子也就会暴露在人前，如果不干净、不整洁就会让人反感。

头发、牙齿、胡子也是应该经常修饰的部分。头发一定不要过长，否则就容易乱、容易脏，要按时理发，使自己的头发保持一个精神的式样。胡子要经常刮，牙齿要经常刷，口中不要有异味，尤其在出去谈判时一定不要吃有异味的食物。这么认真苛刻地对待自己的外表，也是你对对方的一种尊重。

如果你与对方谈判或请对方为你办某件事情的时候，衣衫不整、头发蓬乱，对方会感到不舒服，可能还会瞧不起你。对于自己的细节要时时注意，因为这些细节蕴含着丰富的内容。比如，像公文包、钢笔、笔记本、名片夹、手表、打火机等最好都要讲究些。

总之，尽可能地采取一些措施，让自己看起来自信，然后你在同别人办事时，就有了很大的把握和胜算。

满足对方心理是求其办事最好的铺垫

中国有句俗话，叫“篱笆立靠桩，人立要靠帮”。一个人要想一生有所成就，就必须有求人办事的能力。这个话题说起来很简单，可真正实施起来，又有多少人能轻松得手呢？我们常能听到这样的唠叨，“低三下四求人也未必求得动”，“软磨硬泡就算求动了人家也是不情愿，根本不会给你好好办”……

难道我们就不能让人家心甘情愿地帮忙吗？当然不是了。有求于人，你必须明确，要对方帮你，唯一有效的、事半功倍的方法就是使他自己情愿。那么，我们怎样才能让他人心甘情愿地“为我所用”呢？这就需要心理技巧了。

人的需要是各不相同的，每个人都有各自的癖好与偏爱。你首先应当让自己的计划满足别人的心理，然后你的计划才有

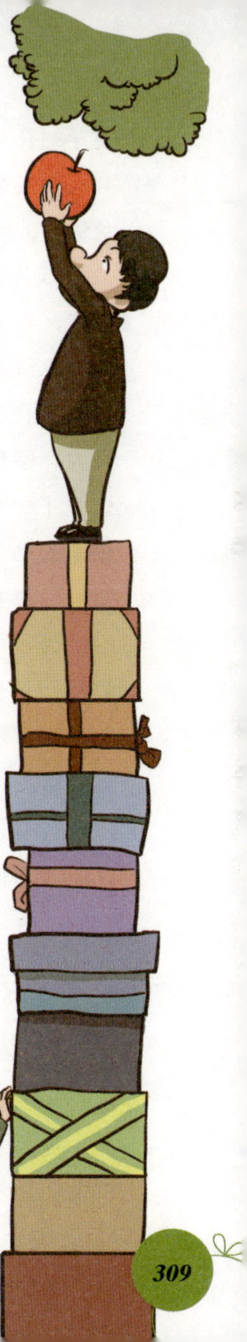

实现的可能。

例如，说服别人最基本的要点之一，就是巧妙地诱导对方的心理或感情，以使他人就范。如果你特别强调自己的优点，企图使自己占上风，对方反而会加强防范心。所以，应该注意先点破自己的缺点或错误，使对方产生优越感。

关于这一点，曾有一个非常有趣的故事。

有一位年轻人是美国有名的矿冶工程师，毕业于美国的耶鲁大学，又在德国的弗莱堡大学拿到了硕士学位。可是当年轻人带齐了所有的文凭去找美国西部的一位大矿主求职的时候，却遇到了麻烦。原来那位大矿主是个脾气古怪又很固执的人，他自己没有文凭，所以就不相信有文凭的人，更不喜欢那些文质彬彬又专爱讲理论的工程师。当年轻人前去应聘递上文凭时，满以为老板会乐不可支，没想到大矿主很不礼貌地对年轻人说：“我之所以不想用你就是因为你曾经是德国弗莱堡大学的硕士，你的脑子里装满了一大堆没有用的理论，我可不需要什么文绉绉的工程师。”聪明的年轻人听了不但没有生气，反而心平气和地回答说：“假如你答应不告诉我父亲的话，我要告诉你一个秘密。”大矿主表示同意，于是年轻人对大矿主小声说：“其实我在德国的弗莱堡并没

有学到什么，那三年就好像是稀里糊涂地混过来一样。”想不到大矿主听了却笑嘻嘻地说：“好，那明天你就来上班吧。”就这样，年轻人在一个非常顽固的人面前通过了面试。

或许你觉得那个大矿主的心理有问题，观念比较偏激、夸张，甚至有些滑稽，可年轻的工程师若不让矿主的“问题心理”得到满足，又怎么能让他聘请自己呢？

美国著名政治家帕金斯30岁那年就任芝加哥大学校长，有人怀疑他那么年轻是否能胜任大学校长的职位，他知道后只说了一句：“一个30岁的人所知道的是那么少，需要依赖他的助手兼代理校长的地方是那么的多。”就这短短一句话，使那些原来怀疑他的人一下子就放心了。人们遇到这样的情况，往往喜欢尽量表现出自己比别人强，或者努力地证明自己是有特殊才干的人，然而一个真正有能力的领袖是不会自吹自擂的，所谓“自谦则人必服，自夸则人必疑”就是这个道理。

在办事过程中，你要努力做到这点——先在心理上满足对方，这样事情就会变得简单、顺利多了。

适当转移话题，**调动对方的谈兴**

适当转移话题，调动对方的谈兴，也是求人办事过程中常用的一种方法。

比如，有些事通过直言争取对方的应允已告失败，或在自己未争取之前就已经明确了对方不肯允诺的态度，在这种情况下，就应该采取委曲隐晦、转移话题的办法了。“委曲”就是不直接出面或不直取目的，绕开对方不应允的事情，通过另外一个临时拟定的虚假目的做幌子，让对方接受下来，当对方进入自己设定的圈套之后，自己的真实目的也就达到了。所谓“隐晦”就是掩盖自己的真实目的，以虚掩实，让对方无从察觉。表面上好像自己没有什么企图，或者让对方感到某种企图并非始于自己，而是另外一个人。这样，对方可能就不再有戒备和有所顾虑，要办的事情处在这种无戒备和无顾虑的状态中显然要好办得多了。

委曲隐晦的最大特点就是含而不露或露而不显，在具体运用时有些小窍门需要认真领悟。

在运用这种技巧时，说话者首先要了解听者的心理和情感，这是说者必须掌握的说话技巧的基础。我们也只有在了解听者的心理和情感的基础上，才能正确地选择某个场合该讲什么、不该讲什么，哪些话题能够打动听众的心坎，能使听众产生共鸣。

人的情感是一种内心世界的东西，一般是捉摸不定、较难把握的。但是，在有些场合，人的内心的东西又常通过各种方式而外露。如果我们善于观察听者的一举一动，并能据此加以分析和推测，那么，我们是基本上可以掌握听者的心理和情感的。

某中学老师悉心钻研中国古典文学，出版了一本近20万字的有关诗歌的书籍。该校的文学社小记者得知情况后就到这位老师家采访，让老师介绍写书经验，只见那位老师面带难色，认为只是一个专题学习，谈不上什么经验。

小记者抬头望着墙上的隶书说：“老师，这隶书是您写的吧？”

老师：“是的！”

小记者：“那么请您谈谈隶书的特点，好吗？”

这正是老师感兴趣和愿意谈的话题，师生之间的感情逐渐变得融洽起来。

这时，小记者不失时机地说：“老师，您对隶书很有研究，我们以后还要请您多加指导。不过，我们现在十分想听听您是怎样写成《中国诗歌发展史》这一书的。”此刻，老师深感盛情难却，也就只好加以介绍了。

由此可见，当某个话题引不起对方的兴趣时，要有针对、有选择地挑选新的话题，以激起对方的谈兴。如同运动员谈心理与竞技的关系，同外交人员谈公共关系学，两人肯定会一拍即合，谈兴大发。

值得注意的是，换题以后，劝说者还要注意在适当时机及时将话头引入正题。因为换题只是为了给谈正题打下感情基础，而非交谈的真正目的，所以，当所换之题谈兴正浓，双方感情沟通到一定程度时，劝说者就要适可而止，将话锋转入正题。

20世纪80年代，广东省某玻璃厂就玻璃生产的有关事项同国外某玻璃公司进行谈判。在谈判过程中，双方在全套设备同时引进还是部分引进的问题上发生分歧，各执一端，互不相让，使谈判陷入僵局。在这种情况下，我方玻璃厂的首席代表为了使谈判达到预定的目标，决定主动打破这个僵局。可是怎么才能使谈判出现转机呢？谈判代表思索了一会儿，带着微笑，换上一种轻松的语气，避开争执的问题，向对方说："你们公司的技术、设备和工程师都是一流的。用一流的技术、设备与我们合作，我们能够成为全国第一。这不单对我们有利，而且对你们也有利。"

对方公司的首席代表是位高级工程师，一听到称赞自己公司的技术、设备和工程技术人员，十分高兴，谈判的气氛一下子就轻松活跃起来了。我方代表看到对方表示出兴趣，则趁势将话题又一转，说道："但是，我们厂的外汇的确有限，不能将贵公司的设备全部引进。现在，我们知道，法国、比利时和日本都在跟我们北方的厂家搞合作，如果你们不尽快跟我们达成协议，不投入最先进的技术和设备，那么你们就可能失去中国的市场，人家也会笑你们公司无能。"

由于我方代表成功地奏出投其所好、开诚布公、国际竞争扭转局面的三部曲，使双方的僵持局面完全被打破，在和谐的气氛中，双方在一个新的起点上进一步讨论，最后终于达成了对我方有利的协议。

因此，当你与别人办事进入某种僵局时，你最好采取适当转移话题的办法，从另一个角度同对方谈话，以此调动对方的谈兴。在不知不觉中，你再把话题拉回来，顺利办成你想办之事。

“理直气壮”的理由对方更容易接受

求人办事也要名正言顺，要有个理由，有个说法，给个交代，或找个借口，做个解释。在求人的理由上做文章，实际上就是为自己的求人办事寻找一个好借口。

人类是理性的动物，不论什么事情，希望能给别人个说法。即使是个无赖之人，也不愿让人说自己无理取闹，他们总会有自己的“歪理”；皇帝杀臣下、除异己，也得给文武大臣有个解释，真是“欲加之罪，何患无辞”。在求人办事中，我们也总要为自己找个借口。借口随处都需要，只是编造技术有好有赖。

找人办事总是要找一定理由的，但具体应该怎样找理由就应该多下一番功夫了。

以广告人为例，他们可以说个个都是找借口的高手。当速溶咖啡在美国首度推出时，曾有这样一段故事。公司方面本来预测这种咖啡的“简单”“方便”会大受家庭主妇的欢迎，没想到事与愿违，其销售并无惊人之处。姑且不论味道问题，大概是因为“偷工减料”的印象太强的关系。因为在美国，到那时为止，咖啡一直都是必须在家里从磨豆子开始做起的饮料，只要注入热水就能冲出一

大杯咖啡来，怎么看都太过便宜了。

所以，厂商便从“简单”“方便”的正面直接宣传，改为强调“可以有效利用节省下来的时间”的广告战略——“请把节省下来的时间，用在丈夫、孩子的身上”。

这种改变形象的做法，去除了身为使用者的主妇们所谓“对省事的东西趋之若鹜”的内疚，因为“我使用速成食品，一点也不是为了自己的享乐，而是因为可以把节省下来的时间用到家人身上”。此后，销售量年年急速上升，自是不在话下。

人都是这样，办事情讲究名正言顺，你给他一个名，他是很乐于做些事情的，尤其是事情对自己有利的时候。实际上，嗜酒者从不主动要求喝酒，却以“只要你想喝，我陪你喝”，或者“我奉陪到底”“舍命陪君子”这类借口来达到心愿，表面上既不积极，也不干脆。

如果你想在交际中如鱼得水，就一定要擅长这方面，即在办某件事时总要找个理由作为依托，这样才算圆满。而且在这种理由的掩盖下，即使他知道自己的责任，也会一味推卸。利用人们的这种心理，先替对方准备好借口，对方就不会再推辞。比如，送礼给人时，先要说：“你对我太照顾了，不知如何感激，这是我一点小意思，请您接受。”由于有了借口，所以对方减少了内疚意识，定会欣然接受礼物。

总之，在求人办事时，先在理由上做足文章，为办事找个台阶。

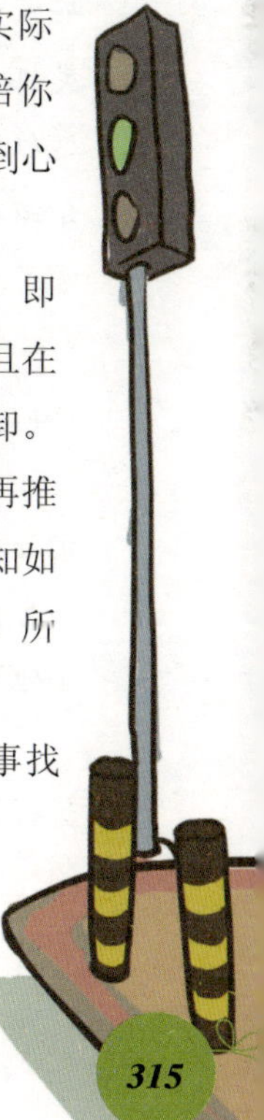

不好意思直接开口求人，**可借他人之口**

有事情想求别人帮忙，但由于很多原因，你又不好直接开口说，这种情况下，你不妨借别人的口，说自己的话。事实证明，这是求人办事的一个重要的技巧。难堪的事经由“我听人说”一打扮，就变得不再尴尬；有风险的话，通过别人传过去，便有了进退的余地；不想或不便直接面对的人，也可经第三者从中周旋，穿针引线，解决问题。有这样一个例子。

一个推销百叶窗帘的推销员偶然得到一条消息：某公司要安装百叶窗帘，而且其经理和某局长又是老相识，这位推销员灵机一动，就想出了一个接近对方的好办法。于是他便打听到这位经理的所住之处，然后提着一袋水果前去拜访。在彼此都介绍之后，推销员这样说道：“这次能找到您的门，实在是多亏了刘局长的介绍，他还请我替他向您问好呢……”

“说实话，第一次与您见面就十分高兴……听刘局长说，你们公司现在还没有装百叶窗帘……”

第二天，百叶窗帘一事自然就成交了。这位推销员的高明之处就是他有意地撇开自己，借“刘局长介绍”，来说出自己的目的，这种很巧妙地借他人之力的方法，让对方很快就接受了他的请求。

社会本来就纷繁复杂，虚虚实实、真真假假，谁又能去时刻提高警惕辨别真假呢？因此这就为那些懂得留心的人创造了绝佳的机会。

某天下午，李刚来到他的一个朋友的朋友家中，并且还带来了朋友的一封介绍信。他们彼此一番寒暄客套之后，李刚接着说："此次真是幸会啊，因为我们赵科长极为敬佩您的才华，叮嘱我若拜访你时，务必请您在这本书上签下名……"边说边从公文包里取出这位朋友最近出版的一本新书，于是这位朋友不由自主地便信任起李刚来。

在这里，赵科长的仰慕和签名的要求只不过是一个借口，李刚的目的是想对这位朋友进行恭维，使他高兴。

而李刚使用这种巧妙的方法有意撇开自己，用"我的上司是您的忠实读者"这种借他人之口，传自己之意的方法，就比"我崇拜您"来得更巧妙、更有效，同时又不显露出自己的故意谄媚，因此更容易使人接受。尤为高超的是，他已将这位朋友的书提前准备好了。

像这种求人的高明手段，确实是让人难以招架，更不失为一个求人办事的好方法。

对于两个素不相识、陌路相逢的人来说，你求他办事的原因是你与他是朋友的朋友、亲戚的亲戚，显然这是十分牵强的。但是，一般人是不会不给朋友面子，也不至于让你吃闭门羹的。而这个方法是你求人的一条捷径。

在求人的时候，通过第三者的话，用来传达自己的心情与愿望，这在求人过程中也是一件很正常的事情。有时人们会不自觉地发挥这一技巧。比如说："我听同学王林说，你是个特别热心的人，求你办事准错不了……"但是要当心，这种话不能说得太离谱了，不然就有可能会闹出笑话，最好是事先做一些调查和研究。

比如，为了事先了解对方，可向他人打听有关对方的情况。第三者提供的情况是很重要的，尤其是与被求者的初次会面有重大意义时，更应该尽可能多地收集对方的资料。但是，对于第三者提供的情况，也不能全套照搬，还要根据需要有所取舍，配合自己的临场观察、切身体验灵活引用。同时，还必须切实弄清这个第三者与被求者之间的关系。这一点非常重要，不然说不定效果适得其反。

没话的时候要找话说，**制造融洽氛围**

在办事过程中，与人谈话时要善于寻找话题，也就是要学会没话找话说的本领。

所谓“找话”就是“找话题”。写文章，有了个好题目，往往会文思泉涌，一挥而就；交谈，有了好话题，就能使谈话融洽自如。好话题，是初步交谈的媒介、深入细谈的基础、纵情畅谈的开端。好话题的标准是：至少有一方熟悉，能谈；大家感兴趣，爱谈；有展开探讨的余地，好谈。

但值得注意的是，那种不分场合地说三道四或不分形势地东拉西扯、没话找话是十分让人反感的，势必令人不愉快。但事无绝对，求人办事时，如果掌握住一

定的原则，没话找话说一样能够融洽气氛。这两条原则如下：

1.兴趣原则

你找别人办事有时需要从一个话题入手，这种时候自己感兴趣而对方不感兴趣的话题应该少谈或不谈。比如对方对足球既不爱好，又不感兴趣，你却滔滔不绝，说得津津有味，他不仅插不进话，相反让他感到厌恶；对方感兴趣而自己不感兴趣的话题，应该适时暗示，可以利用对方谈话中的基本内容，把话题顺势转移开去，也可以借用对方谈话中的某个细节，把话题转移到别的内容上去；对于双方都有兴趣的话题，则不应轻易偏离，要相互补充、相互渗透。

2.相似因素

人们都喜欢同在某方面或多方面与自己相似的人说话。比如，你在外地碰到同一地域的人，你操家乡口音，对方会感到亲切，因为文化背景相同。在年龄上，老年人爱与老年人做伴，青年人爱与青年人交往，这是由于年龄相似，彼此的兴趣爱好和节奏都容易协调。如果你与所要交谈的对象年龄上差距过大，作为主动者，你应力求找出与对方年龄结构相符合的话题。与社会地位与经济条件不如自己的人交谈，千万不能闭口摆架子、张口摆阔

气，否则势必使对方产生逆反心理和不满情绪，出现“话不投机半句多”的局面。

人类学家沙勃说过：“社会是人际关系的联络网，主要靠沟通活动来维持。”人不可能时时处处都置身于熟人圈中，应该认识到，一个人在熟人圈里需要交际，在陌生的环境中也需要沟通。像上述场合之中，“没话找话”既能避免冷场，使气氛和谐，更能使生人变熟人、路人变朋友。

当然这种初次交往中的没话找话，又必须找得准确，说得得体，说得有情感。白居易说：“动人心者莫先于情。”与人交谈，要使“快者掀髯，愤者扼腕，悲者掩泣，羡者色飞”，唯有炽热的感情。倘若你自身对所谈的内容缺乏热情，语气显得冷漠，无动于衷，你又怎能感染对方，激起对方心灵的共振呢？

此外，和陌生人成为朋友，是锻炼没话找话说的好途径，是扩大横向联系的机会，是求知学习的好渠道，这不失为提高办事能力的好办法。

以礼相待，多用敬语好求人

求人办事过程中，无论双方的地位高低、年纪大小、辈分长幼，在人格上都是平等的。所以，切不可盛气凌人、自以为是、唯我独尊。谈话时，要把对方作为平等的交流对象，在心理上、用词上、语调上，体现出对对方的尊重。尽量使用礼貌语，谈到自己时要谦虚，谈到对方时要尊重。恰当地运用敬语和自谦语，不仅可以显示你的个人修养、风度和礼貌，而且有助于你把事情办成。

例如，在外出办事时，如果双方约定见面又有其他人在场，主人为你介绍时，你应当如何表示才算合乎礼节呢？一般说来，介绍时彼此微微点头，互道一声：某某先生（或小姐）您好！或称呼之后再加一句“久仰”便可以了。介绍时你还应该注意，如果你是坐着的，那你就应该站起来，互相握手。但如果相隔太远不方便握手，互相点头示意即可。随身带有名片的此时也可交换，交换时应双手奉上，并顺便说一声“请多多指教”之类的客套话。接名片时也应用双手，并礼貌地说一声“不敢当”等，自己若带着也应随后立刻递给对方。如果你是介绍人，介绍时就务必要做到清楚明确，不要含糊其词。比如，介绍李先生时最好能补上一句“木子李”或介绍张先生时补一句“弓长张”，这样使对方听起来更明确，不容易发生误会。如果被介绍的一方或双方有一定的职务时，最好能连同单位、职务一起简单介绍，如“这位是某某公司的业务经理某某同志”，这样可使对方加深印象，也可以使被介绍者感到满意。

还有，如果你外出、旅游或者初到一个陌生的地方，可能会出现地址不清或对当地的风俗习惯不了解等状况，这就需要询问别人。要想使询问得到满意的答复，就要做到这样两点：

一是要找对知情人，主要是指找当地熟悉情况的人。比如，问路可以找民警、司机、邮递员、老年人等。

二是要注意询问的礼节，要针对不同的被询问者和所问问题区别对待。比如，询问老年人的年龄时可适当地说得年轻一些，而询问孩子的年龄时则应当大一些；询问文化程度时最好用“你是哪里毕业的”“你是什么时候毕业的”等较模糊的问句等。注意询问时不要用命令性的语气，当对方不愿回答时就不要追根问底，以免引起对方不快。

此外，请求别人的帮助时，应当语气恳切。向别人提出请求，虽无须低声下气，但也绝不能居高临下、态度傲慢。无论请求别人干什么，都应当“请”字当头，即使是在自己家里，当你需要家人为你做什么事时，也应当多用“请”字。向别人提出较重大的请求时，还应当把握恰当的时机。比如，对方正在聚精会神地思考问题或操作实验，对方正遇到麻烦或心情比较沉重时，最好不要去打扰他。如果你的请求一旦遭到别人的拒绝，也应当表示理解，而不能强人所难，更不能给人脸色看，不能让人觉得自己无礼。

第十八篇

朋友相处，善用策略让彼此更亲近

深交靠得住的朋友，**才能永远借力**

法国作家罗曼·罗兰曾说过这样一段话：“得一知己，把你整个的生命交托给他，他也把整个的生命交托给你。终于可以休息了：你睡着的时候，他替你守卫；他睡着的时候，你替他守卫。能保护你所疼爱的人，像小孩子一般信赖你的人，岂不快乐！而更快乐的是倾心相许、剖腹相示，把自己整个儿交给朋友支配。等你老了、累了，多年的人生重负使你感到厌倦的时候，你能够在朋友身上再生，恢复你的青春与朝气，用他的眼睛去体会万象更新的世界，用他的感官去抓住瞬息即逝的美景，用他的眼睛去领略人生的壮美……即便是受苦也是和他一块受苦！只要能生死与共，即便是痛苦也成了快乐！”

没错，患难与共的朋友，才是真正的朋友。而真正的朋友是那种当你遇到困难的时候，能够全力相助的人。在你的人脉中，这种朋友绝对是必不可少的。

晋代有一个叫荀巨伯的人，有一次去探望朋友，正逢朋友卧病在床。这时恰好敌军攻破城池，烧杀掳掠，百姓纷纷携妻挈子，四散逃难。朋友劝荀巨伯："我病得很重，走不动，活不了几天了，你自己赶快逃命去吧！"

荀巨伯却不肯走，他说："你把我看成什么人了？我远道而来，就是为了看你。现在，敌军进城，你又病着，我怎么能扔下你不管呢？"说着便转身给朋友熬药去了。

朋友百般苦求，叫他快走，荀巨伯却端药倒水安慰说："你就安心养病吧，不要管我，天塌下来我替你顶着！"

这时"砰"的一声，门被踢开了，几个凶神恶煞般的士兵冲进来，冲着他喝道："你是什么人？如此大胆，全城人都跑光了，你为什么不跑？"

荀巨伯指着躺在床上的朋友说："我的朋友病得很重，我不能丢下他独自逃命。"并正气凛然地说："请你们别惊吓了我的朋友，有事找我好了。即使要我替朋友去死，我也绝不皱眉头！"

敌军一听愣了，听着荀巨伯的慷慨言语，看看荀巨伯的无畏态度，很是感动，说："想不到这里的人如此高尚，怎么好意思侵害他们呢？走吧！"说完，敌军便撤走了。

患难时体现出的情义能产生如此巨大的威力，说来不能不令人惊叹。这种朋友就是能够显示自己本色的人，他没有虚假的面具，能够与你真心交往，与你同甘共苦。这种人肯定不是浅薄之徒。他们有着丰富的精神世界，能帮助你不断地进取，成为你终生的骄傲。

这种靠得住的朋友一定要深交，因为他们是你人脉中难得的“真金”，是你在拓展人脉时需要重点注意的一类朋友。正如纪伯伦曾说过：“和你一同笑过的人，你可能把他忘掉；但是和你一同哭过的人，你却永远不会忘记。”

结交几个“忘年知己”，友谊路上多份力

培根就曾这样论述过：“青年的性格如同一匹不羁的野马，藐视既往，目空一切，好走极端，勇于改革而不去估量实际的条件和可能性，结果常常因浮躁而冒险，老年人则比较沉稳。最好的办法是把两者的特点结合起来。”这样，年轻人就可以从老年人身上学到坚定的志向、丰富的经验、深远的谋略和深沉的感情。而且，老年人丰厚的人际关系资源，可以为年轻人提供广泛的门路。

罗曼·罗兰23岁时在罗马同70岁的梅森堡相识，后来梅森堡在她的一本书中对这段忘年交做了深情的描述：“要知道，在垂暮之年，最大的满足莫过于在青年心灵中发现和你一样向理想、向更高目标的突进，对低级庸俗趣味的蔑视……多亏这位青年的来临，两年来我同他进行最高水平的精神交流，通过这样不断地激励，我又获得了思想的青春和对一切美好事物的强烈兴趣……”

这就是我们常说的“忘年之交”。一方面它是一种心灵相通，另一方面也具有现实的意义。往往老年人非常喜欢与人交往，以获得尊重，同时，老年人也希望通过帮助别人来获得自我价值的实现。

崔明明一人独自来到北京，到北京大学作家班学习。通过上课，认识了一位老教授，通过彼此的老乡关系慢慢熟起来。崔明明独特而新颖的思路吸引了老教授，他们成为忘年交。等到作家班结束后，老教授通过关系将他介绍到了一家效益好的出版社。从此，崔明明打开了社会关系，也在北京站稳了脚跟。

通过忘年交这种方式，我们也可以结识到优势互补的朋友。

很简单，年轻人有年轻人的优势，而老年人则有老年人的优势。年轻人有激情、有创造性，而老年人有经验、有方法，年轻人要想在事业上获得迅速发展肯定离不开老年人的提携和帮助。然而，由于年轻人与老年人在思想、感情、思维方法和心理品质上存在较大差异，因此，年轻人与老年人在交往方面容易产生“代沟”。

但是我们不能因为代沟的存在而阻断与老年人的交往，这种代沟是必须要填平的。因为任何社会阶段都要靠各个年龄层次的人的相互作用来发展，这种作用既有选择性的继承，也有创造性的发挥和扬弃。加强年轻人与老年人之间的交流与沟通，对双方乃至对整个社会的发展都具有十分重要的意义。

要加强两方之间的沟通，年轻人必须客观地、辩证地认识老年人与年轻人各自的长短优劣之处，看到这种沟通对双方不同的互补功能。

所以，朋友之间的交往并不局限于同时代、同年龄段的人，这些人相对来讲更加与你接近，但是，与你的前辈相处时，你会发现他们更加能够吸引你。虽然存在代沟，但是一旦形成忘年交，就会发出耀眼的光芒。

“穿朋友的鞋子”，增进彼此交情

生活本来就充满矛盾，这是人与人之间产生误解和隔阂的根源，是通向友谊王国的“拦路虎”。与真心朋友交往就要给对方多一些理解，多站在别人的立场和角度来为他着想，这也就是所谓的“穿朋友的鞋子”。

学会“穿朋友的鞋子”，许多事不必说他就能心领神会。同样，朋友也会深知你心中的每一根琴弦和音调，在你刚刚弹出第一个音符的时候，他已经知道了整个乐曲的内容。

多站在对方的立场上看问题——这是成功学大师卡耐基曾总结出的一条重要的交际经验。因为人们在交流中，分歧总占多数。卡耐基希望缩短与对方沟通的时间，消除差异，提高会谈的效率，为此他苦恼了好久。直到有人给他讲了一个故事——犯人的权利，他才从中领悟到这条交际原理。

某犯人被单独监禁。有一天，他忽然嗅到了一股万宝路香烟的香味。于是，他走过去，通过门上一个很小的缝隙口，看到门廊里有个卫兵深深地吸了一口烟，然后美滋滋地吐出来。这个囚犯很想要一支香烟，所以，他用手客气地敲了敲门。

卫兵慢慢地走过来，傲慢地喊：“想要什么？”

囚犯回答说：“对不起，请给我一支烟……就是你抽的那种：万宝路。”

卫兵错误地认为囚犯是没有权利的，所以，他用嘲弄的神态“哼”了一声，就转身走开了。

这个囚犯却不以为然。他认为自己有选择权，他愿意冒险检验一下自己的判断，所以他又敲了敲门。这回，他的态度是威严的，和前一次明显不同。

那个卫兵吐出一口烟雾，恼怒地转过头，问道："你又想要什么？"

囚犯回答道："对不起，请你在30秒之内把你的烟给我一支。不然，我就用头撞这混凝土墙，直到弄得自己血肉模糊，失去知觉为止。如果监狱当局把我从地板上弄起来，让我醒过来，我就发誓说这是你干的。当然，他们绝不会相信我。但是，想一想你必须出席每一次听证会，你必须向每一个听证委员证明你自己是无辜的；想一想你必须填写一式三份的报告；想一想你将卷入的事件吧——所有这些都只是因为你拒绝给我一支劣质的万宝路！就一支烟，我保证不再给你添麻烦了。"

最后，卫兵从小窗里塞给他一支烟。为什么呢？因为这个卫兵马上明白了事情的得失利弊。

这个囚犯看穿了卫兵的弱点，因此达成了自己的要求——获得一支香烟。

卡耐基通过这个故事想到自己：如果自己能站在对方的立场上看问题，不就可以知道他们在想什么、想得到什么、不想失去什么了吗？仅仅是转变了一下观念，学会站在对方的立场看问题，卡耐基就立刻获得了一种快乐——找到一种真理的快乐。

怎样做到善解人意呢？你必须保持对对方“同感”的理解，其实这也是一种说话技巧。

所谓“同感”就是对于对方所述，表示自己有类似的想法和经历。比如吴倩以十分认真的语调告诉她的好朋友李蓉，她想自杀。李蓉不是去问她为什么，也不板起脸孔说教一番，而是说“是啊，我曾经也有过同样的想法，记得是那天发生的一件事，使我看到了人为什么要勇敢地活下去……”结果吴倩就轻松地谈起了她的烦恼与苦闷。李蓉边听边点头，表示理解和关注。后来吴倩不但勇敢地活了下去，并且做出了成绩。她和那位善解人意的李蓉的友谊愈来愈深了。

要想达到与人情感沟通，就要注意对方。当对方对某一事物表露出一种情感倾向时，你就要对他所说的这件事表达同样的感受，而且激烈些，于是你们就谈到一起了。

真诚理解是友谊的纽带，是成为知己朋友的情感基础，我们不必把其看得过于高深。理解就在你的身旁，理解就在每天琐碎的日常生活当中，而我们能做的，只是在人际交往中，设身处地地多为他人着想。

“刺猬哲学”才是交友之道

叔本华曾经讲过一个“刺猬哲学”：一群刺猬在寒冷的冬天相互接近，为的是通过彼此的体温取暖以避免冻死，可是很快它们就被彼此身上的硬刺刺痛，相互分开；当取暖的需要又使它们靠近时，又重复了第一次的痛苦，以至于它们在两种痛苦之间转来转去。直至它们发现一种适当的距离使它们能够保持互相取暖而又不被刺伤为止。

正如一句话说得好：“距离产生美。”再好的朋友如果天天见面，也未必是一件好事。保持一定的距离，这样才能让友谊之情长久！

交到好朋友难，而保持友情更难。彼此是好朋友，那为何还要保持距离？这样会不会让朋友间彼此疏远，显得缺乏继续交往下去的诚意呢？你肯定会为这些问题担心。但事实证明，很多人友情疏远，问题就恰恰出在这种形影不离之中。

距离是人际关系的自然属性。有着亲密关系的两个朋友也毫不例外，成为好朋友，只说明你们在某些方面具有共同的目标、爱好或见解，能进行心灵的沟通，但并不能说明你们之间是毫无间隙、可以融为一体的。任何事物都存在着其独自的个性，事物的共性存在于个性之中。共性是友谊的连接带和润滑剂，而个性和距离则是友谊相吸引并永久保持其生命力的根本所在。

人一辈子都在不断地交新的朋友，但新的朋友未必比老的朋友好，失去友情更是人生的一种损失，因此要强调：好朋友一定要“保持距离”！

在文坛，流传着一个关于两位文学大师的故事：

加西亚·马尔克斯是1982年诺贝尔文学奖获得者，巴尔加斯·略萨则是近年来被人们说成是随时可能获得诺贝尔文学奖的西班牙籍秘鲁裔作家。他们堪称当时世界文坛最令人瞩目的一对冤家。他俩第一次见面是在1967年。那年冬天，刚刚摆脱"百年孤独"的加西亚·马尔克斯应邀赴委内瑞拉参加一个他从未听说过的文学奖项的颁奖典礼。

当时，两架飞机几乎同时在加拉加斯机场降落。一架来自伦敦，载着巴尔加斯·略萨；另一架来自墨西哥城，它几乎是加西亚·马尔克斯的专机。两位文坛巨匠就这样完成了他们的历史性会面。因为同是拉丁美洲"文学爆炸"的主帅，他们彼此仰慕、神交已久，所以除了相见恨晚，便是一见如故。

巴尔加斯·略萨是作为首届罗慕洛·加列戈斯奖的获奖者来加拉加斯参加授奖仪式的，而马尔克斯则专程前来捧场。所谓殊途同归，他们几乎手拉着手登上了同一辆汽车。他们不停地交谈，几乎将世界置之度外。马尔克斯称略萨是"世界文学的最后一位游侠骑士"，略萨回称马尔克斯是"美洲的阿马迪斯"；马尔克斯真诚地祝贺略萨荣获"美洲诺贝尔文学奖"，而略萨则盛赞《百年孤独》是"美洲的《圣经》"。此后，他们形影不离地在加拉加斯度过了"一生中最有意义的4天"，制定了联合探讨拉丁美洲文学的大纲和联合创作一部有关哥伦比亚——秘鲁关系小说。略萨还对马尔克斯进行了长达30个小时的"不间断采访"，并决定以此为基础撰写自己的博士论文。这篇论文也就是后来那部

砖头似的《加夫列尔·加西亚·马尔克斯：弑神者的历史》（1971年）。

基于情势，拉美权威报刊及时推出了《拉美文学二人谈》等专题报道，从此两人会面频繁、笔交甚密。于是，全世界所有文学爱好者几乎都知道：他俩都是在外祖母的照看下长大的，青年时代都曾流亡巴黎，都信奉马克思主义，都是古巴革命政府的支持者，现在又有共同的事业。

作为友谊的黄金插曲，略萨邀请马尔克斯顺访秘鲁，后者可谓求之不得。在秘鲁期间，略萨和妻子乘机为他们的第二个儿子举行了洗礼；马尔克斯自告奋勇，做了孩子的教父。孩子取名加夫列尔·罗德里戈·贡萨洛，即马尔克斯外加他两个儿子的名字。

但是，正所谓太亲易疏。多年以后，这两位文坛宿将终因不可究诘的原因反目成仇、势不两立，以至于1982年瑞典文学院不得不取消把诺贝尔文学奖同时授予马尔克斯和略萨的决定，以免发生其中一人拒绝领奖的尴尬。当然，这只是传说之一。有人说他俩之所以闹翻是因为一山难容二虎，有人说他俩在文学观上发生了分歧或者原本就不是同路。更有甚者是说略萨怀疑马尔克斯看上了他的妻子，这听起来荒唐，但绝非完全没有可能。后来，没有人能再把他们撮合在一起。

可见，朋友相处，重要的是双方在感情上的相互理解和遇到困难时的互相帮助，而不是了解

一些没有必要的东西。也可以说，心灵是贴近的，但肉体应是保持距离的。

中国古老的箴言“君子之交淡如水”，便饱含这一道理。那么，真诚地对待你的朋友时，保持距离、用心经营才是上上策。

朋友相处，**不要为人情包袱所累**

很多人都知道“人脉”对成功的重要性，都懂得“感情投资”，放长线钓大鱼。同时人们都很讲究面子，如果谁欠别人的情分太多，就会感到有失面子，人情就会像包袱一样使人不堪重负。

人说“滴水之恩”尚需“涌泉相报”，若欠的人情多了，你能有多少个“涌泉”呢？这是一个方面。另一方面，人情也需要保持一种大体上的平衡，你欠了别人一份小情，如果还了大情，对方反而会不自在；而若欠得久了，还不上这份人情，对你来说又是一种包袱、一种负担。所以，聪明的人总是尽量不欠别人太多的人情，也争取找机会把人情还上，以卸掉自己心头的人情包袱。

《论语》上说：“惠则足以使人。”意思是说，给你恩惠就足以使唤你了。所以，面对朋友施予的小恩小惠、大恩大惠，在接受时要慎重，能不接受的尽量不接受。“吃了人家的嘴软，拿了人家的手短”。嘴软了，在人家面前说话便不仗义；手短了，在人家面前就难以再伸手。

然而，人与人间的礼尚往来是极其正常的。别人带来的东西，你不收，他觉得你不给面子，你再让他带回去，更是有损他的尊严了。所以，你也不能太驳人家的面子，盛情难却，你可以暂时收下，但必须根据对方礼物的轻重将这个人情送回去。你要去回访他，带着差不多价值的礼物，两下扯平，也不会伤了和气。

避免人情债，要有自知之明。

自己应该是最了解自己的，能吃几碗饭，能干多少事。然而，有的人就爱打肿脸充胖子，自认为自己特有能耐，别人一求，马上一拍胸脯，包在身上。更有甚者，明知自己办不成，还硬往自己身上揽。

三国时的蒋干就是这么一个人，他自以为了不起，认为自己的口才可以同春秋战国连横合纵的雄辩天才相比。他向曹操自荐去说服周瑜投降曹操，而且信心十足。青衣小帽，再加一个书童，一叶扁舟就去见周瑜。周瑜岂是无能之辈？年纪轻轻便能统率百万军队，岂是一个同窗的说客可以动摇的？蒋干来至周瑜的兵营，连三句半都没说上，被周瑜耍得团团转，最后走得也不正大光明，带回的密信让曹操上了当，损失两员大将。

蒋干就是有点自不量力，事没办好不说，居然还上了人家的当。办事千万别逞强，办不成的事，要老实地说，没什么不好意思的。

简而言之，别人之所以来找你，就因为他也办不成，别因为你帮不上别人的忙而不好受，与其将事情搞砸，还不如让他另请高明。这样可以避免背上人情的包袱，你的人生之路也会轻松很多。

让朋友表现得比你出色

每个人都希望自己比别人优秀，我们在对待朋友时，要尽量让其表现得比你出色，这样既表现出自己的谦虚，又让朋友喜欢你，达到融洽的交际关系，两全其美，何乐而不为呢？

法国哲学家罗西法古说：“如果你要得到仇人，就表现得比你的朋友优越吧；如果你要得到朋友，就要让你的朋友表现得比你优越。”

为什么这句话是事实？因为当我们的朋友表现得比我们优越，他们就有了一种重要人物的感觉；但是当我们表现得比他们更优越，他们就会产生一种自卑感，造成羡慕和嫉妒。

纽约市中区人事局最得人缘的工作介绍顾问是亨丽塔，但是过去的情形并不是这样。在她初到人事局的头几个月当中，亨丽塔在她的同事之中连一个朋友都没有。为什么呢？因为每天她都使劲吹嘘她在工作介绍方面的成绩、她新开的存款户头，以及她所做的每一件事情。

“我工作做得不错，并且深以为傲，”亨丽塔对拿破仑·希尔说，“但是我的同事不但不分享我的成就，而且还极不高兴。我渴望这些人能够喜欢我，我真的很希望他们成为我的朋友。在听了你提出来的一些建议后，我开始少谈我自己而多听同事说话。他们也有很多事情要说，把他们的成就告诉我，比听我说更令他们兴奋。现在当我们有时间在一起闲聊的时候，我就请他们把他们的欢乐告诉我，好让我分享，而只在他们问我的时候我才说一下我自己的成就。”

苏格拉底也一再地告诫他的门徒：“你只知道一件事，就是你一无所知。”

无论你采取什么方式指出别人的错误——一个蔑视的眼神、一种不满的腔调、一个不耐烦的手势，都有可能带来难堪的后果。你以为他会同意你所指出的吗？绝对不会！因为你否定了他的智慧和判断力，打击了他的荣耀和自尊心，同时还伤害了他的感情。他非但不会改变自己的看法，还要进行反击，这时，你即使搬出所有柏拉图或康德的逻辑也无济于事。

永远不要说这样的话：“看着吧！你会知道谁是谁非的。”这等于说：“我会使你改变看法，我比你更聪明。”这实际上是一种挑战，在你还没开始证明对方的错误之前，他已经准备迎战了。为什么要给自己增加麻烦呢？

有一位年轻的纽约律师，他参加了一个重要案子的辩论，这个案子牵涉一大笔钱和一项重要的法律问题。在辩论中，一位最高法院的法官对年轻的律师说：“海事法追诉期限是6年，对吗？”

律师愣了一下，看看法官，然后率直地说：“不。庭长，海事法没有追诉期限。”

这位律师后来说："当时，法庭内立刻静默下来，似乎连气温也降到了冰点。虽然我是对的，他错了，我也如实地指了出来，但他却没有因此而高兴，反而脸色铁青，令人望而生畏。尽管法律站在我这边，但我却铸成了一个大错，居然当众指出一位声望卓著、学识丰富的人的错误。"

这位律师确实犯了一个"比别人正确的错误"。在指出别人错了的时候，为什么不能做得更高明一些呢？

因此，我们对于自己的成就要轻描淡写。我们要谦虚，这样的话，永远会受到欢迎。

要比别人聪明，但不要告诉人家你比他更聪明。

与朋友说话时的**三大禁忌**

不要以为对方是你的朋友，是认识你的人，说话就毫无忌惮。有的时候，可能是你自己的一个小习惯，在说话的时候无意间表现出来，惹得双方都不愉快。

那么在和朋友说话时，就要注意以下三大禁忌：

1.最忌讳废话

人与人之间交流的时候，最忌讳的是多言或废话，尤其是用一句话能说清楚的事情，或者简单几句话就能表达出的意思，就不要说过多无用的话。其实朋友之间很多的话不必说得非常明白，对方也能领会，要对对方有信心。当然，这是一种沟通的技巧，需要双方的默契。

所谓最好的说话技巧，就是能够在话题开始的时候，很自然地把意思表达出来。如果为了表达一个意思，不断地解释，增加不必要的废话，只能招人讨厌。

2.炫耀又爱说教，是最糟糕的习惯

每个人都有爱表现的心理，只不过各自表现的方式不一样。其实习惯说废话的人就是出于一种爱表现的心理，这样的人让人难以接受，但是如果你不仅废话多，还喜欢炫耀和说教，那简直让人无法忍受了。

从心理学角度看，爱表现其实是一种反映当事人向上求进步的愿望，所以并非坏事，但凡事总要有个限度，如果过于炫耀自己，比如学历、职业、出身等，还喜欢对别人说三道四，那必定会失去朋友，大家都会对你敬而远之。

其实，喜欢炫耀自己、对别人说三道四的人往往并没有多少才学，这样做不过是一种自卑的表现，拿自己仅有的优势招摇，就怕别人不知道。真正有才学的人是不会这样做的，因为他们知道，不用言语，人们也迟早会知道自己的优点。

喜欢炫耀的人，习惯不停地说“我如何如何……”，不停地向周围人表达自己的见解，而且还动不动就训斥别人，用说教的口气切断自己的人际关系。如果你喜欢对比你辈分低或地位低的人说教，不仅不会让对方对你产生尊敬，还会让对方觉得你是在说大话，对你产生逆反心理；如果辈分或地位一样，你的说教只能让人家觉得你是在炫耀自己，你是一个非常骄傲、不值得信任的人。

这样说并不是不让你指出对方的不足，任凭错误发生，而是不要在说话的时候加上“如果是我……”或者“我曾经……”这一类的话，这样的表达方式只能让人一听就觉得厌烦，可能会造成相反的结果。

3.过高的音量只会有损你的形象

不知道你有没有注意过自己说话的音量？相信大多数人都没有注意到，除非是熟识的人提醒你，否则你自己都不会意识到这个毛病。

尖锐的高音往往能在你无意的时候破坏你的形象。从医学角度讲，某种声音的音频超过一定程度，就会让听到的人产生不安的情绪，严重的时候还会让人变得焦躁。

低沉的声音其实可以给人以一种稳重、权威的感觉，让人觉得你是可靠、可信的。运用适当的声音音量，可以表明你的修养。负责接电话的人，如果声音低沉有力，则会给人以安全感，能让听的人觉得值得信任。相反，尖锐的高音只能让人觉得你没有教养，也一定会对你失去信任。

谁都知道“有理不在声高”的道理，在与人发生矛盾冲突的时候，高音量并不会为你争取到优势，反而会让人造成误解，觉得你是因为心虚才这么大声音的，就可能造成“有理变没理”的局面。

如何从闲聊中加深感情

有人认为聊天是极为浪费时间的事，岂知一般朋友间的交情多半是从“闲谈”开始的。实际上，之所以有些人“能说会道”、关系广泛，就是因为他们“闲谈”的功夫很棒。

但有些人就是不喜欢“闲谈”，他们觉得“今天天气怎么样”和“吃过早饭了吗”这一类的话，都是无聊的废话，他们不喜欢谈，也不屑于谈。他们不知道像这一类看起来好像没有意义的话，却还是有一定作用的。什么作用呢？就是加深朋友间感情的准备作用，就像在踢足球之前，蹦蹦跳跳，伸手踢脚，做一些热身运动一样。

一般的交谈总是由“闲谈”开始的，说些看起来好像没有什么意义的话，其实就是先使大家轻松一下、熟悉一点，造成一种有利于交谈的气氛。

交谈都是由“闲扯”开始，比如说天气，而天气几乎是中外人士最常用的最普遍的话题。天气对于人生活的影响太大了，天气很好，不妨同声赞美；天气太热，也不妨交换一下彼此的苦恼；如果有什么台风、暴雨或是季节性流行病的消息，更值得拿出来谈谈，因为那是人人都关心的话题。

什么事都有一个良好而又艰难的开端，就是交谈这样看似简单的事情也不例外。开始交谈，的确是需要相当的经验，当你面对着各式各样的场合，面对着各式各样的人物，要能做到通过言谈拉近彼此的距离，实在不是一件容易的事。倘若交谈开始得不好，就不能继续发展双方之间的交往，而且还会使对方感到不快，给对方留下不好的印象。

谈话也是对自身资源的一次挖掘，很考验一个人的知识水平和文化层次，平时除了你所最关心、最感兴趣的问题之外，你要多储备一些和别人“闲谈”的资料。这些资料应轻松、有趣，容易引起别人的注意。

除了天气之外，还有些常用的闲谈资料。

1.自己闹过的无伤大雅的笑话

像买东西上当了、语言上的误会等，这一类的笑话，多数人都爱听。如果把别人闹的笑话拿来讲，固然也可以得到同样的效果，但对于那个闹笑话的人，就未免有点不敬，当然，只要你不指名道姓就可以。讲自己闹过的笑话，开开自己的玩笑，除了能够博人一笑之外，还会使人觉得你为人很随和，很容易相处。

2.惊险故事

特别是自己或朋友亲身经历的惊险故事，最能引起别人的注意。人们的生活常常不是一帆风顺的，每天大家照常吃饭、照常睡觉，可是忽然大祸临头了，或者是被迫到一个很远的地方，路上可能遭遇到很多危险……怎样应付这些不平常的局面、怎样机智地或是幸运地在危难时刻死里逃生，都是让人永远不会漠视的话题。

3.健康与医药

新发明的药品，著名的医生，对流行病的医疗护理，自己或亲友养病的经验，怎样可以延年益寿，怎样可以增加体重，怎样可以减肥……这一类的话题，也许纯粹就是一家之言，但它能吸引人的注意力，而且也没有什么不好。特别在遇到朋友或其家人健康有问题的时候，假如你能向他提供有价值的意见，那他更会对你非常感激。事实上，有哪一个人、哪一个家庭没有这方面的问题呢？

4.家庭问题

关于每个家庭里需要知道的各方面的知识，例如儿童教育、购物经验、夫妇之间怎样相处、亲友之间的交际应酬、家庭布置……这一切，也会使大多数人产生兴趣，家庭主妇们尤其关心这些问题。

5.运动与娱乐

夏天谈游泳，冬天谈溜冰，其他如足球、羽毛球、篮球、乒乓球，都能引起人们普遍的兴趣。娱乐方面像盆栽、集邮、钓鱼、听唱片、看戏，什么地方可以吃到著名的食品，怎样安排假期的节目……这些都是一般人饶有兴趣的话题。特别是有世界著名的音乐家、乐团前来表演的时候，或是有特别卖座的好戏、好影片上演的时候，这些更是惹人关注的闲谈资料。

轰动一时的社会新闻也是热闹的闲谈资料。

假使你有一些特有的新闻或特殊的意见和看法，那足可以把一批听众吸引在你的周围。

6.政治和信仰

倘若与你遇到的人，大家在政治上的见解颇为接近，或是具有共同的宗教信仰，那这方面的话题就变成最生动、最热烈、最引人入胜的了。

7.笑话

当然，人人都喜欢听笑话，假如你构思了大量的笑话，而又富有说笑话的经验的话，那你恐怕是最受人欢迎的人了。

与人闲谈是人际交流中必要的环节，但是需要注意的是，很多人在闲谈中往往把握不好分寸，甚至说一些不负责任的闲话，而这些闲话中难免会涉及别人的是非，如果说得多了，难免会伤害一些人。

常听到这样一句评价人的话："这个人说话不经过大脑。"就是指有的人在闲谈中不注意分寸，有的话没经过思考就说出来了，完全没有顾及听者的反应。

小夏是个大学生，因为长相可爱、性格开朗，所以结交了不少的朋友。但是很快，小夏就发现了一个问题：那些朋友和她交流过几次之后，就不再与她来往了。小夏也弄不清楚到底是什么原因造成的。

后来有一次，一个和小夏关系还不错的朋友告诉了她问题的所在。

"小夏，你有的时候说话太伤人了。"这个朋友说，"你说的话可能不是有心的，也不是故意想伤害别人，可是你的话还是伤了别人。"

"是这样吗？我怎么不知道？"

"就说参加同学聚会那次吧，当时有个挺胖的女孩子，你还记得吧？"

"记得。"

"你在吃饭的时候不停地说什么胖的人容易得病、性格不好等，虽然我们都知道你不过是闲谈而已，但是你说的时候完全没有考虑那个女孩的感受。那个女孩当时几乎什么东西都没敢吃，回去的路上她还哭了呢，说她也不想那么胖。”

“但是，我并没有说她，只是因为说到时下减肥的话题时才说起来的。”小夏为自己辩解。

“是这样没错，可是你的话毕竟是伤到别人了，虽然你是无心的。”朋友严肃地对小夏说。“不管和什么人在一起，都要注意自己的言行，否则你的一句无心的话，可能会伤害到别人，就会被人疏远。”

《智慧书》的作者、哲学家葛莱西安在书中就说过这样的话：“没有一个人类的活动像说话一样需要小心翼翼，因为没有一种活动比说话更频繁、更普通的了，甚至我们的成败输赢都取决于说的话。”

在人际交往中，人们主要是从交谈中了解一个人思想和修养的，即使是非正式场合下的闲谈，你的言行也都在透露出你的品德。人们就是根据一个人的言语对其表示喜欢或者排斥。因为不论你的学历有多高、你的财富有多少，你的言语都像画笔一样勾画着你的形象，尤其是在闲谈中的言语，更能很好地反映出一个人的修养。没有人愿意和一个缺乏修养的人建立感情。

艾琳决定和她的朋友苏珊断绝来往了，因为她实在受不了苏珊的毛病。

“我和苏珊经常在一起闲谈，本来女人之间聊天闲谈也没什么，可是苏珊总喜欢在我面前说别人的是非，而且还都是一些鸡毛蒜皮的小事，令人难以忍受。

“有一次，她在我面前大谈婚姻问题，还提到现在的女孩喜欢和比自己大很多的男人恋爱，她觉得那样的婚姻没有互相理解的基础，有隔代的差距，是不会幸福的。虽然我知道苏珊的话并没有针对任何人，但是当时我妹妹就在和比她大很多的男人恋爱，这苏珊也知道，她的话让我非常不舒服。

“所以我不打算和她继续做朋友了，与其把时间浪费在听她闲谈别人的是非上，不如和别的朋友在一起聊一些有意义的话题呢。”

在闲谈中，一定要掌握一些技巧，不要随意地评价某人，即使这个人并不在现场。谈一些大家共同感兴趣的话题，避免说一些容易让大家感到消极的、不愿意谈及的话题，更不要把自己或别人的隐私当作公共话题来议论。特别是要注意在说笑话或者调侃的时候，不要让别人感觉你是一个不够稳重和没有教养的人。

最好的办法就是在别人闲谈中留心大家感兴趣的话题，然后加入进去。或者干脆谈一些诸如经济、体育、娱乐、天气等比较不容易得罪人的话题。还要注意的是，在说话的时候留意对方的反应，以判断你的话题是否合适，方便做适时的调整。还有就是要避免在说话的时候与人发生争论，即使有也要想办法避开。

千万要记住，不要因为闲谈中的无心之举而失去了朋友。

第十九篇

职场有道，锦绣前程要靠点滴运筹

应对面试官，要根据其性格特点从容施策

在战争中，知己知彼是百战百胜的保障。面试也是如此，作为应聘者，只有了解了面试官的性格，才能把公关做得恰到好处，使自己获得成功。

一般来讲，面试官分为以下几种表现形式，你可以根据不同情况见招拆招，方可从容应对。

1.性格外向型

特点：充满活力；善谈，肢体语言丰富，富有感染力；表里如一，想到什么就说什么。

对策：随他去说，你只要做个好听众，面带微笑，频频点头，心领神会；可以温和平静，可以大笑，可以做惊讶状，可以做陶醉状。一言以蔽之，要变化多端。

2.性格内向型

特点：外表冷峻，不喜形于色；不善言谈，几乎无任何肢体语言；喜欢沉思默想，而后出言表达。

对策：时而提问，时而倾听；不要打断他的谈话，要有耐心，给他时间去沉思默想。

3.性格感应型

特点：语言简洁精练，直述其意；无想象力，求实际，重事实。

对策：直接切入正题；问一句答一句，有理有据，不要夸夸其谈；直接阐述你的实际工作经验，最好引述一两例成功案例。

4.性格直觉型

特点：谈话高深莫测，喜用修辞和成语；无论其谈吐和表情都给人以模糊、含混的感觉。

对策：尽力保持谈话不要间断，亦可以引用成语和典故；要表现出你的创造性；强调你已经领悟了他高深莫测的寓意。

5.貌如思想家型

特点：富有严密的逻辑思维能力，善用分析和推理；性格敦厚。

对策：回答问题时，你也要逻辑严密；与他的观点和立身之道保持一致；表现出你也是公正无私、敦厚之人。

6.敏感试探型

特点：友好，温和；善解人意，富有同情心；善用外交手腕，处事圆滑。

对策：要温和、平稳；表现出你的热情助人行为，以及你的通情达理和为他人着想的美德；表现出你是如何协调组织和善于沟通不同人之间关系的能力。

7.貌如审判官型

特点：非常严肃和冷静；具有决定性和组织的权威之感；凌驾于你的IQ和EQ之上，任意判断，独断专行。

对策：要有充分准备，做乖乖状且随机应变；谦虚谨慎，多向他征求意见；服从组织安排，要有“叫干啥就干啥”

的精神。

8.貌如观察家型

特点：开朗顽皮，善用游戏等方式测试候选人；好奇心强；想法随意，大有天马行空之势。

对策：要热烈响应他的任何提议，积极参与协助对你的各种测试；时刻期待着回答他对你提出的各种问题，但要有选择地回答；不要勉强做出评价和表达自己的意思。

面试中要根据**不同的提问进退自如**

一般情况下，求职者面试时的表现将直接决定是否被录用。作为一个求职者，必须学会应对各种提问，同时还要学会推销自己。下面我们就来剖析一下面试官的一般提问方式，以便在面试时进退自如。

1.封闭型提问

例如：你愿意做工程师还是市场开发人员？

这种问题回答力求简洁、明白，一般不需作过多的补充和修饰。

2.开放型提问

例如：你的性格特点是什么？善于与人相处吗？

这类问题很关键，回答得好坏直接关系到录用与否，而且这些是你应该事先准备好的。同时，这类问题回答得好，就是绝好的表现自己、推销自己的机会，可以令面试官刮目相看，顿生爱才之心。

3.假设型提问

例如：如果让你来当我们公司的总经理，首先你会做几件事？

面对这种问题，切忌长时间地沉默，但也不要不经考虑急于回答。需要对问题的关键部分进行详细分析，提出切实可行的解决方法，不要做长篇大论。

4.控制型提问

例如：你认为我们的改革怎么样？

顺水推舟，给面试官一个较为满意的回答。但若你对这家公司的改革确实有意见，而且有特殊的理由，倒也可以谈出自己的看法，令面试官觉得耳目一新，出奇制胜。否则，还是夸夸他们吧，很多的时候，领导者是需要被赞赏的。

5.否定型提问

例如：我们要求的都是大学本科以上学历，你只是专科，恐怕不合适吧？

切忌大吵大闹，甚至拂袖而去，这样只能反映出自己没有修养。只要你相信自己行，你就行。表达出这种自信，努力扭转劣势。

6.连珠型提问

例如：你喜欢读书吗？业余时间都读什么书？经济类的书读得多吗？哪一种管理理论你较为欣赏？

你一定要按顺序回答问题，也不一定每一个问题都要回答，在表述中留心表现出自己的个性及优点。

赢得同事好感四法宝：**自然、关怀、宽容、大方**

同事是我们用一天近1/3的时间来相处的人，无疑和我们的工作、事业乃至生活的快乐幸福都有密切的关系，是对我们影响最深的一个群体。那么，走在职场，如何赢得同事的好感呢？

1.顺其自然，不要虚假

工作时间是你和同事相处、争取早日融入同事圈子的最好机会，你和同事之间，本来没有什么牢不可破的障碍，只不过因为陌生，或者仅仅因为你自己内心设置的屏障，所以使你感觉到他们的排挤，实际上未必是事实。工作过程中的每一个平实的日子都是你和同事们相处的最好机会，只要你有耐心，和同事们打成一片不过只是时间问题而已。

需要注意的是：你千万不要为了尽快投入同事圈子，而刻意改变自己去适应别人。比如在言语和行为上故意迎合同事，心底里挺冷淡，而表面上却装成极热情的样子……这样是没有必要的，一旦他们看出你虚伪，反而会鄙弃你的为人，倒不利于你融入集体之中了。

除了工作时间，业余时间也是你尽快融入团体做努力的好时机，休息日或假日你可以动动脑筋举办一些有趣的聚会，或者真诚邀请同一办公室的同事去你家里玩，你亲自做上几道拿手好菜……这都是沟通思想和交流的好方法。

另外，单位集体旅游或者度假时，尽可能地活跃起来，真实地显现你的个性，真诚地表示你的热心。一定不要独来独往，另辟蹊径，那样会让同事们觉得你很难接触。

2.细心关怀、体贴同事

不要怕主动表达你的关爱，只要你是真心诚意的。比如去收发室取报纸时，顺便就把楼上几个办公室同事的信和报刊都带上了去送给他们；比如哪位同事工作忙，中午加班，你就主动帮他买午餐等。即便同事不需要你的帮忙，你的心意他也是会领受的。这样，你随时细心地体察同事的需求，时时抱着善意和助人的心态，那么同事圈子就一定会很快地认同和接受你的。

3.要宽容，要满足

你永远不必希望一个团体里的每一个人都认同和接受你，因为人的性情总是多种多样的，你只需要被大多数人接纳和认可就足够了。所以面对个别人的排拒和冷漠你要宽容，认定它是一种正常现象，并且对他一样地微笑和处事，至于他对你的态度如何你完全没有必要计较。当你已经被一个圈子里的大多数人所接纳和欣赏时，你就已经是融入这个群体之中了，你要学会满足。如果你一直紧张，甚至有所抱怨，那么你就算易于融入人群，也不会长久合群，因为人们总是欢迎那些给他们带来快乐的人，而不是带来尴尬和压抑的人。

4.对同事大方一些

为人太吝啬不好，有时候适当地大方一点，你的恩惠就会让人铭记于心。

当然，对同事大方一点，并非是让你为了讨好他人，为了赢得同事的好感，而不顾自身经济条件，大把花钱去买“人缘”，只是在适当的时候，略施恩惠即可。这样，既不会花太多的钱，又能赢得好人缘，你何乐而不为呢？

无论如何，要赢得别人的好感，怀着一颗真诚的心是最重要的。在一些细节上关心、体贴同事，宽容、大方地与之相处，同事一定会对你产生好感并乐于与你相处。

职场“亡羊”，就要**技巧地“补牢”**

亡羊补牢的成语故事可谓家喻户晓了，大家都知道亡羊后在于怎么把“牢”补上。我们生活在一个人与人构成的社会当中，交流是必要的，既然要说话，难免有口误，尤其是在办公室这样一个特殊的环境里，说错话并不是少有的事。

当你在上司面前言行失误时，心里不要紧张和恐慌，这时关键是要施以巧言挽回失误。有几种方法可供参考：

1.坦率道歉

有一次小王在和同事聊天时，开玩笑地说上司“像个机器人”，不巧的是正好被上司听到了。于是，小王给上司写了一张条子，约他抽空谈一谈，上司同意了。

“显而易见，我用的那个词绝无其他用意，我现在倍感悔恨。”小王向上司解释道，“我之所以用‘机器人’之类的字眼，只不过想开个玩笑，我感到您对工作一丝不苟，但对我们有些疏远，因此，‘机器人’三个字只不过是描述我这种感情的一种简短方式。请您谅解！以后我会注意自己的表达方式。”

上司为小王合情合理的解释和自我批评的行为而深受感动，他甚至当即表态，说要努力善解人意，做个通情达理的领导。

小王的坦率道歉，让他和上司的关系化干戈为玉帛。有些人在对上司说了不敬的话后，往往会一味地自我谴责甚至自我羞辱，然后低声下气地去道歉。但许多情况下，仅靠一句“对不起”不会取得上司的谅解。道歉要坦率，更重要的是，要通过道歉把问题讲清楚，只有这样才能促成和上司的充分沟通，从而顺利解决自己言行失误带来的感情危机。

2.巧表真心，妙用修辞

南朝梁有个大臣叫萧琛，能言善辩。在梁武帝萧衍还没有称帝时，他就与之交好。后来萧衍当上了皇帝，两个人之间的关系还是很亲密。

有一次，武帝萧衍举行大型宴会，萧琛也参加了。酒过三巡后，萧琛有些醉意，就趴在桌子上。武帝见了，就用枣子投他，正好打中萧琛的头。萧琛抬起头，竟然不假思索地拿起食品盒里的栗子向武帝投去，正好打中武帝的脸。这时，旁边的官员都看到了，吓得大气都不敢出。武帝的脸也一下子沉了下来，刚要动气，萧琛急忙说道：“陛下把赤心投给臣，臣怎敢不用战栗来回报呢？”

武帝一听，转怒为笑。

这里，“赤心”是借用枣的形态作比喻的，“战栗”则是借用了“栗”的谐音。可以想象，如果萧琛不能机智快速地反应，及时想出了应答的办法，等待他的岂不是大祸临头！

在上司面前做错了事，道歉并不总是唯一正确的选择。因为道歉过后，上司可能只是原谅了你，怨气消了不等于喜气来了，而如果能像萧琛这样，明明是做错了事，可短短一句话，不但消解了上司的怨气，而且还带来了喜气，岂不是更高明的选择？给自己的失误加上一个美丽的修饰，错误反而成了向上司表达忠心的举动，难道不令人拍案叫绝吗？

3.先恭维，再说道歉

余先生被调派到分公司工作了半年，一回到总公司，马上就赶着去问候以前很照顾他的陈科长。余先生对过去陈科长经常不辞辛苦地跑到分公司给予指导的事，反复地致谢，可是不知怎么搞的，对方反应似乎很冷淡。

当余先生纳闷地走出门时，一名同事才过来告诉他："陈科长已经升为副处长了呀！"

不知道对方已经升官，依然用以前的职称称呼，可能会使对方的心里觉得不舒服。余先生顿时恍然大悟，后悔自己没有事先确认对方的职位是否已经有所变化，所以失了言，但说错的话已经收不回来，怎么办？他想了想，马上返回到陈处长的办公室，开口说："陈处！真是恭喜您了！您也真是的，刚才也不告诉我一下。我在分公司难免消息不灵通，不过，错漏您升官的消息，总是我的不是，真对不起，请原谅！"

像这样明白地讲出来，并把衷心的祝贺表达出来，自然也就化解了陈处长心中的不快。

犯了类似无心之过时，先用甜言蜜语恭维一番你的上司，再真诚地分析你的失误，表示你的歉意，不失为消除上司心中不快的好办法。

不仅是对上司如此，要是与同事之间因为某些言行不够谨慎，言谈欠周到、细致而发生一些误会，我们也要积极想办法

去消除，做到亡羊补牢，补牢才能不亡羊，使自己与同事能尽快地轻松、舒畅起来。

1.当面说清楚

虽然误会的类型各种各样，但解决的最简捷、最方便的方法便是当面说清楚。大多数人也都喜欢这种方法。

因此，如果有误会需要亲自向对方做出说明，你千万不要找各种借口推托。你一定要战胜自己的懦弱，克服困难，想方设法地当面表明心迹，千万不要轻信第三者的只言片语。

2.不要放过好时机

解释缘由，消除误会，必须选择好时机，一定要考虑对方的心境、情绪等情感因素。你最好选择升职、涨工资或婚宴等喜庆日子，因为这时对方心情愉快，神经放松，胸怀也就较为宽广。你如果能抓住这些时机进行表白，往往能得到对方的谅解，双方重归于好。

3.请同事帮忙

你与同事的误会常常是在工作中产生的，双方的误解涉及许多方面。个人解决可能会受到限制，有时候不能明白透彻地说清楚，这时候，你可以请其他同事帮忙，把事情彻底地弄清楚。当然，你也不必兴师动众，叫上一帮同事大费口舌。当误会不便于直说，你们双方又都觉得心里不愉快，产生了生疏和隔阂时，你只需要让同事帮忙为你们提供一个畅谈的机会。在和谐、友好的气氛中，彼此间心理上的距离便会缩短，许多小误会和不快都会自然地消失。

遇到和上司、同事之间的不愉快，尤其是因为自身原因引起的，不要刻意回避，问题一日不解决，你的损失就越来越大。千万不要认为难以启齿或碍于情面而使解释的时间越拖越长，否则只会使误会越陷越深，到最后无限制地拖延造成令人更加苦恼的后果。谨记：时间拖得越长，你就越被动。

对待难相处的下属，**要因势利导**

作为上司，有时候并非比做下属容易。工作中有些下属往往比较难相处。作为管理者，应尽可能地与各种性格的下属保持良好的关系。那么在实际中，针对不同性格的下属又应该如何应付呢？

1.悲观泄气型性格的下属

特点：这种人对任何事都悲观失望、没有信心，对新形式、新观念、新事物不抱任何希望，这种思想蔓延后会阻碍公司的发展。

方法：要改变他们的这种性格是非常不容易的，上司要给他们做出表率，用乐观进取的精神使他们在心理上消除悲观失望的情绪。对他们提出的合理化建议，应给予极大的鼓励和表扬，使他们增强进取心。

2.暴躁型性格的下属

特点：这种性格的人脾气暴躁，与他们相处就会时不时地被他们发的火“烧”一下。

方法：对这种性格的人要能正确地引导，在非原则性的问题上不与他争执，不给他发火的机会和场所，并寻找适当的机会严厉指出，他的坏脾气使客户对公司留下不良印象，也会给别人带来不快，给他自己造成坏影响；强调在公司要注意个人形象，不可忘乎所以，更不能恶意伤人。

3.强硬型性格的下属

特点：这种性格的人非常直爽，做任何事都雷厉风行，不喜欢婆婆妈妈，比较适合担任责任心强、难度大的工作职位。

方法：要时刻提醒他们做事时不可粗心草率。在工作中，你可以直接吩咐他们去完成某项任务，对他们的不满情绪要心平气和地因势利导，而不能针锋相对。

4.变化无常型性格的下属

特点：这种性格的人大多才能较为突出，能为公司做一些创造，给公司带来财富。但这种人的性格变化无常，行为古怪，令人捉摸不透，他们自以为有才、有能力，不把他人放在眼里，对任何人的建议和劝说都嗤之以鼻，更不接受人们希望他们改变性格的意见。

方法：这种人令上司既爱又恨，为了公司的利益，可以在一定程度上允许他们自由一些，应采用特殊的方法对待特殊的人。

读懂不同类型的同事，才能制造融洽气氛

一个公司就是一个社会的缩影，各种性格的人在一个公司里都有可能遇上，有些还是工作当中无可避免的麻烦人物。面对不同性格类型的人，如何调动他们，以使大家相处融洽，促进工作顺利进展呢？

1.推卸责任的人

对那些习惯推卸工作职责的同事，在请他们协助工作时，目标必须明确，时间、内容等要求要讲清楚，甚至白纸黑字写下来，以此为证据。不为他们所提出的借口而动摇，温和地坚持原来的决议，表达你知道工作有困难性，但还是需要在一定范围内完成的期望。

如果他们试图把过错推给别人，不要被他们搪塞过去，你只需坚定说明那是另一回事，现在要解决的是如何达成原定的目标。如果他们真的遇到问题，除非真有必要，你不用主动帮他们解决，防止养成他们继续对你使用这招以摆脱工作的习惯。

2.过于敏感的人

一些同事生性敏感，应尽量避免在其他人面前对他们做出可能冒犯的评语，要批评请私底下讲。即使像“有点”“可能”“不太”这类有所保留的语气，都会让他们心乱如麻，因

此在批评时尽量客观公正，慎选你的用词，指出事实就好。尤其要让他们了解你只是针对事情本身提出意见，而不是在对他们做人身攻击。

针对他们过度的反应，你不要也跟着乱了手脚急于辩解，那可能会愈描愈黑，只要重申事情本身就好。提出意见时也同时指出他们的优点，以及表现出色的地方，以建立他们的自信心。

3.喜欢抱怨的人

他们之所以抱怨，是因为在意事情的发展。如果抱怨的内容跟你负责的业务有关，最好能有即时的响应或改善；如果他们抱怨的是无关紧要的琐事，听听就算了，也不需要动气反驳。遇到问题时，问问他们觉得最好的解决方法是什么，怎么样才能避免问题再度发生，将他们的注意力引导到解决问题上。

4.悲观的人

脸上总带有悲观情绪的同事害怕失败，不愿意冒险，所以会以负面的意见阻止工作、环境上的改变。你不妨问问他们认为改变后最坏的结果是什么，事先准备好应对的方法。

与悲观的同事合作时，告诉他们如果失败的话是整个团队的责任，而不会光责怪他们，解除他们的心理压力，他们就不会在一旁唠叨。

5.喜怒无常的人

有些同事属于黏质型的，会喜怒无常。当他们表现出喜怒无常的行为时，不要回应他们无理的行为，找个借口离开现场，等他们冷静一点再回来。面对他们的情绪失控，不要也被撩起情绪，应以冷静、客观的态度响应，陈述事实即可，不需辩解。一旦他们恢复理智，要乐于倾听他们的谈话。万一他们中途又开始“抓狂”，就立即停止对话。

6.沉默的人

办公室里总有一些不善说话、只会默默工作的同事。在与他们说话时不能语带威胁，要不带情绪，并放低姿态。

花时间与他们一起将每个工作步骤写成白纸黑字，了解彼此对工作的认知。尽量让他们做自己分内的工作就好。

尽量多问一些开放性的问题，鼓励他们说话，如果他们一时无话可说就耐心等待，给他们时间思考，不用对彼此之间的沉默觉得不自在。称赞他们的成就，以符合他们需求的方式鼓励他们。

7.固执的人

对待这样的同事，仅靠你的三寸不烂之舌是难以说服他的，你不妨单刀直入，把他工作和生活中某些错误的做法一一列举出来，再结合眼下需要解决的问题提醒他将会产生什么严重后果。这样一来，他即使当面抗拒你，内心也开始动摇，怀疑起自己决定的正确性。这时，你趁机摆出自己的观点，动之以情，晓之以理，那么他接受的可能性就大多了。

8.轻狂高傲的人

对轻狂高傲的同事，你根本用不着与之计较，他喜欢吹嘘自己，那就由他去吧。就是他贬低了你，你也不要去与他们较量，更不要低三下四，你只需长话短说，把需要交代的事情简明交代完即可。

所以，在公司里，面对不同类型的同事，要把握他们各自的性格特点，积极调动，营造一个和谐融洽的工作氛围。

宽容对待下属的过失，对方更愿被你领导

宽容，应该是每一个领导应具备的美德。没有一个下属愿意为对下属斤斤计较、小肚鸡肠，犯一点小错就抓住不放，甚至打击报复的领导去卖力办事。

尽可能原谅下属的过失，这是一种重要的笼络手段。对那些无关大局之事，不可同下属锱铢必较，当忍则忍，当让则让。要知道，对下属宽容大度，是制造向心效应的一种手段。

汉文帝时，袁盎曾经做过吴王刘濞的丞相，他有一个侍从与他的侍妾私通。袁盎知道后，并没有将此事泄露出去。有人却以此吓唬侍从，那个侍从就畏罪逃跑了。袁盎知道消息后亲自带人将他追回来，将侍妾赐给了他，对他仍像过去那样倚重。

汉景帝时，袁盎入朝担任太常，奉命出使吴国。吴王当时正在谋划反叛朝廷，想将袁盎杀掉。他派五百人包围了袁盎的住所，袁盎对此事却毫无察觉。恰好那个侍从在围守袁盎的军队中担任校尉司马，就买来二百石好酒，请五百个兵卒开怀畅饮。兵卒们一个个喝得酩酊大醉，瘫倒在地。当晚，侍从悄悄溜进了袁盎的卧室，将他唤醒，对他说："您赶快逃走吧，天一亮吴王就会将您斩首。"袁盎大惊，赶快逃离吴国，脱了险。

从这里，我们不仅看到了袁盎的宽宏大度与远见卓识，也可以洞悉他驾驭部下的高超艺术。无独有偶，曹操巧败袁绍的故事也恰恰能说明这一点。

公元199年，曹操与实力最为强大的北方军阀袁绍相拒于官渡，袁绍拥众十万，兵精粮足，而曹操兵力只及袁绍的十分

之一，又缺粮，明显处于劣势。当时很多人都以为曹操这一次必败无疑了。曹操的部将以及留守在后方根据地许都的好多大臣，都纷纷暗中给袁绍写信，准备一旦曹操失败便归顺袁绍。

相拒半年多以后，曹操采纳了谋士许攸的奇计，袭击袁绍的粮仓，一举扭转了战局，打败了袁绍。曹操在清理从袁绍军营中收缴来的文书材料时，发现了自己部下的那些信件。他连看也不看，命令立即全部烧掉，并说："战事初起之时，袁绍兵精粮足，我自己都担心能不能自保，何况其他的人！"

这么一来，那些动过异心的人便全部都放了心，对稳定大局起了很好的作用。

曹操这一手的确十分高明，这种做法将已经开始离心的势力收拢回来。不过，没有一点气度的人是不会这么干的。

可见，精明的上司一定要懂得原谅下属的过失，让下属知道你的胸怀大度，他会情愿为你做任何事。

管理能力比自己强的下属：一用、二管、三养

汉高祖刘邦平定天下之后，在洛阳的庆功宴上就曾说过这样的话：“夫运筹帷幄之中，决胜千里之外，吾不如子房；镇国家，抚百姓，给馈饷，不绝粮道，吾不如萧何；连百万之军，战必胜，攻必取，吾不如韩信。此三者，皆大杰也。吾能用之，此所以取天下也。项羽有一范增而不能用，此所以为我所擒也。”

刘邦还是很有自知之明的，他知道自己不是全才，在很多方面不如自己的下属。他之所以能打败不可一世的楚霸王项羽，一统天下，是因为重用了一些某些方面比自己能力更强的人。而恰恰是在这一点上，刘邦表现出了一个统帅最值得称道的品格和能力。

打天下如此，干其他事业也莫不如此。

美国钢铁大王卡内基的墓碑上刻着一行字——“这里躺着一位善用比自己能力更强的人”，一语道破了上司应有的管理品质。工作中下属是能人的现象随处可见，然而每个上司对待能力强的下属的态度却千差万别，正是由于这不同的态度和做法，不仅影响着能干的下属的命运，同样也影响着自身利益。那么，作为一个上司，要善用能力比自己强的下属。

以欣赏的心态来看待有能力的人。要平和积极地对待表现出色的下属，不要有嫉妒心理。如果有嫉妒心理，就会有许多过激的行为和语言产生，这大大影响到上司自身的形象和声誉。以欣赏的心态来看待下属，这样不仅下属会有自豪感和荣

耀感，而且也会积极地把能力都发挥出来，而上司自身也会受到有才干的人和其他人的尊重、信赖和佩服，大家就会团结起来，进行开创性的工作，于是工作效率会大大提高。因此说，下属是能人是值得高兴的事情，有能人比没有能人要好得多，因为能人可以做好多工作，而且可以做一般人做不了的工作，解决一般人解决不了的问题。

对待有能力的下属要把握三点：一用、二管、三养。

第一是要用。给能人富有挑战性的工作，千方百计地调动能人的积极性，让他们出色地完成工作，让他们的能力得到发挥，让他们的才华得到施展，给他们以舞台满足感，只有这样才能留住他们，不然，离去只是迟早的事情。

第二是要管。能人毛病多，恃才傲物，有时甚至爱自作主张，因此必须要管，要有制度约束，要多与之进行思想沟通交流，力争达成共识和共鸣。这样做的目的在于让他们与你相互了解，防止因相互不了解而产生误会和用人不当，出现麻烦和损失。

第三是要养。如果说能人是鱼，那么组织就是水。组织由组织中的每一位成员组成，也包括能人自己。因此除了要引导能人少说多做、做出成绩外，还要善意地、有艺术性地帮他们改掉毛病，同时也要教导组织成员解放思想、更新观念，见贤思齐，使组织形成团结合作、积极进取的健康氛围，这样一来再引导他们和组织成员融合在一起。

因此，如果你真心希望你的下属能够各尽其才、各尽其能，为你的事业而奋斗，就必须敢于起用他们，让他们的才华铸就你事业的辉煌。

第二十篇

商务往来，

得人心者得客户

设立共同目标，迅速拉近距离

鹏远有一位很多年没见的大学同学到北京出差，叫鹏远出来聚一聚，鹏远按照约定地点来到一个饭店，服务员把鹏远带进包厢里，鹏远看到那位老同学正神采奕奕地等着他。

一番寒暄之后，话题自然是落到了这几年的发展上。“你怎么好好地跑去经商了呢，当初你的专业课可是最棒的。”鹏远问他。

老同学笑眯眯地回答道：“这并不妨碍啊，我只不过将心理学的研究放到了商场里，你知道我是怎么捞到第一桶金的吗？”

鹏远摇摇头。

老同学开始追溯往昔，刚下海那几年，虽然挣了点钱，但还算不上很成功，那时他已经成了公司的经理，手里有了不少客户资源。想来给别人打工不如自己当老板，便开始计划利用现任职位上的客户资源开办一家新公司赚笔大钱。

于是他找了两名以前的下属，共商创业的事。后来他发现他们三个人数太少，很难成功。于是他要他的下属另外再找七个人，组成十个人的创业团队。他的下属顺利地找到了他们所需要的人手，他这时却发现，他与

这七个新伙伴根本就不认识，他们是否值得信任实在是一个大问题。

于是他想到了每晚分别与一个新伙伴共进晚餐的好办法。席间他除了交代各人的职责之外，还郑重地向他们表示“我也跟你们一样需要钱”！

结果，由于彼此有了共同的目标，这个计划最后终于成功了。

鹏远这位老同学不愧是心理学的高才生，他很懂得运用人的心理来成事，在他发展的过程中，由于彼此有着共同的目标，因而迅速拉近了彼此之间的距离。而在人际交往中，若你与对方有共同的目标，则很容易就能增加彼此之间的亲密感。

当然了，除了共同目标能够增强亲密感之外，还有其他一些增强亲密感的技巧。鹏远的老同学自然也是能将这些技巧运用纯熟。他提到过一个细节便是，在他邀请这些人吃饭的时候，总是与人肩并肩地谈话，这样就能很快与对方进入熟识的状态。

“我听了你的故事，终于明白了李开复为什么也喜欢请人吃饭了。”鹏远打趣地对同学讲。

“你不要以为这顿饭很好吃，真是要注意很多细节，才能快速打开对方的心防，社交其实就是一场心理游戏啊。”老同学不无感慨地说道。

在商界摸爬滚打的人，自然是要熟知心理技巧，才能总是立于不败之地。李开复请人吃饭可不仅仅是一种联谊的社交手段，更多地能体现出人际交往中的心理学妙用之所在。

在这里要提醒的是，若与对方有共同点，就算再细微的也要强调。对于共同点一定要找出来，这样可以很快地消除彼此间的陌生感，产生亲近的感觉。这样不但可以使对方感到轻松，同时也具有使对方说出真心话的作用。

反客为主，失礼而不失“理”

《三国演义》中讲到，曹操率领大军南征，刘备败退，无力反击，大有坐以待毙之势。以刘备单独的力量，绝对无法与曹操的势力相抗衡，解决的办法只有一个，就是与江东的孙权联手。此时，诸葛亮自愿出使到江东做说客，他并不是像一般人那样低声下气地求孙权，却采用“反客为主”的方法，表现出一副强硬的态度，硬是激发了孙权的自尊心。

当时，东吴孙权自恃拥有江东全境和十万精兵，又有长江天堑作为天然屏障，大有坐观江北各路诸侯恶斗的态势。他断定诸葛亮此来是做说客，就采取了一种居高临下的姿态等待诸葛亮的哀求。

不想诸葛亮见到孙权，开门见山地说道：“现在正值天下大乱之际，将军你举兵江东，我主刘备募兵汉南，同时和曹操争夺天下。但是，曹操几乎将天下完全平定了，现在正进军荆州，名震天下，各路英雄尽被其所网罗，因而造成我主刘备今日之败退，将军你是否也要权衡自己的力量，以处置目前的情势？如果贵国的军势足以与曹军相抗衡，则应尽快与曹军断交才好。”

诸葛亮只字不提联吴抗曹的请求，他知道孙权绝不会轻易投降，屈居曹操之下。孙权听完诸葛亮一席话，虽然不高兴，但不露声色，反问道："照你的说法，刘备为何不向曹操投降呢？"

诸葛亮针对孙权的质问，答道："你知道齐王田横的故事吗？他忠义可嘉，为了不服侍二主，在汉高祖招降时不愿称臣而自我了断，更何况我主刘皇叔乃堂堂汉室之后。钦慕刘皇叔之英迈资质，而投到他旗下的优秀人才不计其数，不论事成或不成，都只能说是天意，怎可向曹贼投降？"

虽然孙权决定和刘备联手，但面对曹操八十万大军的势力，心里还存在不少疑惑——诸葛亮看出这一点，进一步采用分析事实的方法说服孙权。

"曹操大军长途远征，这是兵家大忌。他为追赶我军，轻骑兵一整夜急行三百余里，已是'强弩之末'。且曹军多系北方人，不习水性，不惯水战。再则荆州新失，城中百姓为曹操所胁，绝不会心悦诚服。现在假如将军的精兵能和我们并肩作战，定能打败曹军。曹军北退，自然形成三分天下的局面，这是难得的机会。"

孙权遂同意诸葛亮提出的孙刘联手抗曹的主张，这才有后来举世闻名的赤壁之战。诸葛亮真不愧为求人高手。

无事也要**常登"三宝殿"**

中国人常说"无事不登三宝殿"，意思就是登门拜访必然有事相求。然而，现在商务场上的那些应酬达人，早就抛弃了这个陈旧的观念，常常无事也登"三宝殿"，他们懂得用电话、短信、邮件或上门拜访等方式，牢牢拽住商场上的那个“贵人”，费心费力地经营着众多的黄金人脉，等待这些黄金人脉闪光的时刻，等待他们的光芒照耀着自己。如果非到有事才求人，那么未免惹人反感。

王妍是某大学人文学院学工处的一名普通职员，她与经管系的系主任刘主任关系处得非常好，而据小道消息说经管系系主任很可能年内就会调任学工处处长一职，这样看王妍将来的日子会比较好过了。然而世事难料，年底人员调整时，刘主任却被调去当图书馆馆长了。这样一来，许多原本巴结刘主任的人立刻散得一干二净，让刘主任见识到了什么叫“人一走茶就凉”。就在这时，王妍来找刘主任，说道：“刘主任，这没什么大不了的，哪天咱们一起去逛街散散心吧！”这正是刘主任最难过的时候，王妍的出现让刘主任感动得真不知道说什么好。从那以后，王妍有事没事就过去找刘主任聊天、逛街。

一年半后，该学院的院长调走了，新来的院长把刘主任提拔为主管人事的副院长，不用说王妍自然也跟着时来运转，她成了新一任的学工处处长。

王妍是个聪明人，她知道“三十年河东，三十年河西”这个道理，始终没有放弃她的贵人，也就为自己赢得了更美好的前途。

先做朋友，后做生意，这才是绝妙的商务应酬法则。只要有时间，就要去拜访一下

那些商场上的朋友，一起坐坐，聊聊天，互通信息的有无，说不定在这看似细微的言谈之间，你就抓住了绝佳的发展契机。然而，前去拜访客户时要格外注意拜访的一些礼节，以免因小失大，引起客户的反感。

1.遵时守约

要想做一个受欢迎的客人，首先就要严格遵守预约的拜访时间，切忌迟到，要知道浪费别人的时间等于谋财害命；如果在预约的拜访时间不能准时赴约，要提前打电话通知对方，即使责任不在自己，也要表达一定的歉意。

2.妥善处置自带物品

在进客户办公室之前，要先看看鞋上是否带泥。擦拭之后，先敲门再走进去。雨具、外衣等要放到主人指定的地方。如果主人较自己年长，那么主人没坐下，自己不宜先坐下。自己的交通工具如自行车要锁好，放在不影响交通的地方，如果放的位置不好或忘锁被盗，不仅自己受损失，也给主人带来麻烦。

3.言行谨慎

在客户处做客，不能大大咧咧地径直坐到席上，而要等主人力邀才“恭敬不如从命”；等人时，不要左顾右盼；主人奉茶之后，先搁下来，在谈话之间啜之最为礼貌。如果要抽烟，一定要征得主人的同意，因为吸烟会危害他人的健康；如果客户处未置烟灰缸，多半是忌烟的；如果掏烟打火，让主人匆忙替你找烟灰缸，是尤其不尊重人的举动。

无事也登“三宝殿”，其实也是为了将来有事相求，不必吃“闭门羹”。然而，商务拜访中如果忽视了这些细节，在这些“冷庙”烧上再多的香，也不能在危难之时顺利抱住“佛脚”，难以拯救自己的职业命运。

不争之争，才是上争的策略

在风景如画的美国加利福尼亚，年轻的海洋生物学家布兰姆做了一个十分重要的观察实验。

一天，他潜入深水后，看到了一个奇异的场面：一条银灰色大鱼离开鱼群，向一条金黄色的小鱼快速游去。布兰姆以为，这条小鱼在劫难逃了。然而，大鱼并未恶狠狠地向小鱼扑去，而是停在小鱼面前，平静地张开了鱼鳍，一动也不动。那小鱼见了，便毫不犹豫地迎上前去，紧贴着大鱼的身体，用尖嘴东啄啄西啄啄，好像在吮吸什么似的。最后，它竟将半截身子钻入大鱼的鳃盖中。几分钟以后，它们分手了，小鱼潜入海草丛中，那大鱼轻松地追赶自己的同伴了。

此后数月布兰姆进行了一系列的跟踪观察研究，他多次见到这种情景。看来，现象并非偶然。经过一番仔细观察，布兰姆认为，小鱼是“水晶宫”里的“大夫”，它是在为大鱼治病。鱼“大夫”身长只有三四厘米，这种小鱼色彩艳丽，游动时就像条飘动的彩带，因而当地人称它“彩女鱼”。

鱼“大夫”喜欢在珊瑚礁或海草丛生的地方游来游去，那是它们开设的“流动医院”。栖息在珊瑚礁中的各种鱼，一见到彩女鱼就会游过去，把它团团围住。有一次，几百条鱼围住一条彩女鱼。这条彩女鱼时而拱向这一条，时而拱向另一条，用尖嘴在它们身上啄食着什么。而这些大鱼怡然自得地摆出各种姿势，有的头朝上，有的头向下，也有的侧身横躺，甚至腹部朝天。这多像个大病房啊！

布兰姆把这条彩女鱼捉住，剖开它的胃，发现里面装满了各种寄生虫、小鱼以及腐蚀的鱼虫。这些大鱼伤口处的坏死组织，鱼鳞、鱼鳍和鱼鳃上的寄生虫等脏东西就是鱼“大夫”的美味佳肴。这种合作对双方都很有好处，生物学上将这种现象称为“共生”。

在大海中，类似彩女鱼那样的鱼“大夫”共有45种，它们都有尖而长的嘴巴和鲜艳的色彩。

这些鱼“大夫”的工作效率十分惊人。有人在巴哈马群岛附近发现，那儿的一个鱼“大夫”，在6小时里竟接待了300多条病鱼。前来“求医”的大多是雄鱼，这是因为雄鱼好斗，受伤的机会较多；同时雄鱼比雌鱼爱清洁，除去脏东西后，它们便容光焕发，容易得到雌鱼的垂青。有趣的是，小小的彩女鱼在与凶猛的大鱼打交道时，不但没受到欺侮，还会得到保护呢。布兰姆对几百条凶猛的鱼进行了观察，在它们的胃里都没有发现彩女鱼。然而，他却多次看到，这些小鱼进入大鲈鱼张开的口中，去啄食里面的寄生虫，一旦敌害来临，大鲈鱼自身难保时，它便先吐出彩女鱼，不让自己的朋友遭殃，然后逃之天天，或前去对付敌害。

在这个例子中，我们看到了生物之间彼此依靠、共栖共生的生存事实，特别是彩女鱼与其他鱼类之间那种温情脉脉的共存关系，不由得让人感到一丝温馨。在人类社会中，也需要合作、共赢。合作是维持秩序、克服混乱的重要法则，一旦要各自居功、互不相让，这个法则必然遭到破坏，世间的秩序将无从谈起。

老子说："只有无争，才能无忧。"利人就会得人，利物就会得物，利天下就能得天下。从来没有听说过，独恃私利的人，能得大利的。所以善利万民的人，如同水滋润万物而与万物无争，不求所得。所以不争之争，才是上争的策略。庸人不知，所以乐与相安；明白人知道，却也不怎么样。所以老子说："只有不争，所以天下无有能与他相争的了。"这就是虚己无我的作用。在生意场上，也可以以不争来争取获得更多的合作和利益。

设身处地为对方着想，赢得信任

会打棒球的人都知道，当我们要接球时，应顺着球势慢慢后退，这样做的话，球劲儿便会减弱。与此相似，生意场上在与人合作的过程中，若能运用接棒球的那一套方法，使对方充分说出他的意见，认真倾听，并随时保持询问对方意见的风度，会很容易赢得对方信任，避免许多不必要的冲突。

杰克·凯维是加利福尼亚州一家电气公司的一位科长，他一向知人善任，并且每当推行一个计划时，总是不遗余力地率先做榜样，将最困难的工作承揽在自己的身上，等到一切都上了轨道之后，他才将工作交给下属，而自己退身幕后。虽然他这种处理事情的方法是很好的，但他太喜欢为人表率，所以常常让人觉得他似乎太骄傲了。

最近不知怎么搞的，一向神采奕奕的凯维却显得无精打采。原来最近的经济极不景气，资金方面周转不灵，再加上预算又被削减，使得科里的业务差点停顿。凯维看这种情形若继续下去，后果一定不可收拾。于是他实施了一套新方案，并且鼓励员工："好好干吧！成功之后一定不会亏待你们的。"但没想到眼看就要达到目标，结果还是功亏一篑，也难怪他会意志消沉了。平日对凯维就极为照顾的经理看了这些情形后，便对他说："你最近看起来总是无精打采的，失败的挫折感我当然能够了解，但是我觉得你之所以会失败，是因为你只是一味地注意该如何实现目标，却忽略了人际关系这个软体的工程，如果你能多方考虑，并多为他人着想，这种问题一定能够迎刃而解。"经理停顿了一下，又接着说："大丈夫要能屈能伸，才是一个好的管理人员。我觉得你就是进取心太急切了，又总喜欢为员工做表率，而完全不考虑他们的立场，认为他们一定能如你所愿地完成工作，结果倒给了员工极大的心理压力。大概也就是因为这个缘故，大家都说你虽能干，但你的部属却很难为。每个人当然都知道工作的重要性，所以你大可不必再给他们施加压力。你好好休息几天，让精神恢复过来，至于工作方面，我会帮助你的。”

看了杰克·凯维的这一段亲身经历后，你一定也有相同的感触，那就是，要想在生意场上生存，并不是只靠热情与诚意便可取得成功的。如果不设身处地地为自己的生意伙伴着想，你也不可能获得成功。只要你能奉“设身处地为对方着想”为圭臬，便可减少许多原可避免的困扰。

在生意场上总有那么一些人喜欢替别人乱出主意，或一开口便牢骚满腹，甚至喜欢改变别人，好管闲事。其实这两种人都并非人们所需要的人，一般人所需要的是可以理解他、了解他、安慰他、喜欢他的人。

“我理解你”，这短短四个字，就是你能向他人说出的最体贴、最温柔的一句话。换句话说，就是对方最乐于听到的一句话。

“我理解你”，当你对人说出这句话时，表示你能体会他的心情及他说话的意思，而对他来说，你便具有强大的魔力，而且非常值得信任，也能为自己找到生意上的好伙伴。

当众拥抱你的敌人，化被动为主动

人和动物有些方面是不同的。动物的所有行为都依其本性而发，属于自然反应；但人不同，经过思考，人可以依当时需要，做出各种不同的行为选择，例如当众拥抱你的敌人。

在生意场上，当众拥抱你的敌人，这是件很难做到的事，因为绝大部分人看到“敌人”，都会有灭之而后快的冲动，或环境不允许，或没有能力消灭对方，至少也保持一种冷淡的态度，可见要爱敌人多么困难。就因为难，所以人的成就才有高下之分、大小之分，也就是说，能当众拥抱敌人的人，他的成就往往比不能爱敌人的人大。

能当众拥抱敌人的人实际上是站在主动的地位，采取主动的人是制人而不受制于人的，你采取主动，不只迷惑了对方，使对方搞不清你对他的态度，也迷惑了第三者，使其搞不清楚你和对方到底是敌是友，甚至误认为你们已化敌为友。是敌是友，只有你心里才明白，但你的主动已使对方处于“接招”“应战”的被动态势。如果对方不能也“爱”你，那么他将得到一个“没有器量”的评语，一经比较，二人的分量立即有轻重。所以当众拥抱你的敌人，除了在某种程度内降低对方对你的敌意外，还可以避免恶化你与对方的关系。换句话说，在敌友之间留下了一条灰色地带，免得敌意鲜明，反而阻挡了自己的去路与退路。地球是圆的，天涯无处不相逢。

此外，你的行为使对方失去攻击你的立场，若他不理你的拥抱而依旧攻击你，那么他必招致他人的谴责。

所以，竞技场上比赛开始前，二人都要握手敬礼或拥抱，比赛后也一样再来一次，这是最常见的“当众拥抱你的敌人”。另外，政治人物也惯常这么做，明明是恨死了的政敌，见了面仍然要握手寒暄……

事实上，要当众拥抱你的敌人并不如想象中的那么难，只要你能克服心理障碍，你可以肢体上拥抱敌人，例如拥抱、握

手。尤其是握手，这是较普遍的社交动作，你伸出手来，对方缩手的话，那是他的无礼；在言语上拥抱敌人，公开称赞对方、关心对方，表示你的诚恳，但切忌过火，否则会弄巧成拙。

眼光放长远

在生意场上，运用人情效应有预见性地进行感情投资，放长线钓大鱼，可以起到事半功倍的作用。

日本某电子产品加工企业的老总山本二郎就非常善于使用感情投资，他用这种方法为自己企业的发展赢得了稳定的客户关系。

由于是一家加工企业，所以他必须长期地承包那些大电器公司的工程才能维持企业的生存。为了赢得稳定的客户关系，他对这些电器公司的重要人物常施以小恩小惠。不过他与一般企业家交际方式的不同之处是：不仅奉承公司要人，而且对无关紧要的年轻职员也颇为殷勤。

表面看来，山本二郎的做法似乎没有必要，但谁都知道，山本二郎并非无的放矢。因为在做这些事之前，山本二郎总是想方设法将这些电器公司内部职员的学历、业绩、工作能力以及他们的人际关系，做一次全面的调查和了解。通过调查，他认为某个人大有可为，以后会成为公司的要员时，不管他有多年轻，山本二郎都积极与他建立交情。他这样做的目的，是为日后获得更多的客户资源作准备。

如此一来，十个欠他人情债的人当中有九个会给他带来意想不到的收益。虽然，目前看起来，他做的是“亏本”生意，但日后他会成倍地收回投资。

所以，当他所看中的某位年轻职员晋升时，他便会立即跑去庆祝，赠送礼物，同时还邀请他到高级酒店用餐。一般情况下，年轻人没有什么机会出入这些高级的场所，因此对他的这种盛情款待自然备受感动。他们都会想山本真是个大好人，以后有机会一定要报答他。无形之中，这位年轻人自然就产生了知恩图报的想法。

正在受宠若惊之时，山本二郎却说：“我们企业能有今天，完全是靠贵公司的抬举，因此，我向你这位优秀的职员表示谢意，也是应该的。”他这样说的用意，是不想让这位职员产生不必要的心理负担。

这样，当有朝一日这些职员晋升至处长、经理等要职时，他们都还记着这位山本二郎的恩惠，自然忘不了报答他这位大恩人。因此在经济大萧条时期，许多承包商都倒闭或者破产了，但山本二郎的企业却仍旧生意兴隆，原因就在于他平常就十分注重感情投资。

在这个例子中，山本二郎采用的就是“放长线，钓大鱼”的感情投资策略。事实证明这种策略很有效。所以，平常我们应当尽量把眼光放长远一点，多进行人缘方面的感情投资，即便在短期内这种投资不能获得收益，总有一天我们得到的回报会成倍地翻滚。

浇灭客户愤怒的火

与客户打交道对身处商海的人来讲可谓家常便饭，不管你的客户是温文尔雅还是脾气暴躁，你都必须应对。如果客户因为某种原因愤怒了，怎样做才能浇灭他的怒火呢？

1.细心“听教”

有些客人的投诉令你感到难堪，因为这些投诉具有攻击性，但他们都能告诉你一些你不知道的信息，这些信息可能有助于你改进公司的产品或服务，所以尽量向他们查询详细信息。

2.认清事实

投诉几乎都含主观成分，顾客不会知道你在工作上付出了多少心力，你自己要认清这个事实，才可能心平气和地听取别人的意见。

3.先听后说

没等客人说完就迫不及待地为公司辩护，无疑是煽风点火，所以应让客人先说完意见，再作回应。

4.重点反击

不要对客人的每点意见都进行辩驳，宜集中处理最主要的冲突源头。

5.忍气吞声

虽然有时候顾客也有不是之处，但你不宜进行反投诉，否则事情会越闹越大。

6.正襟危坐

如果你是面对面处理客人的投诉，请小心你的肢体语言。

7.正面回应

听过投诉后，要向客人做出正面的回应，如“多谢你的意见，我们会作为参考”。

把对方该知道的事情告诉他

生意场上，不信任感容易产生在我们未给予对方充分的信息时，对方怀疑你对他隐瞒了什么。因为双方掌握的信息量有出入，对方会担心自己处于不利的状态。如果不消除对方这种心理状态，就想跟他谈合作条件，他会担心你在利用他的无知，因此就会对你产生不信任感。

在这种情况下，有两点必须引起我们的注意。首先是不要认为对方可能已经知道了某件事情，就不再告诉他。这时“因为他没问，所以我没说”这种说法是行不通的。缺乏信息的对方往往会因为以下两种原因而不去主动询问。第一，不知道自己的不明之处，也就是说，不知道自己在哪方面缺乏信息。第二，因为不知道，所以担心对方知道自己不知道。

所以，为了防止因信息量的差距而产生不信任感，或是已经产生了不信任感想加以消除，你首先应该把你认为“他应该知道”的事情详细告诉对方，以缩小这种信息量的差距。其次必须注意的是，在给予对方信息时，如果都是你这一方的信息，反而会招致对方对你的不信任。因此，你应该自然地说明对方自己可以确认那些信息是否可靠的办法。例如，你可以对他说：“你去问某某，就更清楚了。”另外，运用在说服的同时讲明消极信息的做法也是消除不信任感的好方法。

我们平时在日常生活中，不要老是向有求于自己的人说“不”。正如卡耐基所指出，要想成功地搭建沟通的桥梁，首先应让对方感觉你是可信的。

恪守信用赢得对方长久的信赖

信用是长时间积累的信任和诚信度，它是我们在生意场上与人竞争和与人共处时最重要的素质和资本。一个生意场上的高手，应该是一个恪守信用的人，以诚信去处理人际关系才会赢得别人的信任与尊重，赢得更多的生意和机会。

一个顾客走进一家汽车维修店，自称是某运输公司的汽车司机。“在我的账单上多写点零件，我回公司报销后，有你一份好处。”他对店主说。但店主拒绝了这样的要求。顾客纠缠说："我的生意不算小，会常来的，你肯定能赚很多钱！"店主告诉他，这事他无论如何也不会做。顾客气急败坏地嚷道："谁都会这么干的，我看你是太傻了。"店主火了，他要那个顾客马上离开，到别处谈这种生意去。这时顾客露出微笑并满怀敬佩地握住店主的手："我就是那家运输公司的老板，我一直在寻找一个固定的、信得过的维修店，你还让我到哪里去谈这笔生意呢？"

面对诱惑，店主没有心动，不为其所惑，坚守诚信，因此他赢得了顾客的信任。诚信是为人之本，立业之基，是打开你人际关系的"万能钥匙"。

如今，社会复杂，世事难料，人心叵测，每一个人都戴着厚厚的眼镜看世界，裹着厚厚的棉被与人交往，彼此之间小心翼翼，思前顾后，人与人之间总有一层隔膜或一道难以逾越的鸿沟，最终只能导致彼此之间逐渐疏远和冷漠。我们需要的是信任和相互扶持，这就需要我们敞开心扉，用真诚对待别人，用诚信之心面对周围的人和事物，因为只有诚信才能征服别人，赢得尊重。

例如，尼泊尔的喜马拉雅山南麓是风靡世界的旅游胜地，但是，谁能想象到这样一块胜地早年却是那样寂寞地无人问津、无人涉足，而它的美貌乍现于天下却源于一位少年的诚信。

起初，有很多日本人到这里来观光旅游，他们想亲眼目睹喜马拉雅山的壮观和伟岸。由于不熟悉当地环境和方言，有一天，几位日本摄影师不得不请当地一位少年代买啤酒，结果，这位少年为之跑了3个多小时买回了啤酒。第二天，那个少年又自告奋勇地再替他们买啤酒。这次摄影师们给了他很多钱，但直到第三天下午那个少年还没回来。于是，摄影师们议论纷纷，都认为那个少年把钱骗走了。但令人意想不到的是，第三天夜里，那个少年却敲开了摄影师的门。原来，他只购得4瓶啤酒，为了购买另外的6瓶，他又翻了一座山，趟过一条河才购得，然而，少年返回时却因绊倒摔坏了3瓶。他哭着拿着碎玻璃片，向摄影师交回零钱，在场的人无不动容。这个故事使许多外国人深受感动。后来，到这儿的游客就越来越多……

“无信者不足以立于天下”，也许一个背信弃义的人在人际交往中可能取得暂时的利益，能暂时得意，也不会有羞辱之感，但是时间会碾碎他，时间会抛弃他，时间会让他曾经“购买”的“股票”全部贬值，而且贬得一文不值。

在这个世界上有些东西是具有永久的“储藏”价值的，诚信便是，“储存”诚信能让你赢得别人的信任，更能征服别人，让你的“腰板”更直，是助你的学业或者事业取得成功的重要砝码。

利益互补，让应酬双方更亲密

在生意场上不仅性格相似的人会相互吸引，彼此之间性格差异较大的人也能够建立较为亲密的关系。当双方的需要或满足需要的途径刚好互补时，彼此就产生了强大的吸引力，即A所具有的长处正是B所不具备的，B所拥有的优势正是A所没有的，

他们对对方的倾慕会使彼此相互吸引。因为他们各自都能弥补对方的不足，互通有无，所以能一拍即合。

商务应酬时，要想迅速获得对方的好感和信任，你需要抓住对方的劣势，以你的优势弥补，从而互通有无，促成一次完满的合作。联想集团一贯擅长强强联合，一再发挥互补的优势作用。

“瞎子背瘸子”是柳传志为联想集团确定的产业发展策略。所谓“瞎子背瘸子”，即优势互补、合作制胜之意。在联想集团，这样的案例不胜枚举，但最具有典型意义的要数柳倪联手卖汉卡的成功了。

20世纪80年代初期，中国的电脑市场存在着一个很大的技术难题——西文汉化。在这个技术难题没有被攻克之前，由于绝大部分中国人不精通英语而导致计算机的使用无法熟练化，这大大抑制了计算机在中国市场的销量。这是计算机销售在中国内地打不开市场的一个根源性问题，不是促销、广告、降价所能解决的，因此，西文汉化问题成为当时在中国推广销售计算机的一个障碍，即使有再多的公司从事销售工作也无法绕开这个制约电脑普及的瓶颈。解决不了这个问题，推广和销售将无从谈起。对此，作为中科院计算机所的新技术公司，柳传志等人显然很早就认识到这个问题了，同时他们也看准了这一历史机遇，准备抓住机遇求发展。与此同时，中科院计算机所的研究员倪光南正忙着LX—80汉字系统向PC的最后移植工作，于是，柳传志等人很快就向倪光南伸出了合作之手。

柳传志投入了70万，扑在了汉卡的研究上。在有资金、有技术、有人才的基础上，倪光南团队研制出来的“联想汉卡”很快上市了，全公司人员都扑了上去。为了推销联想汉卡，柳传志重点做了三件事：第一件是证明联想汉卡是个好东西；第二件是宣传联想汉卡是个好产品；第三件是让更多的人都来买联想汉卡。另外，柳传志还树立了“联想”这面旗帜，在卖联想汉卡的同时，着力打造联想这一高科技企业的形象。

通过柳传志等人的不懈努力，联想汉卡的销售最终取得了突破性的进展：1985～1994年累计销售达15万套；1985年联想集团实现销售收入300万元，1986年收入1800万元。

“柳倪合作”的联想汉卡使联想集团在短短的两年时间内快速积累了上千万元的资本，为联想集团的发展壮大奠定了坚实的基础。正是懂得优势互补的重要性，联想才能创造一路的辉煌。

但值得注意的是，互补是相对的、有条件的，需求的互补性是以商务应酬中的双方都得到满足为前提的，如果不能满足这一要求，那么那些相反的特性就不能够产生互补，如高雅和庸俗、庄重和轻浮、真诚和虚伪等。

第二十一篇

谈判周旋，以心攻心让对方无力反击

不同的谈判对象，**不同的语言策略**

著名人际关系学家兰·勒贝茨先生指出，谈判时最怕碰到五种人。第一种是凶悍派，常用语言或肢体暴力威胁对方。譬如，“这是什么话”，或“我现在就要……”，或者“你要是不……我就……”。第二种是迟缓派，采取的是拖延战术。他会说“明天再说吧”，或“我没时间”。第三种是龟缩派，通常采取的是逃避策略。他常说“我不懂”，或“这不通”。第四种是高姿态派，习惯于用极端的要求吓倒对方。他会说“我只等到5点”，或“中午以前一定要交”。第五种是两极派，根本不谈，只逼你做要还是不要的决定。

没错，谈判过程中我们可能遇到各种各样的对手。这也是为何很多人喜欢戏称“谈判是一场顽强的性格之战”的原因。客观来讲，这场性格之战主要是靠语言交流来完成的。那么，我们欲取得谈判的最佳效果，就要针对不同的谈判对象，采取不同的语言策略。我们通常可以将谈判对象分为以下几类：

1.死板的对手

这种人的谈判特点是准备工作做得完美无缺。他们直截了当地表明他们希望做成的交易、准确地确定交易的形式、详细规定谈判中的议题，然后准备一份涉及所有议题的报价表，陈述和报价都非常明确和坚定。死板的人不太热衷于采取让步的方式，因而讨价还价的余地大大缩小。与之打交道的最好办法，应该在其报价之前进行摸底，阐明自己的立场。应尽量提出对方没想到的细节。

2.霸道的对手

这种人的性格使得他们能直接向对方表示出真挚、热烈的情绪。他们十分自信地步入谈判大厅，不断地发表见解。他们总是兴致勃勃地开始谈判，乐于以这种态度取得经济利益。在磋商阶段，他们能迅速把谈判引向实质阶段。他们十分赞赏那些精于讨价还价，为取得经济利益而施展手法的人。他们自己就很精于使用策略去谋得利益，同时希望别人也具有这种才能。他们对“一揽子”交易怀有十足的兴趣。作为卖方，他希望买方按照他的要求做“一揽子”说明。所谓“一揽子”意指不仅包括产品本身，而且要介绍销售该产品的一系列办法。

由于具有自身的优势，这种人常十分注意保护其在对外经济贸易以及所有事情上的垄断权。使对方在拨款、谈判议程和目标上受许多规定的限制。与这种人打交道，一般应做到：准备工作要面面俱到；要随时准备改变交易形式；要花大量精力在讨价还价上，才能压低其价格；最终达成的协议要写得十分详细。

3.热情的对手

这类人的特点是，在业务上有些松松垮垮，他们的谈判准备往往不充分又不过于细致。这些人较和善、友好、好交际、容易相处，具有灵活性，对建设性意见反应积极。所以要多提建议性意见，并友好地表示意图，必要时做好让步。

4.好面子的对手

这种人顾面子，希望对方把他看作是大权在握、起关键作用的人物。他喜欢对方的夸奖和赞扬，如果送个礼物给他，即使是一个不太高级的礼物，往往也能取得良好的效果。

5.冷静的对手

他们在谈判的寒暄阶段，表现沉默。他们从不激动，讲话慢条斯理。他们在开场陈述时十分坦率，愿意使对方了解他们的立场。他们擅长提建设性意见，做出积极的决策。在与这种人谈判时，应该对他们坦诚相待，采取灵活和积极的态度。

6.犹豫的对手

在这种人看来，信誉第一重要，他们特别重视开端，往往会在交际上花很长时间，其间也穿插一些摸底。经过长时间的、广泛的、友好的会谈，增进了彼此的敬意，也许会出现双方共同接受的成交可能。与这种人做生意，首先要防止对方拖延时间和打断谈判，还必须把重点放在制造谈判气氛和摸底阶段的工作上。一旦获得了对

方的信任，就可以大大缩短报价和磋商阶段，尽快达成协议。

针对以上六种人，我们总结出九种经典应对策略：

（1）对凶悍派特别有效的方式是引起他们的注意，必须把他们吓倒，让他们知道你忍耐的底线在哪里。其目的不是惩罚，而是要让他们知道你忍耐的极限。

（2）与凶悍派谈判时指出对方行为的失当，并且建议双方应进行更富建设性的谈话，在这种情况下对方也会收敛火气。这时最重要的是提出进一步谈话的方向，给对方一个可以继续交涉下去的台阶。

（3）对于迟缓派或龟缩派，要安抚他们的情绪，了解他们恐惧的原因，然后建议更换时间或地点进行商谈，适时说出他们真正的恐惧，让他们觉得你了解他们而使他们获得安全感。这种方法对凶悍派也有效，只要他们产生了安全感，自然也不会失去控制。

（4）坚持一切按规矩办事。凶悍派、高姿态派、两极派都会强迫你接受他们的条件，你应拒绝受压迫，而且坚持公平的待遇。

（5）当对方采取极端立场威胁你时，可以请他解释为什么会产生这样极端的要求，可以说："为了让我更了解如何接受你的要求，我需要更多地了解你为什么会这样想。"

（6）沉默是金。这是最有力的策略之一，尤其是对付两极派，不妨试试这样说："我想现在不适合谈判，我们都需要冷静一下。"

（7）改变话题。在对方提出极端要求时，最好假装没听到或听不懂他的要求，然后将话锋转往别处。

（8）不要过分防御，否则就等于落入对方要你认错的圈套。在尽量听完批评的情况下，再将话题转到："那我们针对你的批评应该如何改进呢？"

（9）避免站在自己的立场上辩解，应多问问题。只有问问题，才能避免对方进一步的攻击。尽量问"什么"，而避免问"为什么"。问"什么"时，答案多半是事实；问"为什么"时，答案多半是意见，就容易有情绪。

擒贼先擒王，直接拿下真正的决策者

战场上人们常说"擒贼先擒王"，商务谈判时也要"擒贼先擒王"，抓住对方真正的决策者，才能快速达成协议。

谈判的时候，我们往往会要求对方一再让步，以接近我们的预期目标，而对方在几次让步之后，可能会以"你的要求实在超出了我们的预期之外，我做不了主"应答，或者是顾左右而言他，持闪烁不定的态度，于是谈判可能由此陷入僵局。

针对这种情况，一些外国谈判专家建议，可以直截了当地说："你老是回避问题，这样的话，我直接找你上级谈好了！"这在欧美等国家或许能很好地化解谈判僵局，促进谈判的进一步进行。但在中国，这种单刀直入的突破法却不一定能化解谈判的僵局，甚至还可能加剧谈判僵局的恶化，最终导致谈判的中止。

通常，我们在谈判中若遇到对方闪烁其词、不正面回答、顾左右而言他的应对态度，就需要仔细分析谈判当时的形势，搞清楚这是对方谈判的战术，还是他确实没有这种权限，不能直接给予承诺。如果是属于前者的情况，人们可以采取单刀直入，直接切入主题的方式应对，逼迫他做出正面回答；如果属于后者的情况，人们要明白一味地步步紧逼是徒劳无益的，要学会给对方留一点思考的余地，从而让对方背后那个真正的决策者浮出水面，只有抓住了真正的决策者，这场谈判才能更快地看到终点。

这种情况下，人们往往都会想着要找对方的上层领导交流，以改变当前谈判的僵持局势。但如果你“直捣黄龙”，直接找到谈判对手的上层领导谈判，不仅显得极为失礼，也可能会碰了钉子，不被接见。这时，就需要采取透迤前进的方法，旁敲侧击地探听对方上层领导这个决策者的想法。

一般情况下，可采取下面几种透迤前进的方法：

1.给出最后期限

面对这种僵局之时，人们苦于选择给出对方最后期限，给对方施加一些压力，告诉他说，因为我们面临了种种压力，所以这件事情一定要在明天谈出结果。谈判学者研究发现，在这种情况下，不是对方在第二天就获得授权了，就是有权负责的人立刻出现了。这对谈判的进展而言，无疑添加了不少动力。

2.让谈判升级

当谈判过程中，面对对方犹豫不决的态度，人们可选择将谈判升级，直接请自己的上层领导出面。如果我方的上层领导出面，对方自然倍感压力，于是为求对等，他只好也把自己的真正的决策者请出来。这样，谈判就进入终极阶段。

3.寻找合适的借口

万不得已时，人们苦于选择“直捣黄龙”的办法，直接找到其上层领导进行沟通。商务谈判时，经过仔细观察分析，如果你确定对方犹疑不决的态度并非谈判战术，而我们又面临时间压力，就可以用直捣黄龙的方法去逼对方。而为了使人们的这种越级行为不显得失礼，最好是事先寻找到合适的借口，最好是“不期而遇”，或“顺便提起”，这样就没有对抗的感觉，才可能顺利拿下这场谈判。

“擒贼先擒王”，我们只有在谈判时抓住那个真正的决策者，与之进行沟通商谈，才能尽快达成协议。

扼制，用你的嘴说出他的反对意见

谈判中，应当事先预测对方可能会提出哪些反对意见。你若抢在对方前将这些意见说出来，便可不费吹灰之力将其扼制住。

我们把方案带到对手那里去的时候，应当事先就料到对方会提出哪几种反对意见。如果坐到谈判席上，在意想不到的情况下突遭对方的反驳后再支支吾吾地招架，就会有失体面。

如果事先估计到人家会反驳，只是准备一些应答的对策还远远不够，这样很容易被对方打败。在争论中占据上风并不是谈判的根本目的，这充其量不过是谈判形势的走向问题。

那么，应当如何对待意料之中的反对意见呢？

当估计对方会予以反驳时，有这样一种对付的办法：在他们还没有说出之前，你让同伴将预料中的反面意见说出来，然后将其否定。

首先与同伴进行磋商，列举几条意想中的反对意见，事先布置好：“估计对方会以此为理由攻击我们，你先主动地把这个问题提出来！”在谈判中，当同伴故意讲出了这个意见以后，你马上指出：“不对，这种观点是错误的。”如此这般，将这些反对意见一个一个地化为乌有。同时，你方的几个人之间还可以故意发生争执。这样做不会在对方面前露出什么破绽，反而会在保全对方面子的情况下使其接受你方的方案。

反对意见多种多样，有的可以从理论方面回答，有的无法用语言去解释，只能凭自己的感觉去理解。对方提出的意见可以用道理来说明的部分很好处理，至于那些难以解释的问题，最好还是用内部争吵的方法来解决。比如数落自己的同伴：“你总是提出这类问题，什么时候才能有

点出息呢？”只有这种语言才能处理好这种反对意见。

坐在谈判席上，总是有意识地将与会者分为说服的一方和被说服的一方，这种想法要不得。对方有3个人，你方也有3个人，我们应当把这看作是与会的6个人正在共同探讨着同一个问题，而不是3比3的对话。

所以，己方的与会人员有时最好也处在相互敌对的关系上。因为如果总是保持一致对外的姿态，对方就会产生一种随时有可能遭到你方攻击的顾虑。把既成的事实强加于人，这是被说服一方最厌恶的一种做法。

当己方内部互相争论的时候，很容易形成一种在场的所有人都在议论的气氛，结论也仿佛是在对方的参与下得出来的。于是在大家的思想中能够形成一种全体参与、共同协商的意识。

但是，若只有你一个人在场的时候又该怎么办呢？

无论事先做过多么周密的准备，一旦到了谈判桌上，仍然会察觉到要有某种反对意见出现。这时，你可以把它处理为临来之前曾经听到公司里有人提出过这种意见。这样，当你发觉这种反对意见即将提出的时候，就抢先说道：“在公司里谈论这个方案的时候，有个家伙竟然这样说……”这么一来，不管对有没有持这种意见的人，都会产生敲山震虎的效果。说完以后，你还要征求对方有什么感想。听你这么一说，只要不是相当自信的人就很难说出“我也是这么想的”这句话。即使摩拳擦掌准备提出这种反面意见的人，也不愿落得与“这个家伙”相同的下场，所以只得应付说：“是嘛，这么说可就太奇怪了。”

用这个办法，将对方的反面意见压制住，哪怕只有一次，在以后的谈判过程中对方就不会轻易反驳了。你方大致预料到反面意见的内容时，抢先说：“谈到这里，肯定会有个别糊涂虫提出这么一种反对意见……”于是对方唯恐提出不恰当的反对意见后被人耻笑为“个别糊涂虫”。

此外，还有一个办法：抢先说出对方从他们自己的立场出发所产生的不安和所要承担的风险。如说：“我如果是经理的话，这种事情太可怕了，恐怕不敢瞎说。”或者说：“也有出现这种情况的可能，所以我如果站在经理的立场上，也许会想办法回避。”把自己所预料出现风险的可能性间接地表达出来。在达成协议还是谈判破裂的岔口上，语气再稍微强硬一些也未尝不可：“如果站在经理的立场上，我会认为，造成谈判破裂要比被迫接受对方的条件可怕得多。”

总之，无论怎么说，反正不能让对方把反对意见先说出口，这与你方的意见让对方说出，令对方感到满足是一样的道理。对方的反对意见从你方嘴里说出来，这样做给人留下了对方反驳的观点已经被你方研究透了的印象，就可以不费吹灰之力地将其扼制住。

两大让步策略，像高手一样决胜激烈谈判

谈判桌上风云变幻，任何一方都希望自己能够在复杂的局势中左右谈判的发展，于是，谈判在很多时候就像战场上打仗一样激烈。

一般来说，谈判进行到非常激烈的程度，往往需要有一方做出让步才能推动谈判继续进行。不过，对于让步的一方来说，并不一定要漫无目的、毫无原则地退让。若能有策略地退让，让步的一方同样可以为自己争取很多利益。

那么，让步的一方应该如何具体地去“让”呢？同样，我们仍先假设自己的让步分为四个阶段，将让步利益的总份额规定为18份。以下两种就是针对不同情况的参考策略。

第一种：这种策略适用于讨价还价比较激烈的谈判。在缺乏谈判知识或经验的情况下，以及在进行一些较为陌生的谈判时运用这种策略，效果也比较好。

让步策略：4.5—4.5—4.5—4.5，即在让步的各个阶段中等额地让出可让利益，让步的数量和速度都是均等稳定的。国际上将这种挤一步让一步的策略称为“色拉米”香肠式谈判让步策略。

策略优点：这种策略对于双方充分讨价还价比较有利，容易在利益均沾的情况下达成协议。由于让步平稳、持久，坚持步步为营的原则，这样不仅使对手不会轻易占到便宜，而且如果遇到性急或没有时间长谈的对手则会因此占据上风而获利。

策略缺点：平淡无奇的让步模式不仅让步效率低，通常要消耗双方大量的精力和时间而使谈判成本增高，而且容易使人产生乏味疲劳之感。由于对方每讨价还价一次都会获得等额的一份利益，这就刺激了他们要进一步等待而诱发出要使本方出让更多利益的欲望。

第二种：此种策略宜于在竞争性较强的谈判中，而在具备友好合作关系的谈判中不宜使用。不过，这种策略要求谈判者本身应富有谈判经验。

让步策略：2.4—0.9—5.1—9.6，即在开始时在较适当的起点上让步，然后在第二步时做出减量让步的姿态，给对方一种已接近尾声的感觉。如果对方仍紧追不舍，再大步让利，最后在一个较高的让步点上结束。

策略优点：这种让步策略富于弹性和活力，如果对手缺乏经验和耐心，则可为本方保住较大的原可出让的利益。这样，后两步的大让步将让你的谈判对手发现他的谈判成功把握较大，从而促成谈判更容易成功完成。

策略缺点：前三期让步数量忽少忽多，容易使对手感到本方诚意不足；前两期与后两期相比，出让利益反差较大，对方又会因此而增高期望值，可能会力图继续讨价还价，增加不必要的麻烦。

相对而言，这种策略要求谈判者的谈判技术比较强，它要求谈判者能够有充分的能力去掩饰你的破绽，消除利用这种方法所带来的不利影响。

沉住气，不给对方可乘之机

卡耐基认为：在协议签署之前，最好不要将谈判意向公之于世，不能让对方知道你的用意。如果即将签署的协约在政治上有某种意义的话，是绝对不能声张的。一旦让对方知道这个协议你是非签不可的话，他会乘机让你做出非常大的让步，而你为了顾及面子又不得不忍痛割爱。

1977年，当时的英国首相詹姆斯·葛拉翰，在召开政党大会时宣布，他的政府准备和波兰政府签署一份价值1亿英镑的造船协议。这项声明的用意是要提升他在工党里的声望。

但是这种方式使他在谈判时的防卫力量减弱。他公开了这项协议，必然引起公众的注意，那么，身为首相的詹姆斯·葛拉翰必然会签署这份协议，否则首相的面子就会受到伤害。但是，在他宣布时，这项协议还没有签署，双方还在谈判。

首相在政党大会宣布这项造船协议之前，英国政府代表乘飞机抵达波兰，双方正准备签署这份协议时，詹姆斯·葛拉翰首相宣布签署造船协议的消息传到了波兰。波兰谈判代表在即将签署协议的刹那间，忽然提出了几项原本不打算提出的要求。这几个项目大都是要求英国在财务及付款上做出更进一步的让步，价值约100万英镑。英国代表立即向首相请

示，詹姆斯·葛拉翰明知道这份让步过大的协议使英国政府至少损失100万英镑，但是为了维护首相可以信赖的形象，他只得回答："照签！"

在协议签署之前，公布谈判意向并不一定都是坏事，但是，在双方为彼此的利益仍在讨价还价时就将其公布，显然不太明智，尤其是签署在政治上有一定意义的协约之前，一定要严守秘密。一旦被对方知道你已经造成了必须签署此协议的局势，只要双方还没有在协议上签字，其中一方依然有权利提出新的要求。你的选择也只有两个——谈判破裂或做出更进一步的让步，这两种选择都会对你造成巨大的损失。

因此，作为谈判中的管理者在协议还没有正式签署之前，一定要沉住气，不要给对方制造可乘之机。

同步策略，让他顺着你的意思走

为了成功地说服和影响他人，成功地进行谈判，你必须知道如何处理随时可能出现的问题。尤其是一些人会反对你的意见或建议，尽管你有良好的意图，但他们仍会制造出各种障碍阻止你的意见或建议被采纳。

当你的主意不被赞同和接受时，你应该怎么处理呢？卡耐基曾向许多人提出这个问题。他们说，在大多数情况下，他们会屈服于这个障碍而放弃去影响这个人。他们做出这种反应往往是因为他们感到被动、愤怒、失望，提出这些建议是白费好心。这些情感反应在我们遭到别人的反对和抵制时会经常出现，甚至有时反应还比较激烈。

如果你足够明智的话，那就别在乎，简单的两步会帮助你克服这种阻力和抵制。我们依靠的就是先同步后引导的技巧。

为了弄懂这种两步策略的工作原理，你首先要问自己："当他们反对、抵制你极好的主意或给你的主意制造障碍时，你认为他们采取这种做法是想表明什么？"

他们这么做实际上是想说："我觉得与你相处不舒服"，"我感到我们不合拍"，"我们不是同路人"，"你不懂得我的思想、需要、感觉和看法"……

这里最重要的问题就是：你要恰当地采取一些措施使对方感到"与你相处舒服""与你合拍""与你是同路人""你理解他们"。

你给出的回答应该是取得与他们同步。为此你可以使用下面介绍的技巧来给对方留下好印象：

1.认真听和提问

比如，可以说："让我看看，我是否搞懂了你的反对意见，你的反对意见是如此这般……"

2.表示同意

比如说："我知道，你提出了一个好点子。我同意你的看法。你的建议看来没问题。"

3.巧妙的模糊词语

如果明显是那个人错了，或者他搞不清你的建议，你可以说："你知道，我一直在听你的反对意见，你说到了点子上”，或者“那是个好主意”，或者“你可能是对的”。

在你缓和了同对方的关系之后，再着手去引导。你可以采取这些方法：提出你的要求；使用开放型问题；使用只能回答“是”或带“或”的封闭型问题。比如，请教那个人你应当如何处理这些建议，他才可能愿意接受它。

下面是一个如何采取这种方法的具体例子。

我们假设你想让某人同你一起做一个项目。但是她反对说：“我太忙，没时间做这个项目。”这时，你可不能这样回答：“谁在乎你忙不忙？你必须做。”这可能确实是你想说的话，然而这么做将会伤害对方。

要做到自己和他人取得一致，你可以说：“我知道你非常忙。”这么做她就会觉得你理解她的难处。然后你再采取引导的做法，问一个开放型问题：“我们如果重新安排一下你的任务，你就能有足够的时间来做这个项目对吗？”这个问题会促使她进行思考，盘算她怎样才能做这个项目。

在这类谈判中，请记住：当别

人反对你的主意时，他们实际想表示的是他们与你在一起不舒服，他们希望你做点什么或说点什么使他们感到舒服一些。

总而言之，谈判过程中，你若碰到某人反对你的建议或主意，应立刻着手取得同步。使用同步策略可以使别人感到你与他们合拍，或你至少懂得他们的思想、需要、感觉、看法、愿望和目标。当你已顺利地对某人进行说服时，你只要继续进行引导即可。

“鼓励”对手，**突破最后一关**

不得不承认，谈判的内容通常都是错综复杂的，在一些大型的谈判中，最高议题纪录可多达70项。

当谈判内容包含多项主题时，可能有某些项目已谈出结果，某些项目却始终无法达成协议。于是，多半会造成谈判进入僵局。可我们仔细想想，眼看谈判进行到最后阶段，那么多

议题都通过了，只因为小部分议题的分歧而让整个谈判泡汤，岂不是因小失大吗？

因此，面对议题分歧所造成的僵局，千万不要惊慌失措或情绪沮丧，更不要一味指责对方没有诚意，要弄清楚僵局产生的真实原因是什么，即议题分歧点在哪里，然后运用有效的策略技巧突破僵局，使谈判顺利进行下去。

你肯定会问："什么样的策略才能在这种情况下轻松奏效呢？"很简单，在这种情况下，我们如果能够适当地"鼓励"对方："看，许多问题都已解决，现在就剩这些了。如果不一并解决的话，那不就太可惜了吗？"这就是一种用来打开谈判僵局的说法，它看起来虽然稀松平常，实际却能发挥莫大的效用，所以值得作为谈判的利器，广泛地使用。

尤其是牵涉多项讨论主题的谈判，更要特别留意议题的重要性及优先顺序。譬如，在一场包含六项议题的谈判中，有四项为重要议题，另两项则不甚重要。而假设四项重要议题中已有三项获得协议，只剩下一项重要议题和两项小问题，那么，为了能一举使这些议题也得到解决，你可以这么告诉对方："四个难题已解决了三个，剩下的一个如果也能一并解决的话，其他的小问题就好办了。让我们再继续努力，好好讨论讨论这唯一的难题吧！如果就这么放弃，大家都会觉得遗憾呀！"听你这么一说，对方多半会点头，同意继续谈判。当第四个重要议题也获得了解决时，你不妨再重复一遍上述的说法，使谈判得以圆满的结束。

当然了，打开谈判僵局的方法，除了上述"只剩下一小部分，放弃了多可惜”“已经解决了这么多问题，让我们再继续努力吧”等说话的技巧外，尚有其他多种做法。不过，无论所使用的是哪一种方法，最重要的，是要设法借着已获一致协议的事项作为跳板，以达到最后的目的。

收尾五大策略，双赢很简单

双赢的结果，就像买衣服一样，我们把商贩的期待降到50元，最后以60元成交，这时他会觉得挺高兴的，这就是一个好的收尾。金钱的谈判比较简单，一般谈判的收尾，一定要记得“赢者不全赢，输者不全输”的定律，这样谈判才有下次。“赢者不全赢，输者不全输”，当然得靠一些谈判技巧来解题。

假如今天一个公司有旅游活动，有一批人要去山边，有一批人要去海边。假期只有三天，上山就不能下海，下海就不能上山，这是典型的资源分配问题。为了让同事们彼此联谊，所以不能兵分二路，因为这样不熟的人将永远不熟，达不到联谊的目的。另外，也为了公司的团结，老板规定旅游活动的地点不能用表决的方式决定，因为一表决就把同事们分成了两派，反而形成对立，所以一定要通过协商，让大家都一致同意才行。这题该怎么解？

第一种方法是增加资源法。如分大饼，大家都想多分点的时候，最直接的方法就是把饼做大一点。所以如果能把假期累积成一个星期，那么就可以一半时间去山边，一半时间去海边。

有人说："这可能吗？"我们的答案是："不试你怎么知道不可能？"任何谈判都一样，不要先想怎么分，而应先想怎么创造新的东西出来，让大家都可以多分一点。

第二种方法是"交集法"。我们让到山边和海边的人，为山边、海边下个定义：山边的好处是什么？海边的好处又是什么？

想上山的人可能说：我要做森林浴、吃山珍野味，还有……

想去海边的人说：我要玩水、吃海鲜，还有……

这时我们可以略加调整，问去海边的人："'海鲜'能不能改成'虾'？"如果他没有异议，那我们就可以找到同时有"森林浴、山珍野味、玩水、吃鱼虾"的地方——湖边。例如到森林中去，就可以做森林浴、吃山珍野味、玩水，而且还有鳟鱼和溪虾。谁说鱼虾一定要是海里的？它可以是淡水的呀。

第三种方法是"切割法"。比如想上山的人本来想去住小木屋，想去海边的人想住五星级大饭店，于是想上山的和想去海边的说："如果你们答应去山边，我们放弃小木屋，改住五星级大饭店，好不好？"住宿地点听你的，度假地点听我的，这就是切割。事实上"度假"一事可切的还不只是地点和住宿而已，它还可以切出"交通经费"等细项。切得越细，可以交换的东西越多。

第四种方法是"挂钩法"。如果想上山的人认为，去山边的目的就是住小木屋，如果去住五星级大饭店，还有什么好去的？所以不能切割。如果不能切割，他就可能得把别的东西放在桌上一起谈："好啦，如果你们能答应我们去山边的话，过去我们两个单位不是争过一套20万的办公室软件到底该谁出钱吗？那就我们这边出好了，这样好不好？”办公室软件和度假本来风马牛不相及，但为了让谈判有进展而把它们放在一起，这就叫挂钩。

第五种方法是减少对方让步所付出的成本。如果最后是去海边的人获胜，那他们一定要花点时间去了解，为什么那批人一定要去山边？可能后来他们会发现，去山边的人除了“仁者乐山”之外，还因为山边便宜，海边太贵。这时去海边的就应该想想，原来想住五星级大饭店，现在可不可以改住三星级的，比较便宜？能减少对方让步的成本，也会让他感觉好些，比较能接受谈判结果。

这就是收尾的功夫。这五种解题法可以适用于任何场合，无论是商务谈判还是劳资谈判。只要熟用这些模型，都可以得出双赢的协议。

第二十二篇

交际妙招，自如应对令你满盘皆赢

摸清对方性格再行动

人们在相互交往中，可能都有这样的体验：如果对一个人不了解，你和他在感情上就必然有距离，谈话不知从什么话题开始，吃饭不知选哪类饭店、点哪类菜肴，送东西不知选什么礼物……其实，如果我们了解对方的性格，一切就大不一样了。

一个人性格的形成，往往跟他生活的时代、家庭的环境、所受的教育和个人经历有关。我们在考察一个人的性格的时候，最好也要了解他的性格形成的原因。这样，你可能就会理解他、体谅他、帮助他，慢慢地，你们相互间就会增进了解，你们才可能成为好朋友。

了解了他人的性格，在选择与对方相处的方式上就会有相应的策略。在《三国演义》中，诸葛亮针对张飞脾气暴躁的性格，常常采用激将法来说服他。

马超率兵攻打葭萌关的时候，诸葛亮对刘备说："只有关羽、赵云二位将军，方可对敌马超。"

这时，张飞听说马超前来攻关，主动请求出战。

诸葛亮佯装没听见，对刘备说："马超智勇双全，无人可敌，除非往荆州唤云长来，方能对敌。"

张飞说："军师为什么小瞧我！我曾单独抗拒曹操百万大军，难道还怕马超这个匹夫！"诸葛亮说："你在当阳拒水桥，是因为曹操不知道虚实，若知虚实，你怎能安然无事？马超英勇无比，天下的人都知道，他渭桥六战，把曹操杀得割须弃袍，差一点丧命，绝非等闲之辈，就是云长来也未必能胜他。”

张飞接着说：“我今天就去，如战胜不了马超，甘当军令！”

诸葛亮看激将法起了作用，便顺水推舟地说：“既然你肯立军令状，便可以为先锋！”

诸葛亮就是这样聪明，因为摸透了张飞的性格，每当遇到重要战事，他都先说张飞担当不了此任，或说怕他贪杯酒后误事，激他立下军令状，增强他的责任感和紧迫感，激发他的斗志和勇气，扫除轻敌思想。

虽然我们周围的人情况各有不同，如对方的兴趣、爱好、长处、弱点、情绪、思想观点等，这些都是需要注意的内容，但身份与性格无论如何是很重要的“情况”，不得不优先注意。

如果你能摸透对方的性格，掌控对方的性情，那么与他相处就不是什么难题了。

看清对象再说话

在生活中，人们难免与人交往，这就需要言语上的沟通。只有把话说到对方的心坎上，才能给友谊架起绚丽的彩桥。

实践证明，如果不能根据对象的不同而采取不同的言语方式，就容易制造对立，产生麻烦。可是怎样才能在说话中尽量避免得罪他人给自己制造那么多不必要的麻烦呢？这就需要我们学会与不同对象说话的技巧。

1.与年长者交谈，态度要谦虚

大家还记得那个有些世俗但非常会说话的韦小宝吗？他刚

开始进宫的时候，遇到的第一个人就是海公公。尽管他以后常常被海公公利用，可是他对海公公说话时，却表现出了少有的谦虚和恭敬。对于他的这种表现，别的小太监很不能理解，他却说:“他怎么说都是老人家嘛。”

在这里，韦小宝告诉了我们一个道理，那就是要尊重长辈，在与长辈对话的时候，要尽量保持得谦虚、恭敬。尽管长辈常常会因为自己的辈分而倚老卖老，可是他们获得的经验，却是我们凭借一时的聪明学不来的。

老年人较之常人更易情绪激动。在他们的一生中，他们曾成就过许多值得骄傲的事情，而他们非常喜欢谈论这些作为。他们常喜欢人家来求教他和听他的劝告，喜欢人们尊敬他。

另外，跟长者交谈的时候，要尽量避开他的年纪，不要一直在重复他的年纪大，这样常常会招致对方的反感。因为很少有人喜欢别人说自己年高，相对之下，他们喜欢显得比自己的真实年龄更年轻。

2.与年幼者交谈，态度应深沉、慎重

这里，我们依旧以非常会说话的韦小宝为借鉴。很多人认为，“深沉”“慎重”这样的词汇，用在韦小宝身上是很奇怪的。因为形象的刻画，他给人的感觉总是有些不负责任的。可是，事实上韦小宝比谁都注意自己的态度，在什么时候说什么话，他的心里也是很清楚的。比如，在比自己年纪小的太监面前，他总是很细心的教给他们一些道理，让他们逐渐地适应宫中的生活。但是，与年幼的人交谈也是很有技巧的：韦小宝从来不让对方直呼他的姓名，尽管亲近，但是保持了一个度，这样说出来的话才能有威信，不至于如同朋友之间开玩笑似的不被人重视。

另外，与年幼者谈一些他们很感兴趣的事物，让他们相信自己是从他们的立场来观察事物的，让他们能明白自己也有与他们一样的观念，这样谈话就能很顺利地进行下去了。

与年幼者交谈时，要注意尽量不要打破他们的梦想，不要使自己的话超出自己的知识范围。尽量讲他们感兴趣的事，不要讲自己感兴趣的事，要把他们吸引过来，而不是让他们吸引自己。

3.与地位高者交谈，保持自己的个性

与地位高的人交谈，并不一定要用尽全身力气去抬高对方，这样说话往往会得不到对方的尊重。仍然以韦小宝为例，他在与地位高于自己的人谈话时，一直在强调保持自己的个性。比如，他跟皇上说话，就总是用一副别的太监不敢用的态度，而且很滑稽、很有趣。所以皇上在评价韦小宝的时候说："他是唯一一个不做'应声虫'的人。"可见，在地位高于自己的人面前保持个性的重要性。

同时，与地位高者谈话还应注意以下几点：

态度上表现出尊敬；

对方讲话时全神贯注地听；

不随意插话，除非对方希望自己讲话；

回答问题简练适当，尽量不讲题外话；

说话自然，不紧张。

除了上述几个类型的人之外，我们还可能遇到其他的人。

可是不管对方是什么人，我们都应该向韦小宝那样，做到“见什么人说什么话”。因为只有这样，你才能在职场、商场、情场都左右逢源，应付自如。

瞄准目标，说话一语中的

伟大诗人杜甫曾有过“语不惊人死不休”的名句。在交际中，好的口才能让你左右逢源，八面来风，使自己备受众人的欢迎。

如何拥有“惊人”的交际口才呢？以下两大方面是最好的参考：

1.从感性上感染对方

人是既有理性又有感性的动物，理性和感性共同支配着人所做出的一切决定和行动，正因为如此，我们在交际中不仅要注意从理性上说服对方，还要注意从感性上感染对方，甚至于主要在感性上引起对方的共鸣进而达到交际的目的。这就要求我们必须学会打动人心的交际技巧。要想打动人心，最关键的是要尽量把抽象的事物和感受具体化，使之成为可感可触的东西。避免直接、抽象地陈述不幸者所承受的痛苦，而是将这些痛苦形象化，使之成为人们可感可触的东西。

抽象的事物往往只能给人一个概念，而形象、具体的事物则容易给人留下深刻的印象，同时容易激发人的形象思维，为人留出广阔的想象与回味的空间。人们的不幸和痛苦也是一样，抽象的表述再详实也无法充分调动人复杂丰富的感受，而只有当这些不幸和痛苦凸显化、立体化，成为可感可触的东西时，人们才会产生联想，才会有真切的体验，内心的同情与感动才会被激发出来。因此，要想打动别人，把不幸形象化的能力是非常重要的。

一个寒冷的冬天，纽约一条繁华的大街上，有一个双目失明的乞丐站在路边乞讨。那乞丐的脖子上挂着一块牌子，上面写着“自幼失明”。一个诗人走近他身旁，他向诗人乞讨。诗人说：“我也很穷，不过我给你点别的吧。”说完，他便随手在那乞丐的牌子上写了一句话。

那一天，乞丐得到很多人的同情和施舍。后来，他又碰到那诗人，他很奇怪地问诗人：“你给我写了什么呢？”那诗人笑笑，念牌子上他所写的句子道：“春天就要来了，可我不能见到它。”

同是有感情的人类，人们对于幸与不幸的体味是大致相同的。细述自己或他人的不幸感受，一方面可以通过心理和情感的刻画来引发人们对于类似体验的心灵共鸣，另一方面也可以通过语言、表情、动作的渲染来制造强烈的现场感，使人们如亲临其境，无法不被当时的情景和人物所感染。

2.注意语言的附加意义

在语言交谈中，具有“附加意义”的词语，在运用时须特别谨慎，如果随意滥用，势必造成相反效果。尤其在语言运用上，必须注意各种不同文化背景的语言差异。

例如，我们对同事、朋友、邻居说声“吃过饭了吗？”或“一大早要到哪里去呀？”谁都知道这是一种问候，是打招呼，会使人从心底感到亲切友好，但如果对象不对或地方不对，就会引起误解或不快。

上面同样是问这些话，在一些外国人听来，却会引起误解或不快。问他是否吃过饭了，对方会认为你准备请他吃饭；问他一早上哪儿去，如对方是欧美人，就会认为你多管闲事，从此对你敬而远之。“你要多穿些衣服，别感冒了。”在我们听来是种关怀，但美国人听了也许会认为你是在指使他做什么，因此对你产生反感。在人际交往中必须对此特别注意。

第二次世界大战时，荷兰总理和英国首相丘吉尔的“一句话会议”，可说是使用语言中附加意义的成功实例。

当时，荷兰本土被德军占领，荷兰流亡政府在伦敦设立总部，几天后，荷兰总理第一次会见英国首相丘吉尔。

双方会面时，他只是友好地向丘吉尔伸出手并说了声：“Good bye！”

就这么简短，说完转身就走。

丘吉尔却说：“先生，我真希望所有的政治会议，都如此简短而且切中要害。”

的确，作为一次政府首脑的会话，时间如此短暂，话语如此简短，恐怕是绝无仅有的。但仔细想想，在国土沦丧、人民遭受侵略者蹂躏的时候，对于一个流亡政府的总理来说，实在没有比说“再见”两字更为合适的话了。

在这非常的时刻，一声“再见”所传达的信息，远比一篇冗长的演说更令人印象深刻。为祖国人民焦虑、对战争必胜的信念、对盟友的坚定信赖……都包含在这一声“再见”之中了。

发掘共同爱好，增进彼此私交

对于人类来说，感情好像一把双刃剑，它可以使你受伤，它可以使你受益。

张某大学毕业被分配在外地工作，而妻子在城市工作，夫妻长期分居两地。张某为了回城费尽心思，却不见成效。

他几次找主任汇报工作时，常见主任在围棋盘上与人对弈，对张某爱理不理。张某只好忍着站立旁边观战。

说也怪，主任对赢棋并不感兴趣，输倒更来劲，但是，要赢主任的棋，单位里还找不出几个人。

张某从中悟出这个道理，要通过下棋“杀倒”主任，调回城里来。于是，他买书籍、拜名师、观棋谱，潜心研究围棋技艺，不到半年，果真练出了一手好棋艺。

再找主任时，开始“观阵”、再当“军师”、然后“参战”，几次交锋，杀得主任大败，引起了主任的兴趣。

从此张某经常在主任身边，后来不等张开口，主任主动关心他的调动事情，在调函上盖了章，很快夫妻团聚了。

张某迎合主任的喜爱，通过棋盘上的你攻我防的较量，增进了了解，与主任彼此有了私人交情，建立了朋友般的关系。

如果你擅长表达对对手的了解和关心，理解对手的需要、希望、处境以至梦想，努力建立和维持与对手的好感、友谊，你的问题就解决了大半。

心理学家认为，朋友是人与人的彼此交往中自发形成的松散型的意缘群体。所谓意缘群体是与血缘群体相对而言的，它是由于意向、志趣、爱好和观念相似或相近自然结合而成的，不是靠行政或组织行为黏合到一起的。

由于你们对待工作、生活和学习的态度类似，即价值观相同，所以，你们在一起时易于相互感知，相互适应，感情易于沟通，容易达成共鸣，并且容易得到对方的支持，容易预测对方的情绪、需求和态度取向，因此相互间容易产生亲密感。自然，朋友之间有困难，朋友向朋友提出帮忙的要求，也就乐于效劳，尽力解决了。

足见，共同的兴趣爱好的确是一个促进双方感情交流的好方法。懂得做事之道的人，是懂得利用共同的爱好，促进交情，以求得办事的顺利。

缩小距离才能**结交朋友**

社交场上，当你和对方缩小了距离感的时候，他就会对你敞开心扉，乐于帮你办事或助你一臂之力，也可以与你成为长久的朋友。

关于具体如何缩小距离感，著名的人际关系大师卡耐基教给我们一些诀窍。掌握了这些诀窍，我们以后便可在社交场上与他人轻松和谐地相处，建立友好的人际关系。

1.多说平常的语言

著名作家丁·马菲说过："尽量不说意义深远及新奇的话语，而以身旁的琐事为话题作为开端，是促进人际关系成功的钥匙。"

一味用令人吃惊的话，容易使人产生华而不实、锋芒毕露的感觉。受人爱戴与信赖的人，大多并不属于才情焕发，以惊人之语博得他人喜爱的人。

尤其对一个初识者，最好不要刻意显露自己，宁可让对方认为你是个善良的普通人。因为如果一开始你就不能与他人处于共同的基础上，对方将很难对你产生好感。如果你摆出一副高人一等的样子，别人也会用同样的态度对待你。

2.了解对方的兴趣爱好

初次见面的人，如果能用心了解与利用对方的兴趣爱好，就能缩短双方的距离，而且加深给对方的好感。例如，和中老年人谈健康长寿，和少妇谈孩子和减肥以及大家共同关心的宠物等，即使自己不太了解的人，也可以谈谈新闻、书籍等话题，都能在短时间内给对方留下深刻印象。

3.引导对方谈得意之事

任何人都有自鸣得意的事情，但是，再得意、再自傲的事情，如果没有他人的询问，自己说起来也无兴致。因此，你若能恰到好处地提出一些问题，定使他欣喜，并敞开心扉畅所欲言，你与他的关系也会融洽起来。

4.坐在对方的身边

面对面与陌生人谈话，确实感觉很紧张，如果坐在对方的身边，自然会比较自在，既不用一直凝视对方，也避免了不必要的紧张感，而且会很快亲近起来。

5.找机会接近对方的身体

每个人都会在自己的身体周围设定一个势力范围，一般只允许特别亲密的人进入。如果你进入了，就会产生与对方有亲密人际关系的错觉。

6.注意自己的表情

人心灵深处的想法，都会形诸于外，在表情上显露无遗。一般人在到达约会场所时，往往只检查领带正不正、头发乱不乱等问题，却忽略了“表情”的重要性。如想留给初次见面的人一个好印象，不妨照照镜子，审慎地检查一下自己的脸部表情是否和平常不一样，过分紧张的话，最好先对着镜中的自己傻笑一番。

7.留给对方无意识的动作

初次见面的场合，如果有一方想结束话题，往往会有看手表等对方不易察觉的无意识动作。因此，当你看到交谈的对方突然焦躁地看着手表，或者望着天空询问现在的时刻，就应该尽早结束话题，让对方明了你不是一个毫无头脑的人，你清楚并尊重他的想法，必能留给对方一个良好的印象。

8.避免否定对方的行为

初次见面是建立良好人际关系的重要时期，在这种场合，对方往往不能冷静地听取意见、建议并加以判断，而且容易产生反感。同时，初见面的对象有时也会恐惧他人提出细微的问题来否定其观点，因此，初见面时应当尽量避免有否定对方的行为出现，这样才能促成紧密的人际关系。

当然，这并不是让你不提相反意见，你尽可能地避免当着他的面提出，或者可以借用一般人的看法以及引用当时不在场的第三者的看法，就不会引发对方反射性的反驳，还能够使对方接受并对你产生良好印象。

9.了解对方所期待的评价

心理学家认为，人们往往不满足自己的现状，然而又无法改变，因此只能持有一种幻想中或期盼中的形象，在人际交往中，非常希望他人对自己的评价是好的，比如胖人希望看起来瘦一些，老人愿意显得年轻些等。

10.找出与对方的共同点

任何人都有这样一种心理特性，比如，同乡或同一母校的人，往往不知不觉地因同伴意识、同族意识而亲密地联结在一起，同乡会、校友会正是因此产生。若是女性，也常因血型、爱好的相同产生共鸣。

如果你想得到对方的好感，利用此种方法，找出与对方拥有的某种共同点，即使是初次见面，无形之中也会涌起亲切感。一旦被拉近了心理的距离，双方很容易推心置腹。

11.以笑声支援对方

做个忠实的听众，适时地反应情绪，尤其要发挥笑的作用，可以使对方摈弃陌生感、紧张感。即使对方说的笑话并不很好笑，也应以笑声支援，产生的效果或许会令你大吃一惊。因为，双方同时笑起来，无形之中产生了亲密友人一样的气氛。

12.表现出自己关心对方

表现出自己关心对方，必然能赢得对方的好感。

卡耐基认为，在招待他人或是主动邀请他人见面时，事先应该搜集对方的资料。这不仅是一种礼貌，而且可以满足他人的自尊，使他感受到你的诚意和热忱。

记住对方说过的话，事后再提出来当话题，也是表示关心的做法之一，尤其是兴趣、梦想等，对对方来说，是最重要、最有趣的事情，一旦提出来做话题，对方一定会觉得愉快。

多说“我们”，不是自己人也拉成自己人

新婚燕尔，新娘对新郎说：“从此以后，就不能说‘你的’‘我的’，要说‘我们的’。”新郎点头称是。一会儿，新娘问新郎：“亲爱的，我们今天去哪儿啊？”新郎说：“去我表姐家。”新娘就不乐意了，纠正说：“是去我们表姐家。”新郎去洗手间，很久了还不出来。新娘问：“亲爱的，你在里面干吗呢？”新郎答道：“我在刮我们的胡子。”

这虽然是一则笑话，可是它体现了一个问题，即“我们”这个词可以造成彼此间的共同意识，拉近双方的距离，对促进人际关系将会有很大的帮助。

曾经有一位心理学家做过一项有名的实验，他选编了三个小团体，并且分别派三人饰演专制型、放任型、民主型的领导人，然后对这三个团体进行意识调查。

结果，民主型领导人所带领的这个团体表现了强烈的同伴意识。而其中最有趣的就是这个团体中的成员大都使用“我们”一词来说话。

经常听演讲的人，大概都有这样的经验，就是演讲者说“我这么想”不如说“我们是否应该这样”更能使你觉得和对方的距离很近。因为“我们”这个词，也就是要表现“你也参与其中”的意思，所以会令对方心中产生一种参与意识，按照

心理学的说法，这种情形是“卷入效果”。

小孩子在玩耍时，经常会说“这是我的东西”或“我要这样做”，这种说法是由于小孩子的自我显示欲直接表现所造成的。有时在成人世界里，也会出现如此说法，而这种人不仅无法令对方有好印象，可能在人际关系方面也会受阻，甚至在自己所属的团体中形成被孤立的局面。

人心是很微妙的，同样是与人交谈，有的说话方式会令对方反感，而有的说话方式却会令对方不由自主地产生妥协。

事实上，我们在听别人说话时，对方说“我”“我认为”带给我们的感受，将远不如他采用“我们”的说法，因为采用“我们”这种说法，可以让人产生团结意识。

“我”在英文里是最小的字母，千万别把它变成你词汇中最大的字。

一次聚会，有位先生在讲话的前三分钟内，一共用了6个“我”，他不是说“我”，就是说“我的”，如“我的公司”“我的花园”等。随后一位熟人走上前去对他说：“真遗憾，你失去了你的所有员工。”

他怔了怔说：“我失去了所有员工？没有呀，他们都好好地在公司上班呢！”

“哦，难道你的这些员工与公司没有任何关系吗？”

亨利·福特二世描述令人厌烦的行为时说：“一个满嘴‘我’的人，一个独占‘我’字、随时随地说‘我’的人，是一个不受欢迎的人。”

在人际交往中，“我”字讲得太多并过分强调，会给人突出自我、标榜自我的印象，这会在对方与你之间筑起一道防线，影响别人对你的认同。

因此，会说话的人，在语言传播中总会避开“我”字，而用“我们”开头。下面的几点建议可供你参考。

1.尽量用“我们”代替“我”

很多情况下，你可以用“我们”一词代替“我”，这可以缩短你和大家的心理距离，促进彼此之间的感情交流。

例如：“我建议，今天下午……”可以改成：“今天下午，我们……好吗？”

2.这样说话时应用“我们”开头

在员工大会上，你想说：“我最近做过一项调查，我发现40％的员工对公司有不满的情绪，我认为这些不满情绪……”

如果你将上面这段话的三个“我”字转化成“我们”，效果就会大不一样。说“我”有时只能代表你一个人，而说“我们”代表的是公司，代表的是大家，员工们自然容易接受。

3.非得用“我”字时，以平缓的语调讲

不可避免地要讲到“我”时，你要做到语气平和，既不把“我”读成重音，也不把语音拖长。同时，目光不要逼人，表情不要眉飞色舞，神态不要得意洋洋，你要把表述的重点放在事件的客观叙述上，不要突出做事的“我”，以免使听者觉得你自认为高人一等，觉得你在吹嘘自己。

倾听与插话

语言交流过程中，倾听和插话是两个互相补充、互相配合的部分。二者配合得是否艺术，直接关系到交流的成败。

那么，在倾听过程中如何插话，才有助于达到最佳的倾听效果呢？一般来说，我们应根据不同对象，采取不同的方法。

当对方在同你谈某事，因担心你可能对此不感兴趣，显露出犹豫、为难的神情时，你可以伺机说一两句安慰的话：

“你能谈谈那件事吗？我不十分了解。”

“请你继续说。”

“我对此也是十分有兴趣的。”

此时你说的话是为了表明一个意图：我很愿意听你的叙说，不论你说得怎样，说的是什么。这样能消除对方的犹豫，坚定他倾诉的信心。

当对方由于心烦、愤怒等原因，在叙述中不能控制自己的感情时，你可用一两句话来疏导：

“你一定感到很气愤。”

“你似乎有些心烦。”

“你心里很难受吗？”

说这些话后，对方可能会发泄一番，或哭或骂都不足为奇。因为，这些话的目的就是把对方心中郁结的情感“诱导”出来，当对方发泄一番后，会感到轻松、解脱，从而能够从容地完成对问题的叙述。但是，卡耐基强调，同时说这些话时不要陷入盲目安慰的误区。

你不应对他人的话做出判断、评价，说一些诸如“你是对的”“你不应该这样”一类的话。

你的责任不过是顺应对方的情绪，为他架设一条“输导管”，而不应该“火上浇油”，强化他的抑郁情绪。

当对方在叙述时急切地想让你理解他的谈话内容时，你可以用两句话来“综述”对方话中的含义：

“你是说……”

“你的意见是……”

“你想说的是这个意思吧……”

这样的综述既能及时地验证你对对方谈话内容的理解程度，加深对他的印象，又能让对方感到你的诚意，并能帮助你随时纠正理解中的偏差。

以上三种倾听中的谈话方法都有一个共同的特点，即不对对方的谈话内容发表判断、评论，不对对方的情感做出是与否的表示，始终处于一种中性的态度上。

有时在非语言传递信息中你可以流露出你的立场，但在语言中切不可流露，这是一条重要界限。如果你试图超越这个界限，就有陷入倾听误区的危险，从而使一场谈话失去了方向和意义。

无论是求人办事，还是想进一步发展彼此的交情，赢得他人信任是成功交际必不可少的基本条件。

要想把话说到点子上，就必须
抓住对方的心理。